航空侦察技术

李建增／编著

谢志刚　马彦恒　李　伟　张玉华　李永科／编者

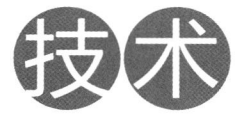

·成都·

图书在版编目(CIP)数据

航空侦察技术 / 李建增编著. -- 成都：电子科技大学出版社，2020.7
ISBN 978-7-5647-8340-2

Ⅰ. ①航… Ⅱ. ①李… Ⅲ. ①航空侦察—教材 Ⅳ. ①E87

中国版本图书馆CIP数据核字（2020）第188706号

航空侦察技术
李建增　编著

策划编辑	陈松明
责任编辑	李燕芩

出版发行	电子科技大学出版社
	成都市一环路东一段159号电子信息产业大厦九楼　邮编　610051
主　　页	www.uestcp.com.cn
服务电话	028-83203399
邮购电话	028-83201495
印　　刷	四川煤田地质制图印刷厂
成品尺寸	185mm×260mm
印　　张	15.75
字　　数	350千字
版　　次	2020年7月第一版
印　　次	2020年7月第一次印刷
书　　号	ISBN 978-7-5647-8340-2
定　　价	48.00元

版权所有，侵权必究

前　　言

在现代战争中，侦察是获取情报的重要手段，情报是制定战略决策的重要依据，侦察不仅是战争的序幕和先导，也贯穿战争的全过程。在战争中的决策、作战和评估过程中，大部分情报信息来自于侦察，而航空侦察是战场侦察中常用的侦察手段。

随着现代科学技术的进步，航空侦察技术得到了突飞猛进的发展。航空侦察技术是一门多学科交叉的综合技术，涉及机载侦察传感器的平台技术，还涉及侦察信息的获取、传递、处理、分发与应用技术等等，几乎涵盖了信息技术的全部学科，具有内涵丰富、发展变化快的特点。

本教材系统地介绍了战场航空侦察技术。包括光电稳定平台技术、航空CCD电视侦察技术、航空红外侦察技术、航空激光侦察技术、航空照像侦察技术、航空合成孔径雷达（SAR）侦察技术以及航空侦察目标跟踪与定位技术。编者在参考了大量的技术资料的基础上，汲取了同类教材的优点，同时融入了教学和实际装备保障工作中的经验体会编写而成。

在编写过程中，本教材力求简明扼要、体系完整、层次清晰、内容完整、通俗易懂，达到使用面宽、参考价值高的目的。本教材可供有关院校教学使用，也可为部队相关技术人员和指挥人员参考使用。

本书由李建增、谢志刚、马彦恒、李伟、张玉华、李永科等共同编写。在编写过程中得到了原陆军军官学院、原武汉士官学校、海军装备研究院以及无人机生产厂家等单位的大力支持，同时，还参阅了一些相关文献，在此一同表示诚挚的感谢。

由于航空侦察技术涉及内容多，技术发展迅速，编者水平有限，加之时间仓促，书中不妥之处在所难免，恳请广大读者批评指正。

编　者

2020年7月

目 录

第1章 绪论 ··1
   1.1 概述 ··2
   1.2 航空侦察技术的物理学基础 ··4
   1.3 航空侦察系统的体系结构 ··15

第2章 光电稳定平台 ···19
   2.1 概述 ··19
   2.2 光电稳定平台框架结构 ···23
   2.3 光电稳定平台工作原理 ···29
   2.4 典型光电侦察设备简介 ···41

第3章 照相侦察技术 ···45
   3.1 照相侦察概述 ··45
   3.2 航空照相基本原理 ··57
   3.3 航空照相参数及要求 ···67
   3.4 典型航空相机简介 ··74

第4章 可见光电视侦察技术 ··86
   4.1 概述 ··86
   4.2 CCD基础 ··87
   4.3 CCD成像原理 ··90
   4.4 电视侦察原理 ··96
   4.5 电视侦察图像处理 ··100
   4.6 电视侦察技术应用 ··106

第5章 红外侦察技术 ··110

5.1 红外辐射 …………………………………………………………… 110
5.2 红外成像系统参数 …………………………………………………… 113
5.3 红外成像系统 ………………………………………………………… 119
5.4 红外成像扫描方式 …………………………………………………… 127
5.5 前视红外仪 …………………………………………………………… 130

第6章 激光侦察技术 ……………………………………………………… 135
6.1 激光的特性 …………………………………………………………… 135
6.2 激光器的构成 ………………………………………………………… 139
6.3 激光器的分类 ………………………………………………………… 141
6.4 激光侦察原理 ………………………………………………………… 143
6.5 激光雷达侦察技术 …………………………………………………… 148

第7章 合成孔径雷达（SAR）侦察技术 ………………………………… 156
7.1 雷达成像原理 ………………………………………………………… 157
7.2 合成孔径雷达成像原理 ……………………………………………… 170
7.3 合成孔径雷达主要组成 ……………………………………………… 194
7.4 航空机载SAR及应用 ………………………………………………… 196

第8章 目标跟踪与定位技术 ……………………………………………… 210
8.1 引言 …………………………………………………………………… 210
8.2 目标跟踪技术 ………………………………………………………… 210
8.3 目标定位技术 ………………………………………………………… 224

参考文献 …………………………………………………………………… 245

第1章 绪　　论

　　进入信息时代，战争形态和作战方式呈现出新的特点，制胜机理发生了深刻变化。现代战争日益呈现出体系对抗的鲜明特征。纵观战争发展演变历程，作战双方对抗主要经历了四种形式：冷兵器时代主要是体力的对抗，热兵器时代主要是火力的对抗，机械化战争时代主要是以作战平台为核心的大兵团立体对抗。20世纪末以来，随着信息技术迅猛发展和广泛运用，战争形态加速向信息化战争演变，作战形式更多体现为依托网络化信息系统和高新技术武器装备进行的体系对抗。体系作战能力强的一方，能够优先夺取和保持战场主动，并以更快的速度、更低的代价赢得胜利。信息化条件下，平台作战、体系支撑，战术行动、战略保障已经成为战争的显著特点，作战体系日益成为实施作战行动的基础、凝聚作战力量的载体、释放作战效能的平台，离开作战体系，任何作战要素的效能都会大打折扣。加强以信息系统为基础的作战体系建设，谋求体系作战优势，已成为各国军队战斗力建设的核心。

　　赢得现代战争越来越依赖信息的主导作用。回顾人类军事斗争实践，无论是古代的烽火狼烟、鼓角旌旗，还是现代的电话电报，信息从来都是战斗力的构成要素，信息能力是作战能力不可或缺的重要组成部分。但过去由于信息技术落后、信息手段有限，作战主要靠人力侦察、简易通信和无线电技术获取传输信息，主战武器装备的信息含量也比较低，信息能力在战斗力构成和运用中处于辅助地位。信息时代，随着传感器、计算机、网络与通信、导航与制导、信息攻击与防护等技术的快速发展和广泛运用，信息获取、传输、处理、运用等手段发生了革命性变化，信息资源由有限利用发展到全面渗透，信息能力全面融入战斗力各要素，信息成为战争制胜的主导因素。当前，制信息权成为夺取战场综合控制权的核心，抢占信息能力建设的先机并占据信息能力制高点成为各国军队追求的目标。现代战争中，谁掌握了信息优势，谁就掌握了战争主动权。

　　体系作战能力成为信息化条件下战斗力的基本形态。以信息技术为主要标志的高新技术的迅猛发展及其在军事领域的广泛运用，深刻改变着战斗力要素的内涵，从而深刻改变了战斗力生成模式。信息能力在战斗力生成中起着主导作用，信息化武器装备成为战斗力的关键物质因素，基于信息系统的体系作战能力成为战斗力的基本形态。基于信息系统的体系作战能力，实质是以信息系统为支撑，利用信息技术的渗透性和联通性，把各种作战力量、作战单元、作战要素融合集成起来形成的整体作战能力。

在信息化战争中，信息的主导性使情报工作地位突出，情报信息已经突破在传统战争中的保障性地位成为基本的制胜要素，而情报工作也开始由从属地位向主导地位转变，成为直接、首要和关键的作战要素。正如孙子所说："明君贤将，所以动而胜人，成功出于众者，先知也。"而准确、可靠、及时获取情报信息的前提在于有效地组织开展战场侦察工作，即部队为获取战场情报而采取的军事行动。现代战争，特别是一体化联合作战对情报的时效性、准确性和连续性提出了很高的要求，传统的人力情报保障存在着很多的局限性，通过技术手段获取情报的优势日趋明显，因此，战场侦察对技术的依赖性越来越强，几乎所有的侦察行动都离不开技术的支持和保障。

随着现代科学技术特别是高新技术的发展，使军事侦察技术水平有了极大提高。现代侦察系统不但有可见光侦察系统，还有微波、红外、声学侦察系统。它们不但被部署在地面上、海上、水下和空中，而且还被部署在太空。利用这些高性能的侦察探测系统可进行全时域、大空域甚至覆盖全球的侦察，从而在战时和平时都可迅速、准确、全面地掌握敌方的情况，为实时地采取相应的对策提供依据。因此，世界各国都非常重视现代侦察技术的发展，现代侦察监视技术已成为军事高技术的一个重要领域。为了比较全面地了解战场侦察技术的概貌，本章将重点介绍战场侦察尤其是航空侦察的任务、侦察的物理学基础和航空侦察技术装备的体系结构。

1.1 概　　述

侦察是军队为获取军事斗争特别是战争所需敌方或有关战区的情况（包括人员、武器装备、地形地物及作战结果等）而采取的措施，是实施正确指挥、取得作战胜利的重要保障。侦察的直接目的在于探测目标，具体地可分为发现目标、识别目标、监视目标、跟踪目标以及对目标进行定位。

发现目标即通过把目标与其背景作比较，或依据周围背景的某些不连续性，将潜在的目标提取出来，确定某个地方有无目标。识别目标即确定目标的真假和区分目标的类型。所发现的目标可能是真目标，也可能是假目标，真目标中还有敌友以及种类之分，如是敌方目标还是友军目标，是坦克还是装甲运输车或汽车等，必须通过侦察加以识别与区分。监视目标即严密注视目标的动静。通常使用技术器材或由人员隐蔽地实现。跟踪目标即对目标进行连续不断的监视。对于已发现并已识别的特定目标，特别是运动目标应进行监视。目标定位即按照一定的精度探测确定出目标的位置，包括目标的方位、高度和距离。对于需要用直瞄武器或间瞄武器予以摧毁的目标，特别需要精确跟踪和定位。

现代战争的战场侦察，一般都要求解决上述几个问题。通常说的"发现"目标除了确定目标有无之外，往往也要提供其他方面的信息。现代侦察技术就是指发现、识别、监视、跟踪目标并对目标进行定位所采用的技术。现代侦察技术有多种分类方法，根据侦察目标的性质、范围、情报的使用和所引起的作用不同，可分为战略侦察、战役侦察和战术侦察；根据侦察设备的运载工具及其使用的范围不同，可分为地（水）面、水下、航空（空中）和航天（空间）侦察；根据侦察所应用的技术手段不同，可分为可见光、多光谱、红外、微波、声学侦察等。

航空侦察与监视是指利用各种空中飞行平台（包括固定翼飞机、直升机、无人机、飞艇和气球等），装载各种侦察和监视传感器，从空中侦察与监视地面的各种有价值军事目标，如图1.1所示。

图1.1　航空侦察示意图

航空侦察从作战使命来划分，可以分为战略航空侦察、战役航空侦察和战术航空侦察；根据航空侦察所采用的平台来划分，可以分为载人航空侦察和无人航空侦察；根据平台的特点来划分，可以分为固定翼侦察机侦察、侦察直升机侦察、无人侦察机侦察、飞艇侦察和气球侦察。

航空侦察与其他侦察手段相比，具有独特的优势，主要体现在如下几个方面。

（1）由于采用了升空平台实施侦察，克服了地面侦察设备受地球曲率和地形障碍物对视线的限制，实现了对战场居高临下的远程监视。

（2）侦察时效性强，获取的各种目标信息能实时或近实时地提供给指挥员和作战部队。

（3）具有较强的可信度，进行光学图像侦察时，直观性强，目标图像清晰，能够直接发现目标外部形状；利用雷达图像，可以远距离发现敌方后续部队调动情况，使战场指挥员可随时掌握大范围战场的态势，合理地调动兵力，阻止敌方第二梯队的进攻，保证战斗获得胜利；遂行信号情报侦察时，可及时获取敌方电子辐射源的信息、部署情况及其内涵情况，可为指挥员制定作战规划提供有力的情报保障。

（4）装载量大，可同时装载多种侦察设备，且各种侦察设备的性能相互补充，目标数据准确度高，侦察能力达到全天候、全天时远程侦察的目的。

（5）机动灵活，可随时、多次出动，并可根据战场情况、目标种类、时间及气候等，选择不同的侦察手段，并可快速抵达被侦察区域实施侦察。

（6）具有不间断性，可对战场目标实施连续侦察，以保证战场情报完整连续实时地传送到指挥员手里。

在第一次世界大战时期，航空侦察主要完成战术侦察任务。第二次世界大战时期，航空侦察扩展到战役、战略范围，世界各国都将其作为一种先进的侦察手段列入军队情报来源之首位。在第二次世界大战后的各次局部战争中，有人驾驶飞机广泛用作航空侦察和预警系统传感器的侦察平台，预警机和预警直升机相继出现。与此同时，航空侦察技术也得到了迅猛发展。在机载侦察传感器方面，不仅航空相机有了长足的进步，而且还研制成功并应用了红外行扫描相机、激光扫描相机、机载电视、侧视雷达等新型侦察器材，使之在夜间和复杂气象条件下，也能实施航空侦察，同时还出现了专门侦察敌方无线电通信和雷达信息的航空电子情报侦察，从此，航空侦察进入了一个崭新的阶段。

从20世纪60年代开始，无人侦察机成为航空侦察装备系列中的后起之秀，随后在20世纪70年代的越南战争、80年代的中东战争、90年代的海湾战争以及21世纪初期的阿富汗战争和伊拉克战争中，均有出色表现，给人们留下了深刻的印象。在低空丛林中遂行隐蔽侦察方面具有独特优势的侦察直升机，也引起各国陆军航空兵的重视。

1.2 航空侦察技术的物理学基础

从理论上讲，自然界中任何物体及其所产生的现象总会有一定的特征，并与其所处的背景有差异。目标特征主要表现为电磁波。目标与背景之间的任何差异，比如外貌形状的差异，或在声、光、电、磁、热、力学等物理特性方面的差异，都可直接由人的感官或借助一些技术手段加以区别，这就是目标可以被探测到的基本依据。现代侦察系统的工作过程大致是：目标的特征信息，包括声、光、电、磁、热、力学等特征信息，在向外传输时被探测器接收，然后对所接收的信号进行加工处理，形成有用信息，再经过综合处理形成情报产品，并进行图像显示或予以记录，最后传输、分发和应用这些情报信息。众所周知，物质运动的各种形态的能量都可以转化成电磁波，即电磁辐射，因此，侦察技术的物理学基础主要建立在电磁波特性上。战场侦察设备就是利用目标发射、反射的电磁波,通过信息接收和数据处理来最终获得目标情报。

1.2.1 电磁波

1. 电磁波的概念

物理学的电磁场理论告诉我们:变化的电场能够在它周围的空间激起变化的磁场,变化的磁场也能在它周围的空间激起变化的电场,这种交变的电磁场称为电磁波。电磁波是自然界存在的一种物质,它是由物质内部电子强烈运动而产生的。电磁波的传播速度等于光速,在空间以大约 $3×10^8$ m/s 的速度传播。

2. 电磁波谱

电磁波的频谱范围很广,包括无线电波、光波、X射线、γ射线等。为了便于研究问题,把各种电磁波在真空中的波长(或频率)按其长短,依次排列成电磁波谱,如图1.2所示。通常,将频率在300GHz以下的电磁波称为无线电波。无线电波按频率可以划分为低频、中频、高频、甚高频、特高频、超高频、极高频等不同频段。将频率在 $3×10^{11}$ Hz~$3×10^{16}$ Hz 范围内的电磁波称为光波。光波包括红外线、可见光和紫外线,其相应波长范围为 1000μm~0.01μm。

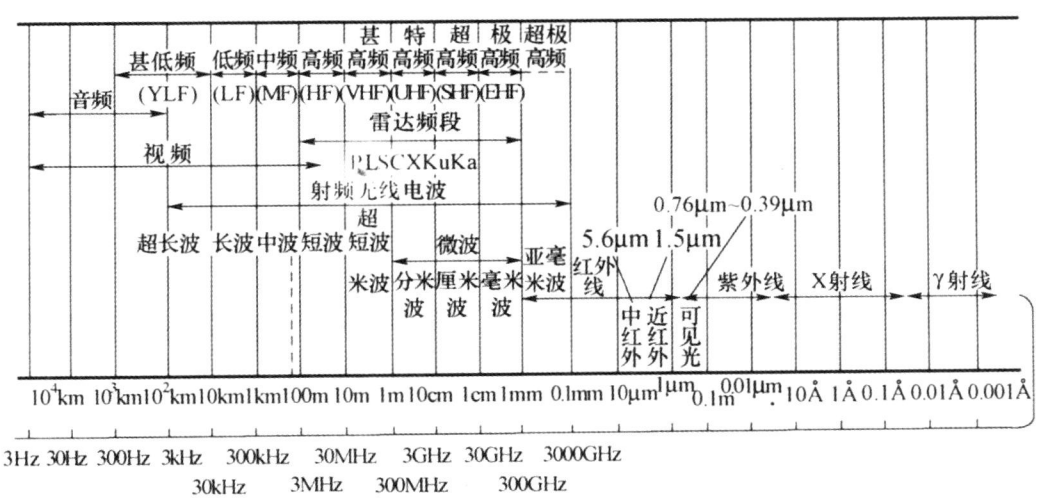

图1.2 电磁波频谱图

3. 射频无线电波

(1)射频无线电波的频谱

射频无线电波的波段划分如图1.3所示。

(2)无线电波的传播

发射天线或自然辐射源所辐射的无线电波通过自然条件下的媒质到达接收天线的过程称为无线电波传播。在传播过程中,无线电波有可能受到反射、折射、绕射、散射和吸收，导致其传播方向的变化和强度的衰减。

1）无线电波的极化

电磁波传播时，电场矢量的振动总是维持其特定的方向，这种特定的现象称为极化。它反映了电磁波电场强度的取向与幅值随时间变化的性质。这种波称为极化波，它的极化由电场的方向决定。

电场的水平分量与垂直分量的相位相同或相差180°的称为线极化。在传播方向上的任一点，线极化波合成电场矢量的取向始终位于同一条直线上。工程上将合成电场矢量垂直于地面的波叫作垂直极化波，平行于地面的波叫作水平极化波。

电场的水平分量与垂直分量大小相等，但相位差90°或270°的称为圆极化。圆极化波在每一周期内，合成电场矢量的端点在一个圆周上且以角速度ω旋转。工程上将顺电磁波传播方向观察时，电场矢量的旋转符合右手螺旋法则的称为右旋圆极化波，符合左手螺旋法则的称为左旋圆极化波。电场的水平分量与垂直分量的大小和相位都不相同的称为椭圆极化。椭圆极化波在每一周期内，合成电场矢量的端点在椭圆上旋转。它与圆极化波一样，也分为左旋椭圆极化波和右旋椭圆极化波。

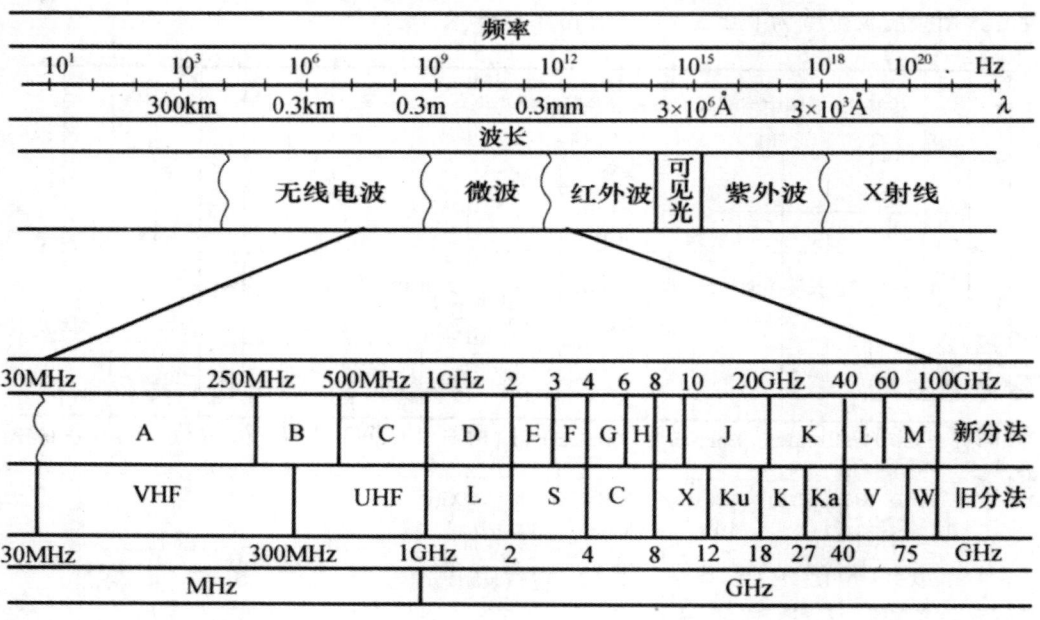

图1.3　射频无线电频谱图

接收或发射电磁波的天线都具有确定的极化性质，可根据其用做发射天线时在最强辐射方向上的电磁波极化形式而命名。当收、发天线极化形式相同时，就可实现最大的功率传输，这种配置称为极化匹配。有时为了避免对某一系统电波的感应，在另一系统有意采用极化形式与其正交的天线，这种配置称为极化隔离。例如，垂直极化天线与水平极化正交，右旋圆极化天线与左旋圆极化波正交，反之亦然。利用互相正交的极化波之间所存在的隔离性，可以实现多种双极化体制。例如，用一副具有双极化功能的天线，可以实现双信道传输或收发双工，即频率的极化复用；用两副分离的正交极化的天线，分别接收载有同一信息的两个相互正交的圆极化波，可以克服或减小电波衰落的影响，这就是信号的极化分集接收。

2）无线电波的传播方式

按照传播途径或媒质及不同媒质分界面对无线电波传播产生的影响，可将无线电波的传播方式分为地波传播、天波传播和对流层传播。

① 地波传播。地面是既有导电性质又具有介电性质的媒质。当地面发射天线与接收天线的高度远远短于工作波长时，电波在两点间有一种沿着地面传播的模式，称为地波。

地波传播的特点：一是采用低频垂直极化波，以减少传播衰减和增大传播距离；二是地表面电导率越高，传播衰减越小，最适合于在海面传播；三是频率越低的电波透入地下（或水下）的能力越强；四是传播比较稳定，无多径传播引起的衰落现象。

② 天波传播。电波射向天空，经电离层反射而到达地面接收点的传播方式称为天波传播，又称为电离层电波传播。电离层处在离地面50km～1000km高度的地球高层大气空域，是由太阳和其他宇宙星体辐射的射线造成气体电离而形成的。电离层中存在着相当多的自由电子和离子，能使无线电波改变传播速度，发生折射、反射和散射，产生极化面的旋转并受到不同程度的吸收。

天波的传播特点：一是电离层能反射的频率范围局限在长波、中波和短波；二是传播不稳定，衰减严重；三是存在天波传播静区，即在以发射天线为中心的一定半径区域内没有天波到达；四是需要根据频率预报数据选择最佳工作频率。

③ 对流层传播。电波在对流层中的传播称为对流层传播。对流层传播可细分为视距传播、穿透电离层传播和散射传播。

a.视距传播。当收、发天线都在对方视距内时，无线电波从发射天线直接到达接收天线的传播方式称为直接波或空间波传播。超短波和微波以空间波方式传播。由于电波在大气中有折射现象，实际上不是直线传播，而是略向地面弯曲的弧线，从而使实际传播距离为收、发天线间的视线距离的1.15倍左右，即

$$R = 4.12\left(\sqrt{h_1} + \sqrt{h_2}\right) \qquad (1-1)$$

式中：h_1、h_2分别为收、发天线距地面的高度。

由式（1-1）可以看出，视线距离取决于收、发天线的架设高度。视距传播方式损耗小，比天波相对稳定，当存在地面（海面）反射波与直射波的干涉作用、多径效应和大气吸收作用而引起的衰落时，波长越短衰落越严重。

b.穿透电离层传播。电波从地面（或外层空间）发射穿过电离层到达外层空间

（或地面）的传播方式称为穿透电离层传播。有时把它归于视距传播方式。由于这种传播方式的路径主要处在近似真空的宇宙空间内，受低空大气层的影响较小，因而电波传播比较稳定。但也存在大气吸收衰减，云雾雨雪的散射干扰和吸收衰减，雨滴引起电波的正交极化分量，极化平面发生法拉第旋转和双极化系统的极化隔离度降低等效应。

c.散射传播。利用大气层中的不均匀介质团块对电波的散射及反射作用形成再辐射实现超视距传播的方式称为散射传播。它可分为对流层散射、电离层散射和流星余迹散射三种方式。

（a）对流层是距地面约10km高空的大气层，对流层散射是利用对流层中折射指数随机的不均匀体对电波的前向再辐射作用的传播方式。其主要特点是受对流层高度限制，最大单跨距离为800km～1000km；散射损耗随频率升高而增大，可用频段为0.1GHz～10GHz，常用频段为0.2GHz～5GHz，传播路径损耗随季节、日时和工作频率的不同变化很大；许多相位和幅度随机变化的信号相互叠加，引起信号的短期快速衰落，采用分集接收技术可有效克服快速衰落。对流层散射通信单跨距离远，一般不受核爆炸、太阳黑子、磁暴和极光的影响，具有一定的抗毁性，便于机动应急架设，常用于特殊地区通信、远距离侦察接收和超视距雷达等。

（b）电离层散射主要是利用距地面高度90km～110km处的E层电离层底部出现的电子密度不均匀性对电波的散射作用来完成超短波频段的超视距传播。其主要特点是单跳跨度距离远，可达1000km～2200km；电子密度不均匀体的尺寸远大于对流层，能够被散射的频率为30MHz～100MHz，常用30MHz～70MHz；传输频带窄，通信容量小；有快慢衰落现象和多径效应；当出现电离层干扰时，散射信号不会中断，在许多情况下反而增强。

（c）流星余迹散射传播是利用流星穿过大气层时形成的短暂电离余迹对电波反射或散射作用的一种超短波超视距传播方式。每昼夜有1000余个流星进入大气层，在80km～120km高处烧毁，此时形成一条细长的电离子气体柱，并迅速扩散成不均匀体，称为流星余迹。当在收、发天线波束相交区域出现流星余迹且反射信号，并在接收点有足够场强时才能实现通信。由于流星余迹存在时间短，因而常采用断续的猝发通信。流星余迹通信的可用频率为30MHz～70MHz，常用频段为40MHz～50MHz，单跳最大距离为2000km。流星余迹传播常用于小容量、非实时、远距离通信。它的隐蔽性好、抗干扰和抗毁性强。

（3）射频无线电波的用途

射频无线电波的用途极其广泛，表1.1列出了无线电波的主要用途，表1.2列出了常用波段的工作频率范围。

表1.1　无线电波的主要用途

波段		频段名称	波长范围	频率范围	主要用途
微波	毫米波	极高频（EHF）	10mm~1mm	30GHz~300GHz	雷达、中继、空间通信、辐射计
	厘米波	超高频（SHF）	10cm~1cm	3GHz~30GHz	雷达、飞行器测控、通信、制导、气象、辐射计、遥感、射电天文
	分米波	特高频（UHF）	1m~1cm	0.3GHz~3GHz	电视、通信、雷达、飞行器测控、导航、制导、遥测、敌我识别、气象
超短波		甚高频（VHF）	10m~1m	30MHz~300MHz	调频广播、电视、通信、雷达、导航
短波		高频（HF）	100m~10m	3MHz~30MHz	广播、远程定点通信、航海和航空移动通信
中波		中频（MF）	1km~100m	0.3MHz~3MHz	广播、导航、定位、电报信息、海难救援通信
长波		低频（LF）	10km~1km	30kHz~300kHz	海上通信、授时、远距离无线电导航
超长波		甚低频（VLF）	100km~10km	3kHz~30kHz	地面远距离电报通信、潜艇水下通信、海上无线电导航、航空无线电导航、无线电定位
极长波		极低频（ELF）	10^5km~100km	3Hz~3kHz	潜艇水下通信、矿井与地下通信

表1.2　常用波段的工作频率范围

频段名称	频率范围/GHz	频段名称	频率范围/GHz
P波段	0.23~1	Ku波段	12.5~18
L波段	1~2	K波段	18~6.5
S波段	2~4	Ka波段	26.5~40
C波段	4~8	V波段	40~60
X波段	8~12.5	W波段	60~100

4. 红外线

红外线又称为红外辐射，是由组成物质的微观粒子（分子、原子、离子和电子等）受热激励后能态之间的跃迁而发射出来的电磁波，其波长（0.75μm~1000μm）介于可见光和微波之间。红外辐射具有反射、折射、干涉、衍射和偏振等波的特性。红外频段的电磁频谱如图1.4所示。虽然人眼不能看到红外线，但可以通过由它引起的热效应感觉到。按照地球大气对红外线的透明性可划分为4个小波段：近红外（0.75μm~3μm）、中红外（3μm~6μm）、远红外（6μm~15μm）、极远红外（15μm~

1000μm)。

每一种物质都随其温度和表面状态而有一定功率的红外辐射。其中，8μm～14μm（也称热红外）是地球表面热辐射的主要波段。植物的叶绿素对近红外的反射特别强烈以及它的水分能吸收红外辐射，据此利用近红外波段探测地表湿度分布、植物种类和生长活动，以及在军事上用于揭露敌方阵地伪装等。中、远红外波段主要用于探测地表湿度、水流流向、海水污染、岩石和土壤的类型以及对火山、林火、地热等进行监测，在军事上用来探测导弹发射尾焰（导弹、火箭发动机尾焰的红外辐射波长为3μm～5μm）、地面动态目标等。热红外主要用于探测与背景相比温度特征明显的物体。大于15μm的红外线因其绝大部分被大气中的水蒸气吸收，所以无法使用。

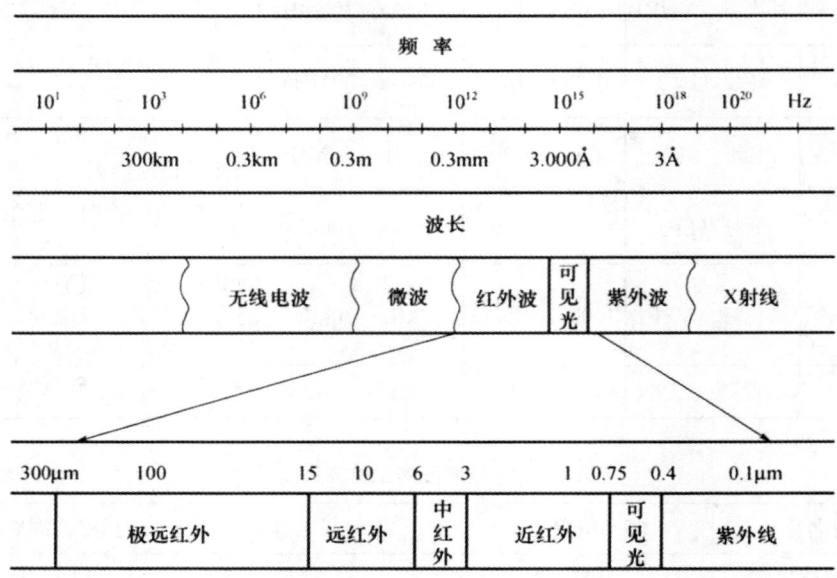

图1.4　红外频段的电磁频谱图

5. 可见光

（1）可见光的频谱

可见光的波长范围为0.38μm～0.76μm，其波谱见表1.3。

表1.3　可见光的波谱

波段	波长/μm	波段	波长/μm
红光	0.76～0.65	青光	0.49～0.46
橙光	0.65～0.59	蓝光	0.46～0.43
黄光	0.59～0.57	紫光	0.43～0.40
绿光	0.57～0.49		

(2) 几何光学

几何光学是以光的直线传播性质为基础,利用数学方法研究光在透明媒质中的传播规律。

几何光学的基本定律:

1) 光的直线传播定律。光在均匀的各向同性的媒质中总是沿着直线传播的。

2) 光的独立传播定律。在均匀透明的媒质中,从不同光源发出的光线在空间相遇时,互相不发生干扰和影响,就好像没有存在其他光线一样,而且交点处的亮度是各光束单独照射的亮度之和。

3) 光的反射定律。当一束光线投射到两种介质的分界面时,就会产生反射现象。这时,入射光线、反射光线和法线位于同一平面内,入射光线与反射光线分别位于法线的两侧,反射角等于入射角。

4) 光的折射定律。当一束光线投射到两种介质的分界面时,除了产生反射现象外,还会产生折射现象。这时入射光线、折射光线和法线位于同一平面内,入射光线与折射光线分别位于法线两侧,入射角和折射角的正弦之比等于光在对应的两个介质中传播速度之比。

(3) 物理光学

物理光学也称为波动光学,它是以波动的观点研究光的本性及其传播的规律性。

1) 光的波动性质。光是一种电磁波,在本质上与无线电波完全一样,只是波长和频率不同。光波具有波动的一切特征(振动周期、传播、干涉、衍射等)。

2) 光的干涉。从不同光源发出的两束光波,在它们交汇空间的某些地方出现亮暗相同的条纹或彩色条纹的现象,称为光的干涉。肥皂泡在阳光下出现色彩斑斓的条纹就是典型的光的干涉现象。

3) 光的衍射。当光波在均匀媒质中传播时,遇到迎面挡住的障碍物或开孔,光波就会发生传播路径弯曲,绕到障碍物背后去,这就是光的衍射。在日常生活中,当用细纱布放在眼前观看灯光时,就会看到纱布小网眼的周围有许多美丽的彩色条纹,此即光的衍射现象。

(4) 可见光的用途

人眼、光学器材、照相机、摄像机、可见光激光器等都是利用可见光工作的。军事上的瞄准器具、望远镜、潜望镜、微光夜视仪、光学遥感成像等是可见光应用的典型例子。

6. 紫外线

紫外线的波长范围为 $0.01\mu m \sim 0.4\mu m$。紫外线谱中处于较长波段的能量,能够轻易穿透大气层、臭氧(O_3)的吸收和散射会增加对它的损耗。而在紫外线的较短波段,雨、雪、雾、尘都影响紫外线的传播,衰减量大。

用紫外分光计或紫外线摄影探测在低空中根据紫外线能获取有关土壤含水量、农作物种类和石油普查等方面的信息。在军事上，由于导弹、火箭发动机的尾焰可产生一定的紫外辐射，常在飞机上装备紫外告警器感知敌方火箭和导弹的来袭。

7. 激光

（1）激光的概念

激光是利用光能、热能、电能、化学能或核能等外部能量来激励物质，使其发生受激辐射而产生的一种特殊光。激光是受激辐射光放大的简称。激光的波谱范围包括红外、可见光、紫外乃至X射线。

（2）激光的特性

由于激光是基于工作物质的受激辐射和光"放大"而激励出来的一种光，因此，与普通光相比具有以下特殊性：

1）亮度高。亮度反映光源发光的强弱。在自然光源中，以太阳的亮度为最高。由于激光产生的光子流密度很高，其亮度远比太阳亮度高得多。一台功率为100MW的红宝石激光器所发的激光亮度，比太阳表面的亮度高出200亿倍以上。

2）单色性好。光的颜色是光的波长的反映。波长范围越小，即谱线宽度越窄，单色性越好，颜色越纯。普通光源的波长为4000Å～7000Å，氦氖激光器产生的激光的波长范围只有千万分之几埃。

3）方向性好。光束在空间传播时的发散角和光斑直径大小标志着光的方向性的好与坏。发散角光斑越小，光的方向性就越好。激光的发散角很小，基本上是一束平行光。当用一束激光射到距地球380000km的月球上，其光斑直径将不超过2km。

4）相干性好。相干性是指波的干涉特性，它是衡量光波与光波在频率、振动方向上是否一致，在相位上是否有恒定关系的一个特性。太阳光和大多数人造光源发出的光都是杂乱无章的，是非相干光。激光器所产生的激光，在频率、偏振、传播方向等方面都是非常一致的，因而激光是一种相干光，且相干性极好。

5）频率高。激光的基频可达1014Hz，比无线电频带宽数十万倍，用作通信载频时传送容量极大。

（3）激光的用途

在军事上，激光的应用十分广泛。激光测距机、激光雷达、全息照相、激光通信、激光武器等都是激光应用的成果。

1.2.2 大气层对电磁波传播的影响及大气窗口

1. 大气层及其对电磁波传播的影响

人类居住的地球被厚厚的大气层包围着，通常可把大气层分为对流层（高度10km～20km）、平流层（高度20km～80km）、电离层（高度50km～1000km），以及外层空间（高度1000km以上）。

对流层除含有各种气体外，还含有大量的水蒸气以及水汽的凝结物。对流层大气处于与地球表面辐射、对流平衡状态，湍流是它的主要能量耗散过程。对流层主要受地面加热，因此对流层内空气的温度随高度的增加而比较均匀地下降，温度递减率大约为6.5K/km。对流层中的大气对电波传播的影响是非常复杂的，主要表现为电波的折射、对流层不均匀性引起的散射、大气吸收损耗、水汽凝结物的散射等。

平流层内几乎没有水蒸气，气体的密度较小，也没有天气现象。由于地球大气中的臭氧主要集中在平流层内，臭氧吸收太阳紫外辐射的能力极强，因此，平流层内空气的温度较高，其平均温度约为273K。

电离层位于大气层的最上层，它是由太阳电磁辐射、宇宙线和沉降离子作用于地球高层大气，使之电离而生成的由电子、离子和中性粒子构成的能量很低的准中性等离子体区域。

人们按照电子密度随高度的变化将电离层划分为三层：D层（50km～90km）、E层（90km～130km）和F层（130km到几千千米的广大区域）。D层的主要电离源是太阳X射线辐射；E层基本上由太阳光电离辐射所控制；F层除了受太阳辐射作用外，还受风、扩散、漂移等动力学效应的强烈影响。电离层的温度为180K～3000K。电离层电子密度的高度分布随昼夜、季节、纬度和太阳活动的变化。电离层对无线电波的传播影响严重，它对在其中传播的电磁波能产生折射、反射、散射、吸收、色散和法拉第旋转等作用，能改变电波传播途径，导致电波时延、信号衰落、通信质量下降。电离层内的不规则变化使通过的信号产生闪烁，造成电波幅度、相位、到达角和偏振特性发生不规则起伏，千兆赫频段的信号幅度起伏可达10dB；还可以引起电波聚焦或散焦，甚至造成电波信号丢失。电离层中的粒子会引起电波的反射，从而导致100MHz以下的电磁波很难通过电离层。电离层除了具有正常的结构背景和不均匀结构外，还有伴随着太阳耀斑、磁暴等全球性扰动过程而出现的电离层突然骚扰、电离层磁暴以及极区反常现象。电离层突然骚扰能造成日照半球上短波与中波信号立即衰落甚至完全中断；电离层磁暴由太阳耀斑引起，通常发生在太阳耀斑爆发后36h左右，持续时间为数小时以至数日，磁暴与极光现象经常伴随而生。电离层磁暴能造成短波无线电信号不稳，最大可用频率下降，信号场强大大减弱甚至中断通信；发生极区反常现象时，太阳耀斑使极区电离层密度分布发生变化，电离层底层的电离活动剧增导致对电波的吸收剧增，同时在夜间还出现极光带吸收事件。

2. 大气窗口

大气窗口是对大气吸收较少（即大气中透射率较高）的电磁波频段的形象称呼。地球大气能够强烈地吸收太阳辐射的λ射线（波长0.003nm～0.1nm），使它无法到达地面。太阳辐射的X射线（波长0.1nm～10nm）在大气中仅能穿透几十米，在底层大气中会完全被吸收。太阳辐射的紫外线在上层大气中就会被完全吸收。因此，大气对波长小于$0.3\mu m$的电磁辐射是不透明的。

目前已知的大气窗口有：

（1）0.3μm～1.3μm 波段：该窗口包括全部可见光、部分紫外线和部分近红外波段，属于目标的反射光谱。照相及扫描方式的侦察器材都采用此"窗口"，是目前侦察领域应用最为广泛的一个窗口。

（2）1.4μm～2.5μm 波段：属于近红外波段，也是目标的反射光谱，但不能为常用胶卷所感光，在侦察中目前该窗口很少利用。

（3）3μm～5μm 波段：属于中红外波段，既是目标的反射光谱，也是目标的辐射光谱。自然环境温度物体在这个波段热辐射比较强，使用价值比较高。

（4）8μm～14μm 波段：属于中远红外（也称为热红外）波段，是目标本身的热辐射波段，利用率极高。一般军事目标的温度多在−15℃～37℃，辐射波长为9μm～10μm，处于红外波段。实验证实，大多数目标在常温下的热辐射波长都在红外波段，所以即使在夜间，也能通过接收物体的红外辐射来进行侦察。

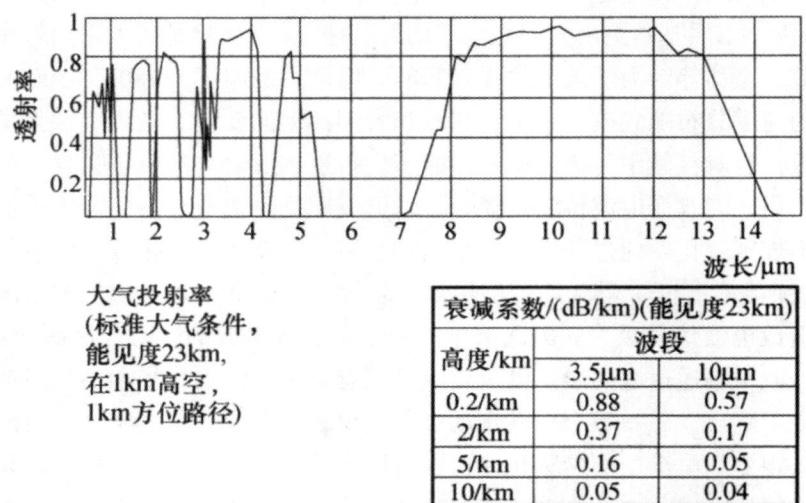

图1.5　3μm～5μm 和 8μm～14μm 波段大气窗口

（5）14μm～1mm 波段：属于远红外波段。14μm～16μm 正好是 CO_2 的吸收带，大气透射性能很差，为传送大气信息提供了可能性。

（6）1mm～1m 波段：属于微波波段。除了 2.22mm～3mm，3.75mm～7.50mm 波长范围因大气吸收造成透射性能不好外，其他辐射均为透明窗口，是微波雷达应用最为广泛的窗口，尤其是厘米波穿透云雾的能力很强，是传递信息的最重要媒介之一。在实际应用中，有两个红外大气窗口（3μm～5μm 和 8μm～14μm 波段）受到特别关注，如图1.5所示。

可见，电磁波谱虽宽，但并非所有波段均能利用。侦察设备只能选用大气窗口中的电磁波段进行工作。

1.3 航空侦察系统的体系结构

航空侦察技术是一门综合技术，也是多学科的交叉技术，涉及平台技术、信息技术等方面，特别是在信息技术领域，信息技术的发展是侦察技术发展的主力驱动，侦察技术又是牵引信息技术发展的主要力量，驱动和牵引的同向作用使信息和情报在作战中的地位发生了重大变化，侦察情报技术装备广泛地渗透到战场的各个领域。

1.3.1 航空侦察平台装备体系

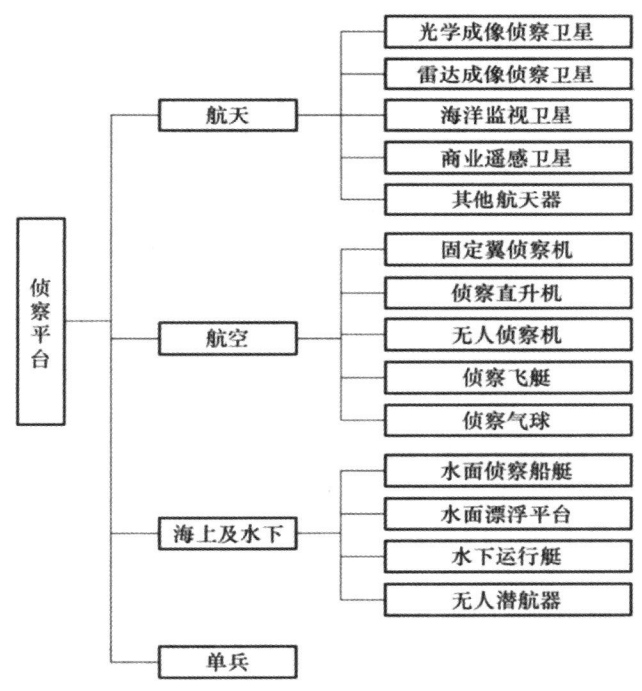

图1.6 战场侦察平台体系结构

侦察平台是用于装载各种侦察设备的载体。对于战场侦察而言，从空间的角度看，侦察平台可分为航天、航空、海上及水下三种平台。航天平台主要有各种成像侦察卫星、海洋监视卫星、小型侦察卫星，以及飞船、航天飞机等其他航天器；航空平台主要包括固定翼侦察机和侦察直升机等有人侦察机、无人侦察机、侦察飞艇、侦察气球等；海上及水下平台主要包括各种作战舰艇、侦察船、海洋测量船等水面侦察船艇，各种浮标等水面漂浮平台，以及潜艇、水下运行器等各种有人/无人运行艇、潜航器等。

覆盖面大的航天侦察平台，时效性强、机动灵活的航空侦察平台和能够长时间活动的海上侦察平台各有着自己独特的优点，能够有效发挥侦察传感器的效能，整体提升侦察能力，在战场侦察技术装备体系中占有重要地位。如图1.6所示为战场侦察平台体系结构。光电侦察可以实现全天时工作，而且将目标成像与定位功能合一，可大大提高侦察识别与目标定位能力。雷达侦察重点涉及成像技术体制雷达和动目标检测（显示）雷达。如图1.7所示为情报信息获取装备体系结构。

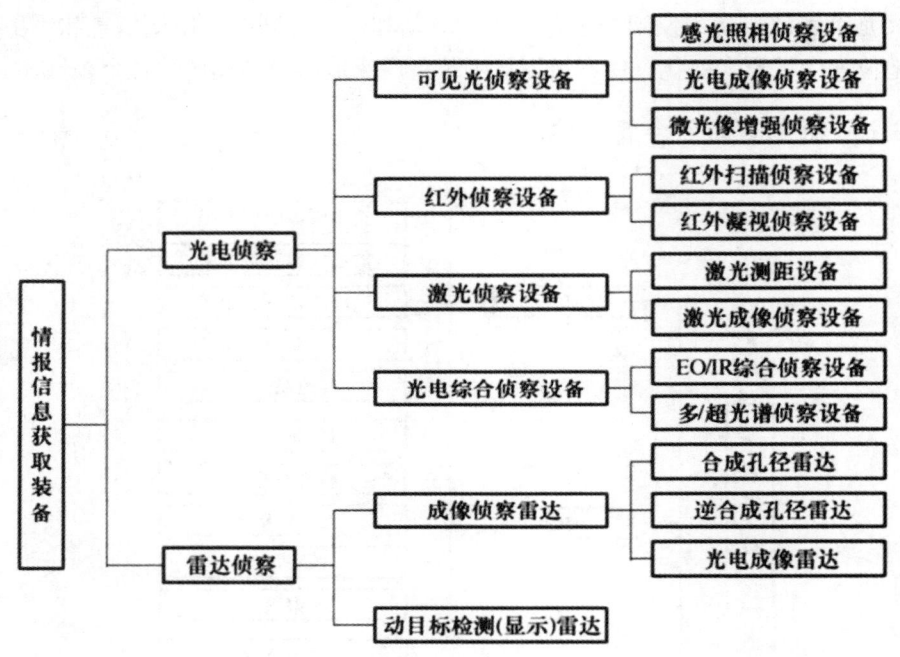

图1.7　情报信息获取装备体系结构

1.3.2　情报信息传输技术装备体系

情报信息传输技术在侦察系统中占有重要地位，通常应用于两个方面：一是用于将侦察获取的原始信息（或经过处理后的信息）传送到侦察系统情报处理平台上，这种传输通常要求带宽高、误码率低；二是用于将处理平台上的情报产品传递给情报用户如指挥部门或打击武器，这种传输要求时效性高、安全性好。如图1.8所示为情报信息传输技术装备体系结构的一种描述。

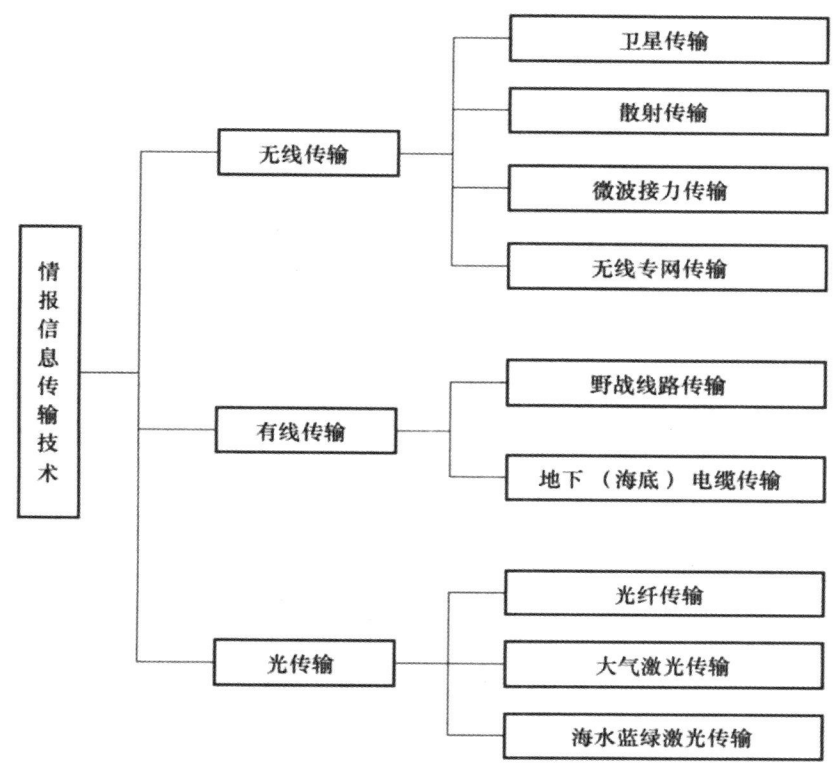

图1.8 情报信息传输技术装备体系结构

1.3.3 情报信息处理技术体系

情报信息处理包含数据处理、信息处理和情报处理三个层次。数据处理是在传感器层面，包括微弱信号的提取、数据转换、数字滤波、数据压缩和融合；信息处理在情报处理前，包括几何校正、坐标变换、图形和图像处理、目标提取、多传感器信息融合、航迹关联等；情报处理是为了形成最终的情报产品，包括目标库的建立、态势图形成、多元情报综合、打击效果评估、面向情报用户产品制作、情报分发模型建立等。如图1.9所示为情报信息处理技术体系结构。

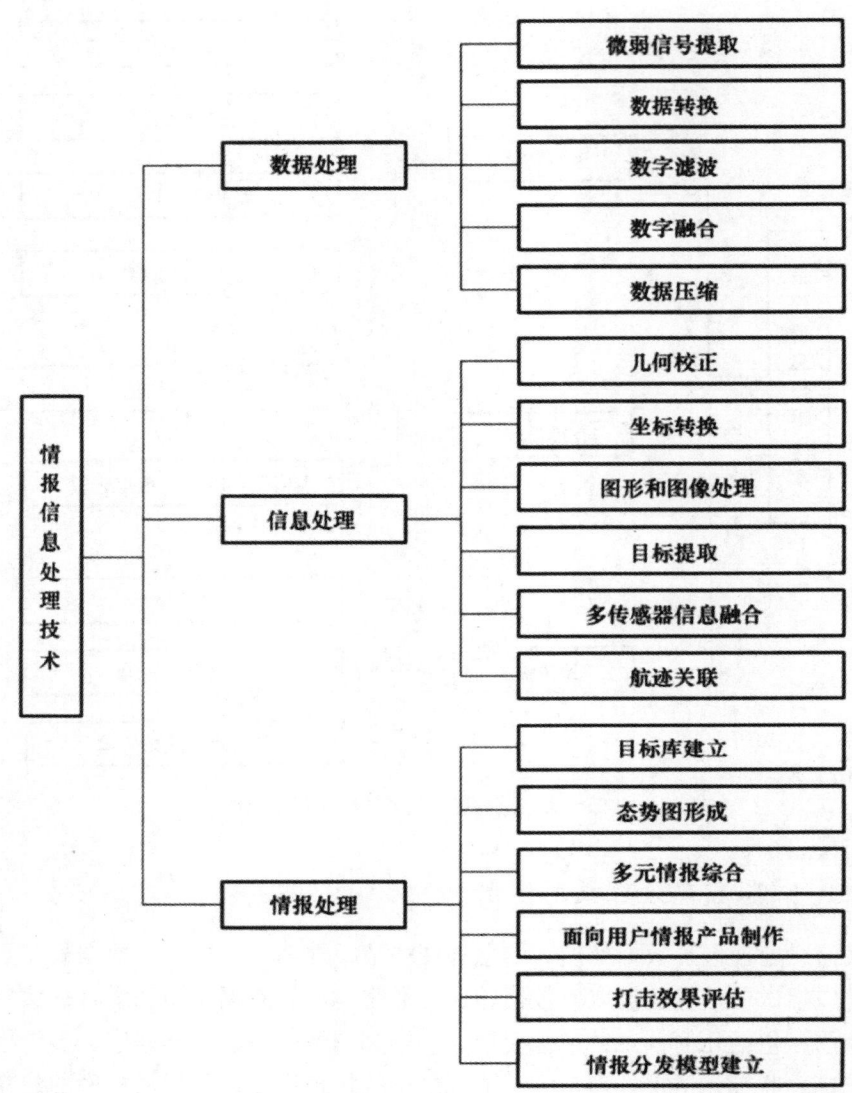

图1.9　情报信息处理技术体系结构

第 2 章 光电稳定平台

2.1 概 述

2.1.1 用途

机载光电稳定平台是指将电视摄像机、红外摄像机、激光测距仪、目标指示器等光学传感器（元件）单个或几个组合在一起，安装于惯性稳定平台上，置于同一个壳体内，挂载在无人机等载体上以进行昼夜侦察使用的武器装备。机载光电稳定平台（如图2.1所示）是获取地面信息的有效手段，是取得作战胜利的重要保证。现代战争需要使用无人机获取战场信息，在无人机上几乎都采用了机载光电稳定平台作为侦察手段，光电稳定平台也因此得到了飞速的发展。由于机载光电稳定平台具有时效性强、准确度高、侦察范围宽、机动灵活等特点，既可克服地面侦察受地球曲率的影响，又可弥补卫星侦察时效性不足的缺点，它可以在短时间内同时发现多个目标，并对目标进行识别跟踪，因此在军事领域得到了广泛的应用。

（a）以色列MOSP　　　　（b）南非LEO-Ⅱ-A5　　　　（c）加拿大MAX-20

图2.1 机载光电稳定平台实物图

机载光电稳定平台主要用于对敌方纵深战役战术目标实施昼夜实时空中侦察、战场监视、目标定位、毁伤评估和校正火炮射击等军事领域。此外，还被广泛应用于电视新闻采集、海事救援、渔政取证等民用领域。在海湾战争和科索沃战争中，以美国为首的联军飞机之所以能高速、低空、安全地飞抵目标区域上空实施空袭而损失甚小，原因之一就是光电平台发挥了巨大作用，如"蓝盾"光电平台等；在伊拉克战争"伊拉克自由"行动中美英联军战术图像情报的主要来源是英国皇家空军的鹞式GR.7战斗机所使用的JRP光电侦察平台和旋风GR.4A攻击机使用的RAPTOR光电侦察平台；2011年4月，在利比亚的美军一架"捕食者"无人机利用机载光电稳定平台进行跟踪瞄准，准确摧毁了一部装在民用皮卡车上的多管火箭炮，还轰炸了一个防空导弹系统；上海世博会使用的车载系留气球光电监测系统由红外相机、可见光高清摄像机和高光谱相机组成，可以同步获取世博园地面和水面目标空间位置、图像、温度、光谱特性等综合信息，同时对大气数据进行探测，提供精细气象预报，并且可以全天候掌握园区人员流动、车船动向、地面建筑、环境污染、恐怖活动、突发事件等动态信息，确保世博园区的公共安全，为突发性公共事件及重大自然灾害应急防范提供预警手段。

无人机携带的光电侦察设备，在使用中经常受摇摆、颠簸、振动等状态的影响，其姿态的变化会造成光电侦察设备视轴不稳定，使电视或红外成像不清晰，火控设备无法稳瞄，因此需要稳定光电设备的光轴。

光电稳定平台是可以补偿载机的运动、摇摆、振动、颠簸对视轴的扰动以及由此带来的图像模糊和变形，保证视轴相对惯性空间稳定不动，并驱使视轴跟踪目标的精密机械伺服装置。它采用共同的目标跟踪和影像运动补偿系统，将可见光、微光、红外、激光等几种传感技术汇集在一个侦察平台内，增强了在昼夜、恶劣气候和不良的战场环境条件下对目标的探测和识别能力，实现了视轴的稳定。

2.1.2 国内外发展现状

近年来，国外在光电稳定平台与传感器技术方面发展很快，向着质量更轻、传感器更多、更小、稳定精度更高的方向发展，表2.1为几种国外机载侦察系统的概况。典型代表为美国"捕食者"无人机上装载的光电稳定平台，如图2.2所示。

图2.2 捕食者-B无人机与光电稳定平台实物图

"捕食者"无人机采用的是威斯汀豪斯公司的小型前视红外传感器和两个索尼公司的昼用摄像机，其中一个采用10倍的变焦镜头，另一个采用900mm的镜头。"捕食者"还计划安装新型的超光谱相机,它可以监视几千条光谱带,能区别伪装网和蕨叶,或能分析坦克涂料和燃料的化学特征。美国的洛克希德·马丁公司研制出了LANTIRN 导航和瞄准系统和"狙击手XR"先进目标定位吊舱。雷神公司研制了先进前视红外瞄准吊舱 ATFLIR。Westing House 公司研制的二轴稳定光电稳定平台搭载的设备包括可见光瞄准系统(焦距:20~280mm)、红外瞄准设备和激光测距仪(10km),重量为 32kg,稳定精度为 25μrad。以色列 TOPLITE 公司研制的四框架二轴稳定平台搭载的设备除了可见光、红外瞄准系统和激光测距机,还有激光跟踪系统,其跟踪距离可达 15km,跟踪精度高达 4μrad。以色列拉菲尔武器发展局与美国诺思罗普·格鲁曼公司合作研制了"蓝盾"LITENINGI 和 LITENINGII 吊舱,在伊拉克战争凸显了其高灵敏、高精度、超精准的性能。

表2.1 国外光电稳定平台主要参数表

名称	天球	Goshawk	ISOS2000	POP
结构形式	四框架	四框架	四框架	二框架
稳定轴	4	2	2	2
可见光	16 mm ~ 160 mm	16 mm ~ 240 mm		8.1 mm ~ 130 mm
激光测距	9995米	20000米		
红外	512×512	256×256	576×768	320×240 3个视场
方位	360°	360°	280°	360°
俯仰	+90°/~120°	+15°/~120°	+70°/~40°	+40°/~110°
尺寸	Φ356×419	Φ350×490	Φ360×445	Φ260×380
重量	33.6kg	32kg	28kg	12kg
厂商	Versatron	丹尼尔	STN	Taman
应用机型	捕食者	探索者	布雷维尔	眼视
国别	美国	南非	德国	以色列

从表2.1可以看出,机载光电稳定平台一般都有可见光和红外两种传感器,以保证无人机昼夜都能够对目标进行侦察,部分侦察系统还带有激光测距机和跟踪器,以实现定位和目标跟踪的功能。平台的形式有四框架二轴稳定和二框架二轴稳定等形式,为保证良好的飞行气动特性,造型多为球柱体外形。

国内的稳定平台研究始于20世纪50年代,对陀螺稳定技术的研究起步也比较晚,经历了从技术引进和对国外的惯性元件、仪表的仿制,到改型提高和创新开发过程。20世纪80年代开始研制瞄准稳定平台,中科院成都光电所于1989年开始预研机载跟踪系统,他们承担的"快速反射镜成像跟踪系统"863计划子课题,采用了二级稳定技术。90年代初开始车载陀螺稳定平台的研制,618所此时研制机载陀螺稳定平台稳定精度可以达到0.1mrad。清华大学精密仪器与机械学系、华中光电技术研究所、长春光机所、长春理工大学、中航613所等单位都在机载光电平台光电稳定技术方面开展了许多研究，经过多年的努力，我国自行研制的惯性器件已成功地应用于军事装备和国民经济领域中。华中光电技术研究所以研制舰载光电稳像系统为主，其研制的舰载红外稳定平台的稳定精度为1mrad。清华大学精密机械与机械学系的惯性导航研究室也于1997年研制出机载瞄准线稳定跟踪系统，并于1997年交付军队使用。中科院长春光机所承担了通用小型无人机载电视侦察设备的研究，经过多年努力，已从单一的无人机载侦察电视的研究扩展到侦察转台和侦察平台的研究，该所研制的电视摄像机，稳定精度达到了100μrad。兵器205所在这方面保持着国内领先的地位，在机载、车载、舰载光电稳定系统方面都有成熟的产品装备部队，其稳定精度可达到微弧度级。但与国外相比，我国在机载光电平台光电稳定技术领域的发展水平还很低，存在着十多年的技术差距。总而言之，国内机载光电稳定平台，无论是在平台质量，还是在传感器、稳定精度等方面都取得了长足的发展，具有代表性的机载光电稳定平台为JWP01A型和JWP02型无人机上装载的光电稳定平台，如图2.3所示。表2.2为国内主要光电侦察设备的技术参数。

对比表2.1和表2.2，可以看出国内在机载光电侦察设备研制方面与国外相比还有一定距离，尤其在体积和重量方面，主要原因是在平台设计和材料选择、传感器光学结构的小型化设计和制造水平等。

表2.2　国内主要光电稳定平台主要参数表

厂家	长光所	014所	长光所	618所	长光所
使用场合	无人机	无人机	民用737	无人机	无人机
结构形式	四框架二轴	四框架二轴	四框架二轴	二轴	二轴
质量(kg)	80	35	200	25	10
体积d×h（mm）	490×650	358×508	600×850	280×455	260×420
有效载荷	可见光：焦距20～500mm 靶面：1/3″ 红外：8～12μ 14.4°×10.8° 2.4°×1.8° 激光测距 20km±5m	可见光：焦距15～300mm 靶面：1/3″ 彩色、高分辨力两种 红外：8～12μ 24°×18° 3°×5°	可见光：焦距240～1000mm 靶面：1/3″ 彩色、高分辨力两种 红外：3～5μ 3°×2.25°	可见光：焦距10～150mm 靶面：1/2″ 彩色、高分辨力、低照度三种	可见光：焦距5.4～72mm 靶面：1/4″ 彩色、高分辨力两种
工作范围	方位：360° 俯仰：100°～-75°	方位：360° 俯仰：10°～-110°	方位：360° 俯仰：-20°～-60°	方位：±240° 俯仰：75°～-75°	方位：±110° 俯仰：60°～-60°
稳定精度	25(μrad)	40(μrad)	20(μrad)	100(μrad)	100(μrad)

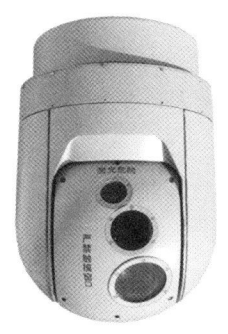
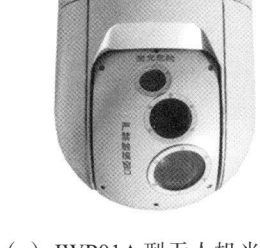

(a) JWP01A 型无人机光电稳定平台　　　　(b) JWP02 型无人机光电稳定平台

图 2.3　国内典型无人机光电稳定平台实物图

2.2　光电稳定平台框架结构

光电稳定平台适合于机载光电系统的稳定，具备瞄准线稳定功能或图像稳定功能，刚度好、轴系精度高，能确保对目标的快速捕获，高速平衡跟踪，精确瞄准以及获取高精度测量数据等，为制导、火控系统提供准确的目标方向和距离，一般都具备昼夜观瞄功能，有的还适用于更加恶劣的工作环境。

一般来说，基于光电稳定平台的组成大概包括以下三个方面：

（1）一个装有几个伺服电机和一个伺服控制单元的稳定装置；

（2）一个与稳定装置的一个面相连接的活动平台；

（3）光电传感器等。

光电稳定平台按照不同的分类方式，主要分为以下几类：

（1）按安装位置分为机外式、机内式和桅杆式。机外式光电平台安装在载体的外部，结构简单，但会增大风阻且容易暴露目标；机内式光电平台安装于载体内部，工作时通过升降机构露出载体，减小了载体所受阻力，增加了隐蔽性，广泛应用于无人机等机载上；桅杆式光电平台大多应用在舰船上。

（2）按外形分为转塔式和吊舱式。转塔式光电平台可以进行方位运动和俯仰运动，实现对空间范围内目标的搜索；吊舱式光电平台一般挂于飞机腹部，由于内部集成了侦察系统的多种后处理模块，故体积较大，结构复杂。

（3）按框架结构形式分为双轴二框架式、三轴三框架式、四框架二轴式。双轴二框架式光电平台是使用最多的一种，技术成熟，结构简单，操作容易实现，但其存在过顶盲区问题；三轴三框架式多了一个横滚轴，能够稳定跟踪半球空域内的目标；四框架二轴光电平台能够有效隔离风阻对任务载荷的影响，稳定精度高，更利于侦察与跟踪。

机载光电稳定平台历经多年发展，在技术和性能上有了很大进步。早期光电稳定平台采用二框架结构，其方位环形状为叉形，俯仰环形状为球形，如图2.4（a）所示。现代的光电稳定平台多采用四框架结构，如图2.4（b）所示，外框架系统由外方位环（叉形）和外俯仰环（球状）组成，内框架系统由内俯仰环（O形）和内方位环（亦称台体或基板）组成。

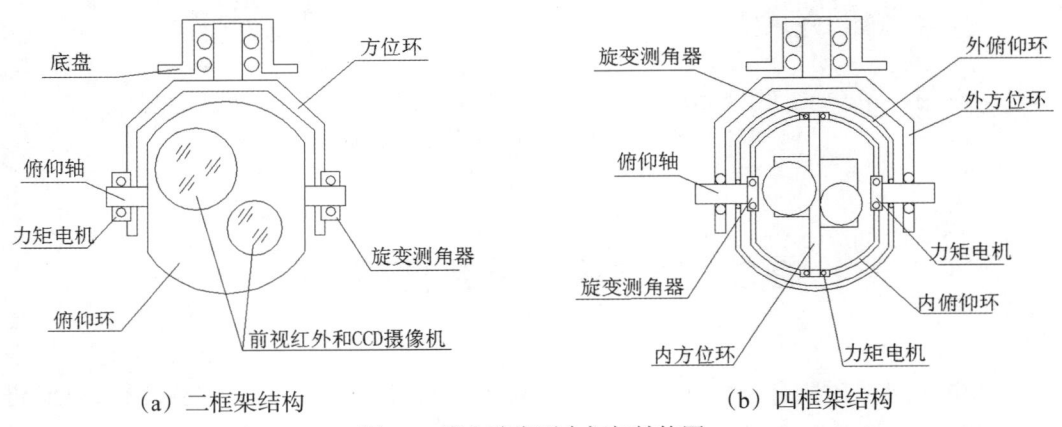

（a）二框架结构　　　　　　　　　（b）四框架结构

图2.4　光电稳定平台框架结构图

在性能上，二框架光电稳定平台是二自由度稳定，使用工作角度范围为方位$α=360°×n$，俯仰$β=-20°\sim 100°$（水平为$90°$），但在$β=0°$附近，方位稳定功能丧失。这种平台最佳稳定工作区在$β=-20°\sim 100°$，在该区域可以实现方位和俯仰二自由度稳定。

四框架光电稳定平台，一般也是二自由度稳定，使用工作角度范围为方位$360°×n$，俯仰$β=-20°\sim 100°$（光轴朝下方时$β=0°$），对于四框架光电稳定平台，$β$处于工作角任意角度时，都具有较高的稳定性能，这是它与二框架平台相比所具有的最大特点。

2.2.1　双轴二框架结构

双轴二框架结构是航空侦察平台中使用最多的一种，技术较为成熟。即将光电传感器等侦察设备置于相互正交的俯仰、方位两个框架组成的平台上（如图2.5所示），通过陀螺稳定回路，克服外干扰力矩，达到稳定目的。这种二框架系统对于小负载、高精度的稳定是十分有效的，随着光电侦察技术及装备的发展，侦察设备一般由红外、激光、电视等组成，其负载较重，这样会增加很多种干扰力矩，按照目前的二框架平台系统的设计和工艺技术水平，要使稳定精度达到微弧度级是十分困难的。另外，双轴二框架系统的跟踪角范围是有限的，而实际应用中往往高达$70°\sim 80°$，这很容易造成平台自锁（失去1个自由度）或误差过大。同时，由于方位轴不会总与瞄准线正交，这就使二框架处于极限俯仰角时难以稳定，特别是无法满足垂直对地跟踪，因为瞄准线垂直对地时,瞄准线与两轴惯性稳定平台方位轴平行,方位的跟踪误差无穷大。再次,在双轴二框架结构平台系统中,跟踪只能实现瞄准线的轴线的稳定,即实现侦察设备在确定的方位上任一时刻都紧紧地瞄准目标,达到最佳的效果,而不能实现瞄准线绕自身轴系的旋转变化稳定,即不能保证探测器得到的图像相对于惯性坐标系是稳定的,直接影响跟踪系统的平稳性及动态跟踪精度。同时由于飞机姿态摇摆幅度及摇摆方向的随机性,不同时刻、不同位置成像平面的旋转角度大小及方向不同,造成光电成像图像平面在不同的位置图像的旋转角度不同。对于这样的曲变图像,从图像学的角度分析,实现图像恢复处理将是非常困难的。

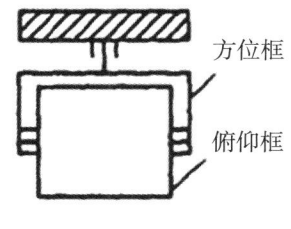
图2.5 双轴两框架示意图

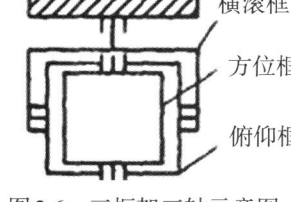
图2.6 三框架三轴示意图

2.2.2 三轴三框架结构

三轴三框架稳定平台是一个有方位、俯仰、横滚3个自由度的系统,是在双轴两框架的基础上增加一根横滚轴,用于补偿由于飞机姿态变化而引起的瞄准线绕自身轴系的旋转变化,使其光电探测成像不再受飞机随机摇摆扰动影响,实现图像相对于惯性坐标系的稳定,为航空侦察提供了较为理想的目标探测成像环境,亦称为捷联式三轴稳定控制。如图2.6所示,方位框与光电侦察设备固连,同时方位框通过方位轴与俯仰框相连,方位框可以绕方位轴相对于俯仰框转动。俯仰框通过俯仰轴与横滚框相连,俯仰框可以绕俯仰轴相对于横滚框转动。横滚框是最外面的框架,它通过横滚轴与基座相连,并可以绕其轴相对于基座转动,基座固连在飞机上。方位力矩、俯仰力矩和横滚力矩由力矩电机通过3个转动轴作用在3个框架上。在三轴稳定控制的方式下,由横滚轴和俯仰轴来隔离机载的运动而实现稳定,由方位轴和俯仰轴来实现稳定跟踪。该控制系统分为速度内回路和位置外回路,位置外回路的作用是补偿光电探测器测得的角位置跟踪误差——即光电探测器的瞄准线相对目标视线的夹角;速度内回路的作用是跟踪角速度指令和抑制机载的各种干扰。虽然三框架三轴稳定平台克服了双轴两框架稳定平台系统的缺点,但由于瞄准线的稳定控制原理是由载体摇摆参数和瞄准空间参数计算出跟踪轴角状态参数,驱动跟踪伺服机构实现瞄准线稳定,因此控制复杂;同时由于捷联式三轴稳定跟踪平台工作时呈现出非线性、强耦合和参数变化等特点,故而系统在稳态精度、响应时间、稳定性等方面的要求较高。

与双轴两框架稳定平台系统相比,三轴三框架稳定平台系统具有明显的优点:

（1）三轴三框架稳定平台系统是稳定瞄准线轴系的稳定，故能克服双轴两框架稳定平台系统稳定跟踪产生图像不稳定的原理缺陷；

（2）在大俯仰角跟踪目标时，三轴稳定跟踪用于补偿飞机在飞行过程中的附加速度和加速度比两轴的小，因而盲区较两轴的小，采取一定措施时，甚至可以实现垂直对地跟踪；

（3）虽然比双轴两框架稳定平台系统多一根轴，但结构的体积和重量都小，这对飞机来讲是十分重要的，能有效提高其稳定性和机动性能；

（4）由于其实现的是瞄准线轴系的稳定，故比两轴稳定跟踪的应用范围广。

2.2.3 四框架二轴结构

四框架二轴光电稳定平台是由内、外框架、光电轴角编码器、导电环和执行电机等组成，是捕获跟踪过程中实现瞄准线指向变化和瞄准线陀螺稳定的执行机构。如图2.7所示，内环架由内俯仰框和内方位框组成，外环架由外俯仰框和外方位框组成。外环架用于克服飞机高速飞行过程中风阻力矩对内环架稳定平台上侦察设备瞄准线的影响，保证设备的跟踪和成像质量达到总体技术指标要求，同时低精度随动于内环架，使瞄准线始终确定在传感器正前方的窗口上，提高了稳定精度；内环架上安装光电侦察设备，其作用主要用来稳定跟踪目标，内环架的两个框架始终互相垂直，减小了几何约束耦合，从而对干扰运动起到更佳的隔离作用，可以消除大角度运动的框架自锁，而且通过内环架随动轴的小范围转动，弥补了瞄准线和外方位轴平行所带来的影响，同时内环架系统不受外环境影响并且摩擦力小，使内环架处于更良好的稳定环境，易于提高系统的稳定精度。

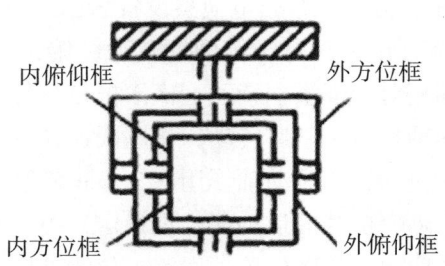

图2.7 四框架二轴示意图

两个环架由各自的跟踪控制回路控制，相互独立，互不影响，因而易于控制，外环架的跟踪回路称为粗跟踪回路，内环架的跟踪回路称精跟踪回路，低频大幅值的跟踪指令由粗跟踪回路执行，精跟踪回路对外环跟踪误差进行前馈补偿。四框架二轴光电稳定平台的瞄准线的稳定精度主要是内环架系统两轴的小角度转动来决定的，因此，内环架的平衡非常重要，而内环架的体积、重量相对较小，所以极易配到平衡。

同时，内环架是在保护环境内部，可以使用不要求环境保护的柔性导线，从而不受弹性力干扰。正常位置是零转矩位置，这就意味着可选择小电机和较低的功耗，也就是说从内环输出的为小信号，可以适当增大内环的开环增益而不必担心饱和，因此内环的跟踪回路的带宽可以设计得较宽，进而提高跟踪精度，所以稳定平台整体跟踪精度主要由内跟踪环决定。

与上述的前两种框架形式相比，四框架二轴稳定系统有如下特点：

（1）内环架的二个框架始终保持垂直，减少了几何耦合，因而运动隔离性好，易于提高精度，还可以消除大角度运动的环架自锁以及瞄准线和方位轴平行时带来的影响；

（2）内外环控制回路相互独立，互不影响，易于控制；

（3）当内环架配到平衡时，可使电机负载非常小，有利于系统带宽增加，提高系统精度。

所以采用四框架二轴结构，可以克服二框架的缺点，因内二框始终互相垂直，减小了几何约束耦合，处于更良好的稳定环境，从而对干扰运动起到更佳的隔离作用，易于提高系统的稳定精度；内外环控制回路相互独立，互不影响，可以消除大角度运动的环架自锁；四框架稳定系统使用的内二环、外二环的电机力矩较同等的二环系统减小，如果合理安排被稳定的光电传感器，按精度要求分布在内、外环上，甚至可使内二环的负载非常小，有利于系统带宽的增加。

2.2.4 平台框架与稳定自由度

无人机在按照规划的航线飞行时，受气流的影响，在航向、横滚和俯仰三个轴向上均有角运动，为了保证机载光电稳定平台上的光学传感器成像清晰，要求所形成的图像沿其幅面 X、Y 轴不发生移动，像面不绕光轴（与图像幅面相垂直的 Z 轴平行）旋转。

假定平台为两框架结构，如图 2.8 所示，在平台台体上除了安装成像传感器外，还安装二个惯性器件—角速率陀螺。当平台处于图 2.8（a）所示状态时，两个陀螺分别敏感方位轴 Y、俯仰轴 X 角运动，通过方位和俯仰两个稳定控制回路实现空间光轴稳定。当内框架处于图 2.8（b）所示状态时，俯仰陀螺仍然正常工作，控制回路还能保证平台绕俯仰轴实现稳定，而方位的转动轴和方位陀螺的敏感轴正交，方位陀螺对方位角运动的测量能力完全消失，因此，此时平台已不能实现方位稳定。

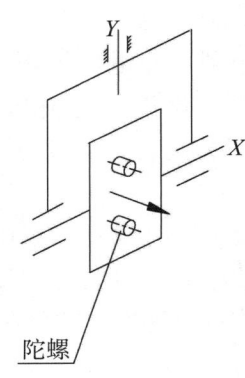 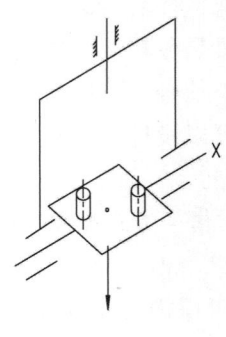

（a）陀螺轴向水平　　　　　　　　（b）陀螺轴向垂直

图2.8　两框架平台结构示意图

上述两框架光电平台具有稳定的自由度，在图2.8（a）状态下，光轴处于水平，为二自由度稳定（方位、俯仰）；在图2.8（b）状态下，光轴处于正下方，平台只能实现一维（俯仰）稳定。

假定平台为三框架，如图2.9所示，在平台台体安装成像传感器和二个速率陀螺，在图2.9（a）状态下，二个陀螺分别敏感台体绕OX、OY框架轴角速度，从而形成二自由度稳定控制（方位、俯仰）；当平台处于图2.9（b）状态时，台体上的二个陀螺仍然可以敏感OX、OY相等轴的角速率，从而构成二自由度稳定，但对OZ角运动不能实现测速和稳定控制。图2.9的三框架平台，无论处于怎样的俯仰角，其所获得的图像沿X、Y均不发生移动。

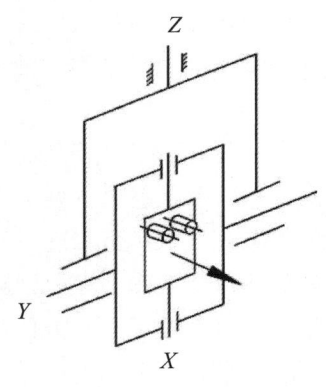 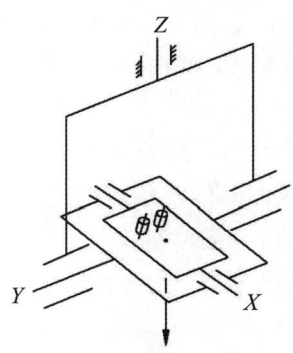

（a）陀螺轴向水平　　　　　　　　（b）陀螺轴向垂直

图2.9　三框架平台结构示意图

当平台处于图2.9所示状态时，在外方位框架（叉）上亦安装一个测速陀螺，由它实现对OZ轴角运动的测量，那么在图2.9（a）所示状态下，可以实现对方位、俯仰的稳定，在图 2.9（b）所示状态下，可以实现俯仰（OY）、侧摆（OX）和方位（OZ）三自由度稳定。

通过以上介绍，可以得到以下几点结论：

1. 二框架平台，安装二个陀螺元件，可以实现有条件的二自由度稳定；

2. 三框架平台，安装三个陀螺元件（二个在台体上，一个在外方位框架上）可以实现有条件的三自由度稳定和完全二自由度稳定；

3. 三框架平台，安装二个陀螺（在台体上），可以实现完全二自由度稳定。

对于图 2.8 所示的二框架二自由度平台，当平台状态处于图 2.8（a）所示状态时（光轴与方位轴垂直），图像幅面沿其 X、Y 不发生移动，但对于绕光轴的角运动未能隔离，图像将会绕光轴旋转，当平台处于图 2.8（b）时，图像幅面沿其 X、Y 的一个方向不发生移动，沿另一个方向将会出现移动，此外，图像绕光轴会产生旋转，由此可知二框架平台是一种低性能二自由度光电稳定平台。

对于图 2.9 所示三框架二陀螺或四框架两轴光电平台，是一种完全二自由度光电平台，它始终可以保证图像不会沿其幅面的 X、Y 发生移动，但图像会绕光轴旋转。如无人机在使用昼夜光电稳定平台执行任务时，平台工作在稳定态，若传感器光轴指向飞机的正下方，会明显感觉到图像的转动。

对于低性能二自由度光电平台，需要二个框架（方位、俯仰），对于高性能二自由度光电平台，需要三个框架（外方位、内方位、内俯仰），这三框架光电平台，不论俯仰角多大，光轴指向怎样改变，都不影响平台的稳定性能。

此外，由于光电平台均吊挂于载机外使用，载机飞行的风阻力会对平台台体产生干扰力矩，造成台体不稳定。为了解决这个问题，在三框架基础上增加一个球壳体框架，构成外俯仰框架（它本质上不属于平台的框架，是一个辅助性框架），使平台的内方位、内俯仰环位于球壳内。因此，高性能光电平台均为四框架二自由度（又叫四框架两轴）光电平台。

2.3 光电稳定平台工作原理

光电稳定平台是光电侦察设备的一个核心部件，是光电稳定系统稳定性的对外综合体现，因此，它在整个系统中占有非常重要的地位。由于稳定平台是为工作于不确定干扰源的机载上的光电系统提供一个类似于地面工作时的稳定环境，也是所有安装在它上边的光电传感器系统执行测量任务时的基准。因此，它的稳定程度将会直接关系到整个光电侦察设备的工作质量，影响到系统对目标位置坐标的测量精度，如果存在稳定误差，就会给系统持续稳定、快速跟踪/瞄准目标带来许多不利因素，引起瞄准线跳动、图像的晃动，甚至使目标漂出视场，导致跟踪/瞄准失败。

2.3.1 图像晃动的原因

机载光电成像传感器产生图像晃动的原因主要包括：

1. 飞机本身的俯仰、偏航和滚转方向的角运动，它们通过万向支架的轴承、驱动器和电缆耦合到安装光电成像传感器的平台上，引起视轴的扰动；

2. 飞机本身的振动和稳定平台的质量不平衡会引起视轴的扰动；

3. 在传感器组件内部和平台上也存在振动源，包括扫描机构、驱动器、伺服系统，当它们的平衡未完全补偿时都会引起视轴的扰动；

4. 大气湍流作用在万向架外罩上，如果不和光电成像传感器隔离，它们将直接作用在光电成像传感器组件上，引起视轴的扰动。

视轴稳定的目的就在于使光电成像传感器的视轴和上述的扰动源相隔离，视轴就可以相对于惯性空间保持相同的角度瞄准方向而和飞机的运动或振动无关，或者严格地说，使视轴残余的晃动量保持在所允许的范围内。

2.3.2 陀螺视轴稳定原理

机械式稳像是利用陀螺等传感器和伺服系统构成的稳定平台来补偿基座上摄像系统的相对运动来实现稳像的。在机载光电稳定平台中，陀螺仪是稳定平台的核心。陀螺仪是敏感角运动的一种装置，是惯性技术的重要组成部分。陀螺仪的核心部分是一个绕自转轴高速旋转的刚体转子，转子绕自转轴高速旋转而具有动量矩，这种特征决定了它具有不同于一般刚体运动的特性——进动性和定轴性，这两个基本特性决定了它既能测量角位移又能实现空间方向稳定的作用。

采用陀螺仪的惯性稳定系统，是使被稳定对象轴的角速度或者角度不受扰动力矩的影响，在惯性空间保持不变。如图 2.10 所示为惯性稳定系统的基本原理图。

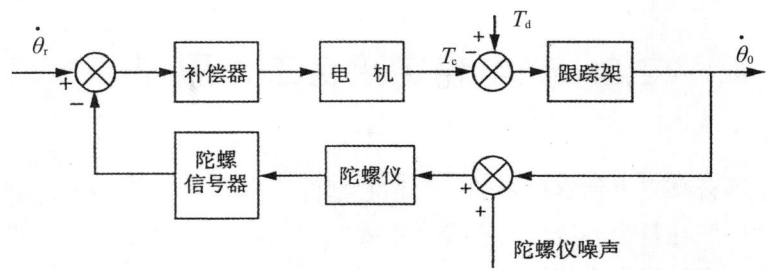

图 2.10 陀螺稳定系统原理框图

当有干扰力矩 T_d 作用于平台台体轴时，相应于该轴的陀螺仪就会敏感到台体的转动角速度，产生进动，陀螺组件绕输出轴转过一定角度，由同步器输出相应比例的电信号，该信号经伺服放大后，送给装在台体轴上的力矩电机，力矩电机产生一个与干扰力矩相反的电机力矩 T_c 平衡外来的干扰力矩，在干扰力矩作用的瞬间，同时产生陀螺力矩来平衡外来干扰力矩，当电机力矩和干扰力矩的大小相等时，陀螺力矩也同时消失，平台台体轴保持稳定。当外来干扰力矩突然消失时，由于电机力矩依然存在，所以陀螺向反方向进动，使陀螺组件绕输出轴转过的角度逐渐减小，伺服放大器输出给力矩电机的电流也随之减小，电机力矩也减小，直至电机力矩为零，平台台体轴保持稳定。如果作用在台体轴上的干扰力矩始终存在，陀螺组件偏转角就存在，始终有电机力矩来平衡干扰力矩。因此，陀螺稳定系统可以看作是一个力矩平衡系统，由陀螺敏感扰动力矩引起的角运动，通过反馈回路产生一个控制力矩来抵消扰动力矩，从而达到视轴稳定。

当机载携带稳定系统工作时，平台存在方位锁定和方位跟踪两种稳定状态，当基座绕平台轴方向转动而带动平台转动，使平台偏离初始方位时，陀螺仪同样敏感到这个转动而输出电流信号，伺服电机同样产生力矩，经减速器转动平台朝相反方向转动，在稳态情况下，基座绕平台轴相对惯性空间转动角速度等于伺服电机反向转动的角速度时，平台绕平台轴保持在初始方位，这就是稳定平台的空间稳定状态。

如果要求平台相对于一个新方位保持稳定，那么就得要求平台以一定的角速度转动，跟踪所要求的方位。这时可将控制信号或控制指令 θ_c 输入到力矩电机，使力矩电机产生一个绕外框轴的控制力矩。在控制力矩的作用下，陀螺仪将产生绕输入轴方向的进动趋势。由于外框轴上支撑的约束，陀螺仪绕外框轴出现转动现象，信号传感器同样输出电流信号，该信号经过放大变换后输入伺服电机，伺服电机的转矩通过减速器带动平台绕平台轴转动，在稳态情况下，平台的转动角速度刚好等于控制信号要求的进动角速度，输入的控制信号沿外框轴，控制力矩方向随控制电流极性而定，而控制力矩的大小与控制电流大小成比例，当平台转动角速度等于控制信号引起的角速度时，内框轴上的反约束力消失，陀螺仪绕内框轴的转动达到一个稳定的数值，平台则以一定的角速度相对惯性空间转动。即可以通过输入陀螺仪力矩电流的方法来对平台的转动进行控制，从而实现方位的跟踪，这就是平台工作的空间积分状态或者指令角速度跟踪状态。

如图 2.11 所示为单轴陀螺稳定平台工作原理图，被稳定对象为光学装置，光学装置的光轴与陀螺转子轴平行，当基座绕外环轴 oy 转动时，转子轴与光轴由于陀螺特性不随之转动，保持原有方向；当基座受冲击时，由于陀螺仪的定轴性，转子轴与光轴做章动，仍处于原有方向附近，误差不大于章动幅度，若在外环轴上作用常值外干扰力矩 M_y，转子与内环一起绕内环轴 ox 进动，进动的角速度为 $\dot{\beta}=M_y/(H\cos\beta)$，这种进动在进动角 β 不大于 90°的范围内进行，在外力矩 M_y 作用在外环轴时，转子绕内环轴 ox 进动，产生陀螺力矩 $H\dot{\beta}\cos\beta$ 也作用于外环轴上，二者大小相等、方向相反，光轴仍处于起始位置。但是，一方面由于被稳定对象一般质量较大，上述的陀螺力矩只能起短时间稳定；另一方面，为了提高稳定精度一般宜采用角动量小的陀螺。因此，为了平衡外干扰力矩必须提供额外的平衡力矩，稳定回路的设计就提供了该平衡力矩。

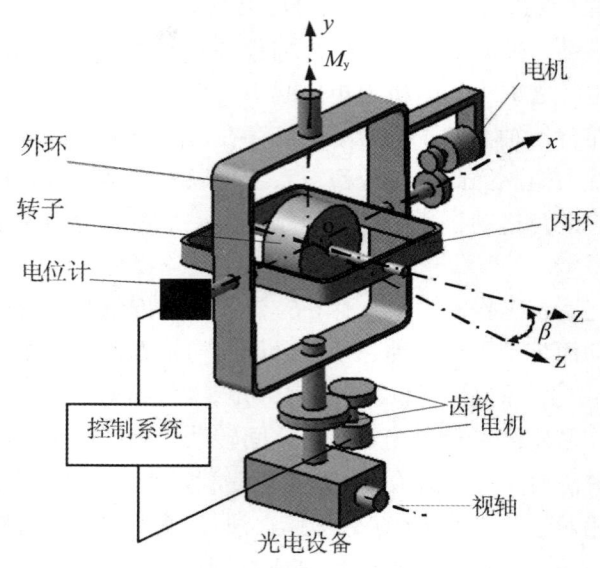

图 2.11　单轴陀螺稳定平台工作原理图

当沿外环轴作用的常值力矩引起进动角 β 时，进动角由电位计感知并输出与进动角 β 成比例的电压信号 $u = K_u \beta$，经过放大器后得到电流 $I = K_i K_u \beta$，通过改变电压可以产生与其成比例的稳定力矩 M，其方向与外力矩的作用方向相反，当作用在外环轴上的稳定力矩 M 与外力矩 M_y 相等时，陀螺停止绕内环轴的进动，存在一个定值的进动角。由电位器、电机等组成的回路称为稳定回路，该回路保证了视轴的稳定性。

当要求被稳定对象随外框轴一起绕稳定轴旋转一角度 α 时，可控制安装在进动轴上的电机，通过减速器将力矩 Mc 传递到内框轴，使被控对象与外框一起绕稳定轴 oy 进动，由此组成的回路称为修正回路，该回路可以修正有害力矩引起的陀螺漂移。

上述陀螺稳定平台只能绕 y 轴实现稳定，因此为单轴稳定，若再增加一个陀螺（采用二自由度陀螺）、一套稳定回路和一套控制回路则可构成双轴稳定平台。上述各控制回路只是简要地说明了视轴陀螺稳定的基本原理，实际的控制回路要复杂得多，针对不同的应用领域，被稳定对象也可以是多种光学传感器（如电视、热像仪、激光测距机等），当对多种光学装置进行稳定时，一般将这些光学装置安放于同一平台上，同时保持它们的视轴与陀螺转子轴平行，此时的稳定就是指对整个平台的稳定。在实际应用中，各种稳定方法并不是单独使用，一般根据系统的性能要求，将各种方法混合使用。

陀螺仪作为惯性稳定系统的敏感元件，其性能对整个稳定系统的性能有很大的影响。陀螺仪具有不同的类型，动力调谐陀螺仪具有在相同定位精度条件下元部件少、体积小、重量轻、起动时间短、消耗功率小、寿命长、可靠性高等特点，得到了广泛应用，此外，激光陀螺仪和光纤陀螺仪也越来越多地出现在新型平台中。

2.3.3 平台伺服控制

光电稳定平台的伺服控制系统是一个典型的机电回路，包括一个由陀螺作为反馈元件的速度环和一个由测角器作为反馈元件的位置环，系统框图如图2.12所示。平台的驱动电机通常采用直流力矩电机，这类电机堵转力矩大，空载转速低，不需要任何减速装置，可直接驱动平台台体，过载能力强，有利于提高系统刚度及稳定性。测角器选用旋转变压器，具有重量轻、体积小、抗冲击和抗振动能力强等特点。作为速度反馈器件的陀螺，目前已经开始大量使用光纤陀螺，与传统的机电式陀螺相比，具有可靠性高、寿命长、启动速度快、动态范围大、输出信号简单等优点。

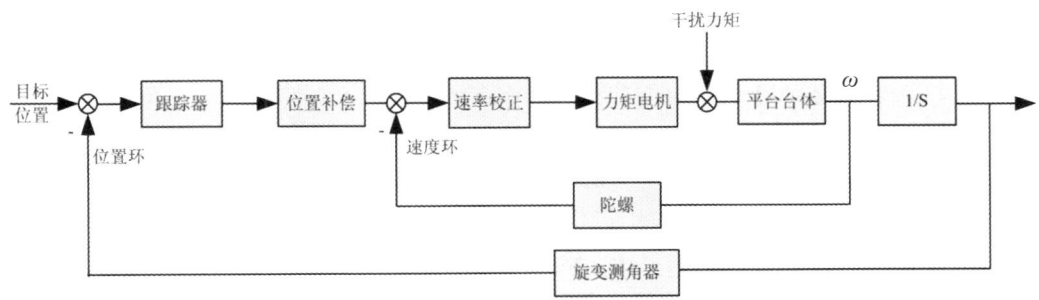

图2.12 光电稳定平台控制系统框图

2.3.4 天顶盲区和自锁问题

二轴二框架结构已经是一种非常成熟的、常规的稳定装置，是目前光电稳定平台中普遍采用的结构形式，即将光电传感器置于由方位和俯仰框架组成的两框架平台上，通过陀螺敏感平台相对惯性空间运动，然后经控制回路驱动框架力矩电机以克服外界干扰。但在两框架系统中，各种传感器组成的光电仪器可能重达几十千克，过重的负荷会导致各种干扰力矩急剧增加，使两框架稳定平台很难达到所要求的控制精度。此外还存在着两点不足，即天顶盲区和自锁问题。所谓天顶盲区是指当飞机向前飞行时，为观察到机体正下方目标，跟踪架的俯仰轴应处于90°的位置，此时，为了能快速的跟踪上目标，要求方位轴要具有近乎无穷大的速度，这在实际中是无法实现的。自锁问题是指当两框架平台结构进行俯仰跟踪时，俯仰框架作俯仰运动，与方位框架不再保持相互垂直关系。当俯仰角很大时，可能形成框架闭锁致使系统失控。

机载光电平台为二轴四框架结构形式时，由于设计了随动回路，当内俯仰框架运动时，其角度传感器输出信号，控制外俯仰框架同步跟踪。外俯仰框架运动必然带动内方位框架，从而可以保证内俯仰框架与内方位框架始终基本处于相互垂直状态，保证了大俯仰角时的稳定精度和正常使用，它克服了两框架存在的不足，并且具有稳定性好、抗干扰能力强、响应速度快的特点。

2.3.5 稳定精度

稳定精度是光电侦察设备价值得以体现的先决条件和重要保障，是系统设计、制造和使用的一个核心问题，也是评价系统性能优劣的一个重要技术指标。

当载机携带光电系统进行工作时，其工作环境大大不同于地面，存在着许多不确定因素的干扰，使得系统无法达到基于地面环境下工作时的性能和效果。载机的灵活机动性是系统工作的前提条件，如何降低或者消除这些外来因素的干扰，使系统在载机上工作时的性能发挥到最佳，这就迫切要求有一种具有稳定功能的高稳定精度的稳定装置的出现，使光电系统工作在这种装置所能提供的相对稳定的环境下，实现系统预期的功能。但是，客观来讲，外部的干扰无法完全消除，也不可避免，即使在理论上可以实现稳定，但这种意义上的稳定只能说是一定程度上的相对稳定，不是绝对的稳定。由于稳定环有限带宽的存在，同时稳定装置在工作时，随着时间的推移与积累，相关元器件的有关参数就难免会发生一定程度的漂移，使已经实现的所谓稳定只能维持在一定的误差范围以内。这种误差的存在，会引起瞄准线在不同时刻、不同程度的偏离，进而引起光电传感器成像质量的下降，给系统持续稳定、快速跟踪/瞄准带来困难。

影响光电稳定平台稳定误差的主要因素有：

1. 驱动装置的力、传动特性、轴弯曲滞后等；
2. 陀螺仪的影响，主要集中在漂移方面，也是在平台设计定型后，引起稳定误差的主要方面；
3. 控制电路的影响，包括控制环延长，控制算法等方面；
4. 机载的角运动，低频振动，谐振的干扰等。

以上各个稳定误差因素对稳定精度的影响，有时是一个两个因素占主导，有时是几个因素综合作用，引起光电稳定系统稳定精度的下降。不过，在稳定平台设计定型，驱动、控制、陀螺仪、旋变等元件确定以后，系统的稳定精度也被最终确定。当然，影响稳定精度的原因还有其他几个方面，例如灵敏度、响应时间、目标尺寸、帧频等，这些因素都将影响到光电侦察系统的成像质量。

瞄准线跳动的频率是指所有传感器所在的活动稳定平台在单位时间内的振动次数。帧频是指在单位时间内传感器接受目标信号和转移输出该信号的总次数。在系统工作过程中，当瞄准线跳动频率比较低并且低于帧频时，在成像器件上得到的是很清晰的，只是在显示中伴随着移动现象。这时系统的稳定精度比较差，稳定误差对成像质量的影响起主导作用；当瞄准线跳动频率比较高并且高于帧频时，在成像器件上得到的图像就会变得模糊不清，出现拖影现象，几乎无法分辨目标。即便此时系统的稳定误差很小，但此时传感器本身性能参数的限制是影响系统最后成像质量下降的主要因素。

由于在抑制高频干扰时，系统具有较高的稳定精度。因此，人们想到了依靠增加帧频也就是减少帧时的方法，使得帧频远远高于瞄准线的跳动频率，来防止上述第二种现象的出现，提高成像质量和系统精度。但是，在提高帧频的同时，伴随出现了许多其他问题，那就是传感器接收光能量的时间下降，灵敏度、信噪比等性能下降而导致主要矛盾转化。所以，稳定问题是影响光电传感器成像质量，影响系统进行坐标测量的因素之一，绝对不能孤立看待。

总之，稳定问题是光电系统为了对外来各种不确定性干扰进行抑制的大前提下提出来的。同时，由于活动平台对于外来低频干扰抑制能力的有限性，必然导致系统在实现稳定的过程中存在一定的稳定误差，也就是系统的稳定精度问题。

光电平台的作用为隔离载机在航向、横滚和俯仰三个轴向上的角运动，保证机载光电侦察平台上的光学传感器成像清晰，但平台隔离载机的运动并不是绝对的，还留有一定量的残差，表现在图像上为图像轻微的晃动，将图像的晃动量定义为光电平台的稳定度，用以衡量平台的隔离效果，而平台的稳定度又可分为两种：隔离图像平移、隔离图像旋转，两种稳定度对图像的判读存在差异。

假定平台的稳定度为 δ，平台的使用高度为 H，则因为 δ 而产生图像移动量 $L=\delta \times H$，设 $\delta=35\text{mrad}$，$H=5000\text{m}$，$L=35\times10^{-6}\times5000\text{m}=1.75\times10^{-1}\text{m}=0.175\text{m}$。

因为 δ 而造成图像绕光轴旋转，假定视场为 $24°$，地面观察面的边长为

$24°/57°\times H=0.4\times 5000\text{m}=2000\text{m}$

当平台稳定度 δ 造成图像旋转时，视场边旋转带来线位移量

$L=(2000/1.414)\times\delta=1400\delta=35\times10^{-6}\times1400\text{m}=0.05\text{m}$

通过上述计算可知，相同的稳定度影响图像的移动较大，影响图像的旋转较小。当光电稳定平台在空中执行任务时，图像的旋转会给判读带来一定的影响，同时由上面的计算知道，旋转对视场中心的图像影响小，对视场边缘的图像影响大。如当载机运动导致图像旋转时，视场中间的图像清晰，而越边缘越模糊。在使用光电稳定平台时，总是习惯于将感兴趣的目标放在视场中间来观察。由于旋转对图像判读的影响较小，由此可知，光电稳定平台主要被用来隔离图像的平移影响，因此多数被设计成二自由度稳定。

2.3.6 稳定精度对侦察距离的影响

光电侦察设备的作用距离是指设备在规定条件下能够达到的极限距离，包括摄影、电视、红外、激光等探测器的作用距离，是光测设备的首要技术指标，可充分体现光测设备的探测能力，光测设备的一切探测功能的实现都建立在目标作用距离实现

的基础上。影响作用距离的因素很多，不仅与光学成像系统的性能参数有关，还与目标状况（包括目标大小、发光度或辐射特性）、外界环境（大气消光、大气抖动、天空亮度等）、接收器性能等有关。

不论哪种目标、哪种接收器件，目标能否被探测到都需要满足如下条件：

①目标在接收面上的光能量（或照度）能被接收器感受到；

②像面上目标和背景的对比度要达到一定的比值或满足信噪比的要求；

③在行扫体制电视系统中，目标像点要有一定大小，占有一定的电视行数。

在上述三个探测条件中，前两条是主要的。光学测量是能量探测，以能量为基础，光测设备的探测能力应根据具体目标和探测器，从能量与反差，即目标和背景在像面上的照度以及目标和背景在像面上的对比度出发进行分析与论证。

以电视系统为例，电视系统探测能力，决定于极限作用距离，而极限作用距离取决于两点：

①电视系统接收面上目标和背景的照度大于接收器的灵敏度值；

②整个系统的信噪比大于2。信噪比来源于目标与背景的照度差，故实际上也是反差。

公式（2.1）用来计算目标在CCD靶面上形成的照度

$$E_{目} = \frac{E_0 S \rho D^2 \tau_0}{\pi d^2 R^2} e^{-\sigma R} \tag{2.1}$$

$$X = \sqrt{\left(\frac{\sigma_0}{\sigma_f}\right)^2 + \left(\frac{\sigma_w}{\sigma_f}\right)^2 + \left(\frac{d}{d_0}\right)^2} \tag{2.2}$$

$$K = \frac{E_{目}}{E'_{目}} = \left(\frac{X}{d/d_0}\right)^2 \tag{2.3}$$

式中，$E_{目}$、$E'_{目}$分别是目标像点扩散前后在CCD靶面上形成的照度；E_0为太阳照射的等物面照度；ρ为目标的反射系数；D为探测器的口径；S为目标的反射面积；τ_0为光学系统透过率；σ为垂直大气衰减系数；R为目标距离。σ_0、σ_w和σ_f分别为大气抖动、视轴稳定精度以及像元的角分辨率；d、d_0分别为目标像的尺寸和像元尺寸；X为目标在考虑扩散的影响后所成像占的像元数；K为目标像扩散前后在CCD靶面照度的衰减系数。

取D=160mm，f=1600mm，目标的直径σ=0.57m，在R=20km时，理想情况即不考虑像点弥散时，目标像的尺寸为45.6μm，像元的角分辨率为

$$\sigma_f = \arctan(6 \times 10^{-3}/1600) = 0.77''$$

若考虑2"的大气抖动，最终成像所占像元数按式（2.2）计算。表2.1中列出了不同的稳定精度条件下，目标成像的大小。

从式（2.1）中可以看出，目标在CCD靶面上的照度与目标成像的大小有关。在条件相同的情况下，目标在CCD靶面上的照度与目标成像点大小的平方成反比。可用公式（2.3）计算。根据式（2.3），计算出像点大小不同的目标在CCD靶面上照度下降的比例，列于表2.3。

表2.3　视轴稳定精度对目标在CCD靶面上的照度的影响表

视轴稳定精度/(″)	4	5	10	15	20
目标成像大小/(像元个数)	9	10	15	21	27
靶面上目标照度下降的比例	1.7	2.0	4.6	9.0	14.8

从以上分析可以看出，视轴稳定精度是机载光测设备目标像点扩散的主要因素。视轴稳定精度越低，则引起像点扩散越大，目标在靶面上的照度下降比例越大。下降到一定程度，必然不能满足目标的可探测条件，从而影响光测设备的作用距离，进一步影响光测设备的探测能力。像点扩散到一定程度会使图像模糊甚至不能成像，对远距离、小目标影响较大，对较近距离、成像较大的目标影响稍小，可成中心清晰边缘模糊的像。

对机载光电设备，视轴稳定性能的好坏直接影响系统的探测能力和成像质量，甚至关系到能否成像的问题。以CCD电视成像系统来讲，目标像占3×3个像素可发现目标（考虑弥散，并且能量与反差满足成像条件）。焦距2000mm、靶面1/3″的电视系统，3个像素对应的角度值为2″。当目标像点小于等于3×3个像素时，若稳定精度达不到2″，由于视轴晃动造成能量分散可能会使目标不能成像。若目标像占像素数较多，比如6×6个像素，对2″的稳定精度，像中心的3×3个像素可以成较清晰的像，而边缘的其他像素会成模糊的像或不能成像。

从以上分析计算可以看出，机载光测设备不同的探测能力与成像要求，需要不同的视轴稳定精度。焦距越长、探测能力与成像质量要求越高的设备，对飞机姿态变化与风阻力矩颤震越为敏感，从而需要更高的视轴稳定精度。

2.3.7　光电稳定平台工作状态

光电稳定平台正常工作时具有惯性态、锁定态、跟踪态、跟踪/搜索态、回收态、自动扫描态等多种工作状态，使用者可以根据需求使系统随时处于上述状态之一，其中，在锁定态和自动扫描态，还可以输入锁定的位置、扫描的速度和幅度，以满足在不同战场环境下、对不同地物及海上背景的侦察需求。

（1）惯性态（又称稳定态）

在这种工作状态下，平台能够隔离载机的姿态角运动影响，保持平台台体相对惯性空间定轴性，从而实现光学传感器光轴定轴性，并获得清晰图像。惯性态是机载光电侦察平台的主要工作状态，在惯性态工作情况下，由台体上的惯性器件陀螺和力矩器等构成两套稳定控制回路。

(2) 锁定态

让光电稳定平台各个框架按某一角度锁定，从而使光学传感器光轴相对载机坐标系保持一定角度位置关系，各个框架锁定角度可以是预先设定，也可以事后人工配置输入。在锁定态时，由各个框架轴上的测角器与对应轴的力矩器等构成控制回路。

(3) 扫描态

当载机向前方飞行时，为了对航线正下方区域进行搜索，采用扫描态。在这种工作状态下，光电稳定平台处于惯性态，将方位转角调整到90°，俯仰转角处于零度。在惯性态条件下叠加某种角速度改变俯仰角，对飞行路线左右匀速扫描，从而实现对飞行区域的搜索。

在扫描过程中，俯仰角变化角速度应和飞行速度相匹配，不要使搜索区重叠太大。

(4) 跟踪态

在惯性条件下，光电稳定平台的某一种传感器（例如可见光摄像机或前视红外仪）对地面某一目标所产生图像信号经图像跟踪器处理后，来控制光电稳定平台对其进行自动跟踪，这种工作状态称为跟踪态。

(5) 保护态

机载光电稳定平台多吊挂在无人机或直升机下方，当降落前有些载机能把光电稳定平台收回机腹内，然后下落，有些飞机就是外吊挂平台着落。对于后种情况，飞机着陆时，地面物体或飞尘容易使平台损伤，因此，在无人机着落前，应通过控制指令让球壳窗口朝上方。

(6) 跟踪/搜索态

在跟踪一个目标的同时去选择一个新的感兴趣的目标进行跟踪。光电稳定平台处于"自动跟踪"态时，为了改变跟踪目标，系统切换为"跟踪/搜索"态，光电稳定平台仍跟踪原目标。操纵杆不再操纵平台的转动，平台的转动由图像跟踪器自动控制。操纵杆指令使十字线在视场中运动，选定另一个目标，选定新目标后，再发送自动跟踪指令，光电稳定平台对新目标进行跟踪。

以上几种工作状态的切换均由地面人员发出控制指令，平台自动完成。

2.3.8 光电稳定平台设计特性

一、气动外形

无论是两框架还是四框架光电稳定平台，气动外形一般有两种方案，两种方案有不同特点，主要区别在于外框架（叉）的结构特点。一种具有比较简单的外形，但气动外形略差，如图2.13（a）所示；另一种叉形状类似音叉，两支臂近似于侧板，气动性能差，如图2.13（b）所示，叉的外形为部分圆柱和半球的复合体，结构较为复杂，但它与俯仰环一起构成的外形为圆柱体和半球体组合，气动性能很好。对于低速载体上使用的光电稳定平台可以选用图2.13（a）方案，对于中、高速载体上使用的光电稳定平台选用图 2.13（b）方案。

当气动外形设计采用图 2.13（a）方案时，外方位环所受阻力偏大，应力求减小迎风面积。此外，外方位环和外俯仰环外形应以外方位轴对称分布，这样可以减小风阻力矩。采用图 2.13（b）方案时，气动外形好，受到阻力较小，为了减小风阻力矩，也应将外方位环和外俯仰环外形设计成以外方位轴对称分布的形式，上述两方案的外俯仰环球壳形状应以俯仰轴对称分布。

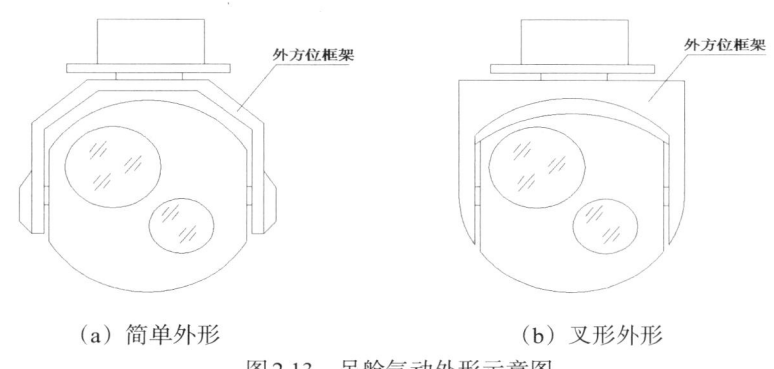

（a）简单外形　　　　　　　　（b）叉形外形

图 2.13　吊舱气动外形示意图

二、平台框架刚度

平台框架是支撑平台的受力件，其结构形式直接影响平台的结构刚度、质量和稳定性，为了减小飞行中的风阻，通常采用外形结构成对称的球形，并采用加强筋、变截面积等手段减轻重量、提高刚度。

在进行光电稳定平台的框架支撑结构设计时，轴承的选择与使用很重要，在保证平台刚度的条件下尽量减小摩擦阻力，以便提高平台稳定精度。提高平台框架支撑系统的精度和刚度是使平台台体在出现过载、振动、冲击条件下保证位置精度的重要措施，既在装配时预紧轴承到不出现间隙，保证台体有足够的刚度不会在使用中出现颤振。过大的预紧力会加大轴承带来的摩擦阻力，降低平台稳定精度。

在平台框架的加工方面，采用精密铸造的方法可以最大限度减少加工余量，且铸件的表面粗糙度好、外形尺寸精度也较高，能够满足使用要求，其经济性、尺寸精度、外形要求、加工速度等各项综合指标均较机械加工、锻造等方法高出许多。

在平台框架的生产方面，国外还有采用 ABS 工程塑料记录，采用注塑的方法生产，具有重量轻、结实、尺寸精度高、无须二次加工、批量生产时速度快（注塑过程仅需几分钟），但同时也有着模具价格昂贵的致命缺陷。

三、窗口尺寸

机载侦察光电稳定平台内安装有多个光学传感器，为保证光学传感器能够接收外界景物的光线，必须在前球壳上设置窗口，设置窗口的原则如下：

（1）窗口外形是平板玻璃等材料；
（2）每个光学传感器都配一个窗口；
（3）对于不同视场工作，窗口都不能挡光。

对于四框架平台，外俯仰框架处于0°时，球壳窗口尺寸应保证成像传感器在大视场工作，不出现窗口挡光现象。此外，由于内方位、内俯仰相对外俯仰环（球壳）还具有±6°随动转角，因此窗口尺寸还应适当加大。总之窗口大小设计应满足当传感器处于大视场工作，同时外俯仰球壳与内方位、内俯仰存在±6°随动角度时，不出现挡光现象。如果窗口之间距离太小，结构布局较困难时，外俯仰框架相对内方位轴、内俯仰轴转角只需要考虑0°～±3°的范围。

四、平台环境适应性

机载光电侦察设备的环境适应性要求很高，涉及力学、传热学、电磁兼容等多方面的学科，在平台的结构设计中，只有充分考虑到各方面对系统的影响因素才能达到良好的效果。

在保证光电侦察设备性能、重量、体积满足要求的前提下，并在条件允许下，应该优先选取强度、刚度好的材料和机构形式，以满足力学性能要求。根据平台结构总体及支撑系统的尺寸要求，在平台框架受力分析的基础上，采用加强筋、变截面等手段努力使其满足刚度要求和良好的工艺性，克服平台框架尺寸过大造成的刚度较弱和加工变形过大等问题。例如，受力的关键重要件可以采用钛合金代替钢材加工，重要的结构件采用ZL205A材料铸造代替ZL101A而达到减薄尺寸减轻重量的目的，受力件满足了使用要求，力学性能同时也能得到很大程度的提高。

电磁兼容设计是保证飞行时光电侦察设备性能正常发挥的关键。系统驱动电机应尽可能封闭，以减小正常运行时电机磁场对其他信号的干扰，尤其是对可见光或红外传感器视频信号的干扰。系统在布线时，各种强弱信号应尽可能分开，减少强信号对弱信号的干扰，强弱信号线应采用增加屏蔽层的办法。结构设计在选择材料与厚度时，应结合机械强度、刚度、工艺性、导电能力、导磁能力、电磁场的频率等综合因素做适当选择。由于铁磁性材料的低频磁导率高，吸收损耗大，磁场能量从一面传到另一面时衰减大，所以低频屏蔽体应选用铁磁性材料，屏蔽低频段信号对其他部位的干扰；在高频段，金属的导电导磁能力越好，电磁能在屏蔽体内的反射损耗越大，所以应该选用铝、铜等获得更好的屏蔽作用。

五、气密与干燥性

对于侦察平台，使用环境较为恶劣，为了保证光学零件和电子器件长时间存放和工作不失效，必须进行气密性设计。整个平台系统气密性分为二级设计，对外俯仰框架球壳腔体，为Ⅰ级气密设计；对于顶罩等其他腔体采用Ⅱ级气密设计。外俯仰框架相对外方位框架转动部位和外方位框架相对底盘均采用动密封圈，其他部位可用静密封圈。为了保证光电传感器所在的腔体保持干燥，还要在球壳体上安装干燥砂盒，并对腔体充氮气。

2.4 典型光电侦察设备简介

某型号光电侦察设备是某型号无人机系统的一个分系统，主要用于对敌方纵深战役战术目标实施昼夜实时空中侦察、战场监视、目标定位、毁伤评估和校正火炮射击。

2.4.1 系统组成

整个系统主要包括红外仪和可见光电视摄像机两套成像传感器以及稳定转台、跟踪控制器和升降机构。红外仪和可见光电视摄像机安装在球形稳定转台内部，通过升降机构吊挂于飞机外部，形成转塔；跟踪控制器、稳定转台伺服电路、二次电源等装在电子箱中；转塔和电子箱通过电缆连接，构成完整的光电侦察分系统。其中，稳定转台实现视轴的空间稳定和超下半球的搜索与跟踪角度范围；红外仪和可见光电视摄像机实施对地面目标的昼夜侦察；跟踪控制器实现侦察系统的状态控制及对选定目标的识别跟踪；升降机构则根据需要将转塔收进或伸出机腹。主要组成部分及相互关系如图2.14所示，转塔、电子箱实物图片如图2.15所示。

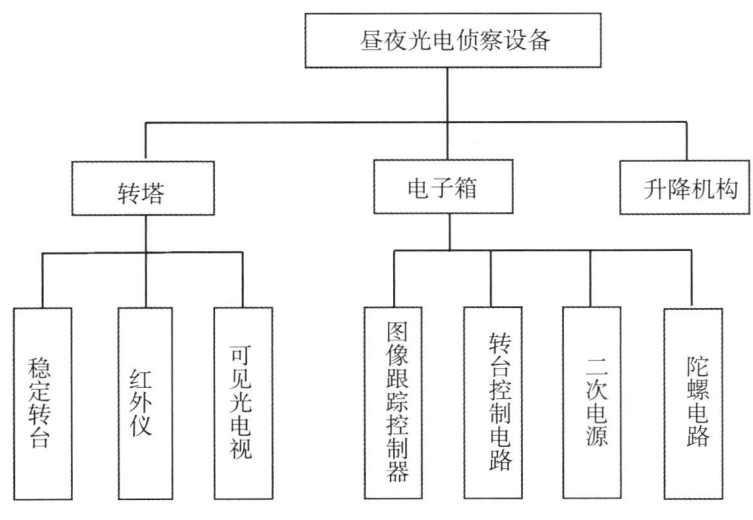

图2.14 某型号昼夜光电侦察设备结构组成示意图

图 2.15　某型号昼夜光电侦察设备实物图

系统主要由以下几部分组成。

1. 跟踪架。此部分是一个二维运动的精密跟踪平台，其具体组成如下。

基座：包括竖轴和光电编码器、驱动力矩电机、调节装置、隔振器等。

框架结构：框架结构是光电平台的"骨架"，支承着平台上的所有设备，包括驱动力矩电机、光电编码器、球形外壳、光电传感器设备、惯性陀螺等。分为外框架和内框架，外框架由外方位框架和外俯仰框架组成，可实现水平面和垂直面大角转动，从而完成对空间目标的搜索，其作用主要是承受风阻力矩和作为光电平台侦察设备的保护窗口。内框架由内俯仰框架和内方位框架组成，可实现两垂向的微小角度转动，其作用主要是对目标进行精确跟踪。这种内外粗精组合的工作方式实现了对目标的快速搜索和精确跟踪。

2. 伺服系统。伺服系统的主要任务是按照主控制台发送的工作方式命令，通过对陀螺稳定平台的控制以实现相应的功能。伺服系统由伺服控制计算机、数字 I/O 接口卡、定时器接口卡、A/D 采集卡、功率驱动电路板、编码器接收与显示板、串行通信接口卡、力矩电机、测角系统（轴角编码器）组成，构成了全数字伺服控制器。

3. 光电传感器。光电传感器主要用于对空中飞行目标或地面运动目标进行同步测距、捕获、锁定、跟踪，并实时显示与记录，包括可见光电视摄像机、照相机、红外成像仪、激光测距机等，可实现昼夜侦察。

4. 稳定系统。稳定系统主要任务是抑制外界扰动，保证视轴稳定。包括隔振装置、陀螺仪等。

该稳定平台采用两自由度稳定四框架结构，承载光电传感器的是内框架，内框架是双轴稳定的框架系统，它相对于外框架只有较小的回转范围。外框架也是双框架，可以大范围双轴回转并且隔离风阻力矩，其双轴的回转范围分别为 $360°×n$ 和 $+10°\sim-110°$。工作时外框架随内框架运动，从而在确保稳定精度的同时又可使视线的观察范围超过下半球。系统的稳定选用半浮速率陀螺，采用数字控制技术，确保系统稳定精度达到指标要求。

2.4.2 主要功能

1. 能输出被测目标和周围景物的稳定图像；
2. 能给出锁定目标的方位角，俯仰角及目标的屏幕坐标等信息；
3. 可见光电视和红外仪可以实施快速切换；
4. 对选定的目标可以进行手动和自动稳定跟踪；
5. 具有很宽的搜索跟踪空间范围；
6. 具有接收和执行控制指令的功能；
7. 具有升降功能。

2.4.3 主要技术战术指标

1. 系统侦察距离

可见光摄像机：在能见度10km的条件下，对4m×6m目标的识别距离大于5km。
红外摄像机：在能见度8km的条件下，对4m×6m目标的识别距离大于4km。

2. 最小跟踪

目标尺寸：4×4个像素。

3. 搜索范围

方位：360°×n（连续）。
俯仰：+10° ~ −110°。

4. 测角精度：≤3mrad。

5. 稳定精度：≤40μrad（RMS）。

6. 双光轴不平行度：≤1mrad。

2.4.4 工作原理

二轴四框架平台的工作原理如图2.16所示。

光电传感器负载安装在内俯仰框架上，四个框架的转轴横竖交错、内外嵌套，连接在基座上，基座通过隔振器坐在升降机构的平台上或者倒挂在机载机身下部。

侦察的第一步是搜索目标，这一任务主要由外框架来完成，由于外框架的作用主要是承受风阻力矩和作为光电稳定平台视频设备的保护窗口，平台对外框架的传动精度要求不高，所以采用直流伺服电机作为外框架高低和方位传动的执行元件，其水平和垂直轴系由齿轮机构实现减速，并且可以缩小平台的体积，减少平台的重量。外框架在机内控制系统的控制下，方位轴可在水平面内360°旋转，俯仰轴能作0° ~ 90°运动，保证了瞄准设备能够对半球空间范围内目标的扫描。

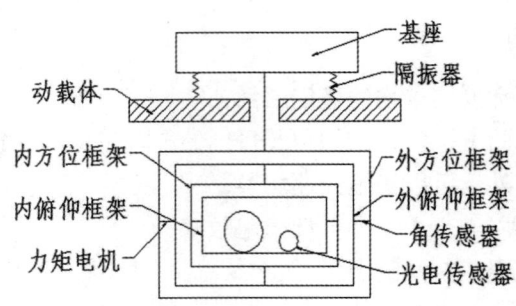

图2.16 二轴四框架平台工作原理图

第二步是跟踪目标，当发现目标后，需要精密调节内框架进行小角度跟踪运动，内框架对平台精度控制起着十分重要的作用，所以其采用直流力矩电机作为内框架方位和俯仰传动的执行元件。此外，内外框架组成的随动跟踪回路能够对运动目标进行跟踪，其过程为，平台中的光电传感器设备获取了目标图像信息后，将图像信息传送给数字图像处理计算机，数字图像处理计算机对图像信息处理后得到光电传感器跟踪脱靶量，然后以串行通讯的方式将脱靶量传送给主控计算机，主控计算机存储脱靶量。当脱靶量较大时，内框架无法作大角度运动跟踪，所以主控计算机将数据传送给伺服控制计算机，伺服计算机将转角信息通过功率放大器和控制电路传给伺服系统，驱动外框架转动，使外框架随动于内框架，角传感器实时监测框架转动角度并传回伺服控制计算机，形成控制回路，使转动轴转动准确的位置，完成跟踪动作。

2.4.5 光电稳定平台发展趋势

根据现代战争的发展需要，光电稳定平台正向实时化、多样化、侦察打击一体化等方向发展。

1. 使用新型光学和结构材料，缩小光学系统和结构框架的体积，减轻重量；
2. 多探测器并用，一方面保证全天时、全天候工作，另一方面不仅限于对目标外形和轮廓的侦察，同时获取目标特性，并可进行测量、定位和防伪识别等；
3. 全数字化方式工作，提高信息获取和处理能力，包括数字化图像采集、捕获、识别和跟踪、数字电控、数字信息传输和显示等；
4. 稳像技术向着更精确、更灵活、体积小以及价格低、能耗小、易于操作的方向发展。

第3章 照相侦察技术

3.1 照相侦察概述

在飞机或其他航空飞行器上利用航空相机摄取地面影像获得航摄相片的工作统称为航空照相。空中照相侦察是指从一定航行高度摄取地面物体影像的过程，其目的是为了取得地面的航摄相片，经过摄影测量加工，可以制出一定比例尺的平面图和地形图，以此来判别地形、地物和地面目标的情况等。

照相（或称摄影）侦察是现代战争中广泛使用的一种侦察手段，所侦察的照片具有图像真实、直观、易判读、几何精度高、变形小、层次分明、目标信息量大、分辨力高等特点，通过照相侦察，可以查明地形、地貌、地物和目标的基本情况，记录敌方的各种军事目标、工事设施、交通情况及绘制军事地形图，测定目标坐标和评估射击效果等等，但照相侦察具有易受天气影响，目标信息的实时性差的缺点。

3.1.1 航空相机

航空相机作为一种光学侦察仪器，是获取地面侦察信息的主要装备，能满足航空照相侦察的特殊要求。航空相机可分为胶片成像和光电成像两大类，胶片成像为普通的航空相机；光电成像即CCD相机，它能通过光电转换器件将目标图像转换成数字信号，再通过通信设备传递到地面站，从而大大缩短了情报传递时间。胶片相机经过近百年的发展，光学、机械设计已非常完美，在光学成像中发挥了巨大作用，但随着现代高技术的发展，特别是数字成像技术的发展，传统胶片相机已逐步被CCD数码相机所取代。

航空相机安装在飞机等飞行器上，用于在空中对地面拍摄相片，通过光学系统采用感光材料直接记录地物的反射光谱能量。因此，航空相机的结构与普通相机基本相同，但由于空中照相的特殊要求，其在镜头精密程度及结构上则更为精密和复杂，并能根据设计（曝光时间、照相时间间隔等）进行自动连续照相。

航空相机的种类主要有四种，即单镜头框幅航空相机、多镜头框幅航空相机、条带航空相机和全景航空相机。其中以单镜头航空相机最为常用。

航空照相除担负照相任务外，还起着量测仪器的作用，是整个测量系统的一部分，照相相片是照相测量中用以定位和测图的依据，因此对相机的质量要求要比普通相机高得多。图 3.1 为某型航空相机结构示意图。航空相机要适合于空中照相的特殊条件，能提供高质量的光学影像，具有稳定而可靠的工作性能；摄影物镜的分辨力高，像差校正好；物镜的透光力要强，焦面照度分布均匀，光学影像的反差大；同时还要求快门的光效系数要高。对航空相机总的要求是成像清晰、分解力高、透光力强、几何精度好、操作简便。具体要求如下。

1. 镜头质量要求分解力高、畸变小、透光力强、焦面照度分布均匀、光学影像反差能力大。

2. 快门具有较宽的曝光时间变更范围。

3. 安放在飞机上的航摄仪应具有良好的减震作用，以防止由于飞机的震动而引起影像模糊。

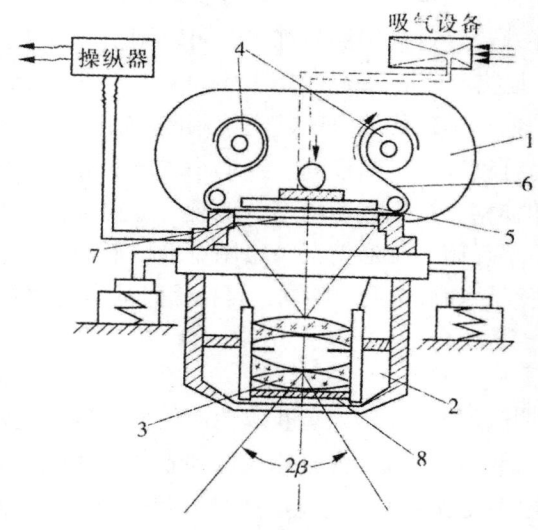

图 3.1　某型航空相机结构示意图
1—暗盒；2—镜箱；3—物镜；4—卷片轴；
5—压片板；6—软片；7—框标平面；8—滤光片

4. 镜头质量要求分辨力高、畸变小、透光力强、焦面照度分布均匀、光学影像反差能力大。

5. 快门具有较宽的曝光时间变化范围。

6. 安放在飞机上的航摄仪应具有良好的减震作用，以防止由于飞机的震动而引起影像模糊。

7. 要有精密的压平装置。测量用相机的像幅都比较大，如 13cm×13cm，18cm×18cm，23cm×23cm，从图 3.2 可以看出底片微小的不平（Δm），除造成影像模糊外，还引起影像移位$\Delta l=\Delta m\times\tan\beta$，$\beta$为光线与主光轴间夹角。显然，越靠近相片边缘移位越大。航空相机采用抽气压平和精密压平板，地面相机则使用玻璃感光干板。

8. 要有精密的内方位元素和框标标志。

9. 要有完整的自动控制装置，特别是航空照相，空中工作复杂，要求精确，没有一套自动控制装置是很难获得高质量航摄相片的。

10. 应有足够的附加记录，如：框标标志、压平标志、片号、时钟、相机内方位测定值、水准气泡等，为测量处理提供必要的技术参数。

航空相机像幅有18cm×18cm和23cm×23cm两种，较大的像幅可以增大地面覆盖面，降低成本，提高精度。

在晴朗无云的天气，载有航空相机（简称航摄机）的飞机（无人机），按预定的航向和高度在航测区上空作往返平行的飞行，每隔一定距离拍摄一张相片。具体拍摄过程中，应使相邻相片之间和相邻航线之间保持着一定的重叠影像如图3.3所示，这样的重叠影像是航测作业所必需的。

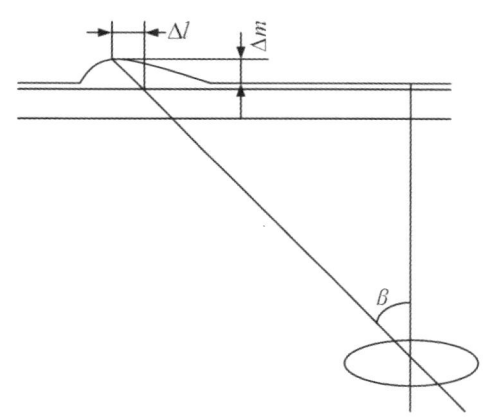

图3.2 底片未压平像点位移示意图

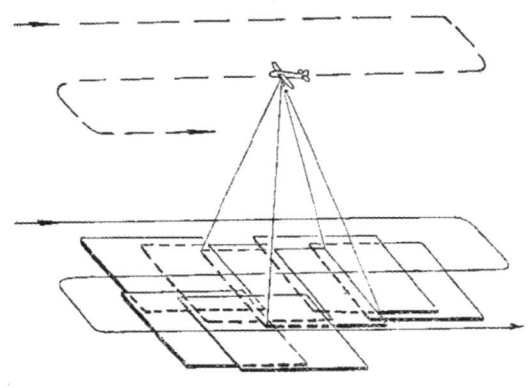

图3.3 航空照相示意图

航空照相时，由于飞机发动机的震动和气流的波动影响，会使相机发生倾斜，因此航摄人员应尽量使相机保持水平。航空相机虽然需要照相员操纵，但是照相的操作如曝光、卷片、连续照相等则是由航空相机自动完成的。此外，在空中照相时应采用稳定装置，使航空相机尽量处于水平位置。

在空中照相以后，应立即进行照相处理：经冲洗得到负片（即底片），再经晒印得到正片（即相片）。

3.1.2 航空相片

航空相机在空中对地面摄影成像，其成像过程与一般摄影（照相）是一样的。即通过快门瞬间曝光将镜头收集到的地物反射光线（可见光）直接在感光胶片上感光，形成负像，然后经显影、定影技术处理，得到相片底片，再经底片接触晒印以及显影、定影处理，获得与地面地物亮度一致的（正像）相片，即航空相片。航空相片上的影像是由于地物各部分反射的光线强度不同，使感光材料上感光程度不同，形成各部分的（黑、白）色调不同所致。

1. 感光材料的基本结构

感光材料（不论是感光片或印相纸）主要是由感光乳剂层和片基构成。感光乳剂层由卤化银、明胶和增感染料组成。普通照相用的黑白胶片一般是全色片，它能感受全部可见光（但对绿光感受较差）。黑白红外胶片的感光层中含有感受红外光的物质，能直接记录人眼看不见的近红外光。彩色胶片是由对蓝、绿、红三种波长分别敏感的三层乳剂组成，能感受全部可见光，经过曝光显影后，形成与地物颜色成互补色的负片，和彩色印相纸接触晒印后，还原成天然彩色相片。

感光材料是由感光乳剂涂布于片基上而成的。为使乳剂层在片基上牢固地黏合，保护乳剂层不被擦伤并防止光晕和静电现象等，还要外加一附加层。

乳剂层是感光材料最主要的部分，它直接表现影像。感光材料的性能完全取决于此层。乳剂层的主要成分是感光剂和支持剂，另外还包含少量的增感剂和一些补助剂。

片基是乳剂层的支持体。以玻璃作为片基的感光材料称硬片（俗称干板），用透明塑料作片基的感光材料称为软片，而以纸作片基的感光材料称为相纸。

附加层分保护层、底层、防光晕层、防静电层和防卷曲层等几个部分，主要起到保护感光材料的作用。

2. 感光材料的分类

感光材料按片基分有硬片、软片和相纸，按光学增感分有盲色片、正色片、分色片、全色片和红外片。未添加增感材料的感光材料只感受波长500nm的蓝紫光，称为盲色片。正色感光材料可以感受波长580nm的可见光，分色感光材料可以感受640nm以内的可见光，全色感光材料，对700nm以下的可见光都感受，但在500nm～550nm处有一下降，红外感光材料，能对光谱的红外部分进行感光。

3. 感光度

感光度是指感光材料对光的敏感程度，俗称感光速度，是确定照相曝光时间的主要参数。在照相环境相同条件下，感光材料感光度愈大，曝光时间则愈短。感光度与感光材料达到一定密度所需的曝光量成反比，即

$$S = K/H_D \tag{3.1}$$

式中，S——感光度；

K——任意常数；

H_D——在一定显影条件下达到某一密度(或叫基准密度)所需要的曝光量。

4. 感光材料的反差、感色性和分辨力

反差一般是指黑白相片（胶片）全片最大灰度（最暗部分）与最小灰度（透明部分）感光密度值之差。反差是感光材料固有的一个特性，反差大的感光材料称为硬性片，影像的黑白差别特明显，但缺少层次；反差小的感光片称为软性片，影像明暗差别不太明显；介于两者间的感光片为中性片，其影像黑白差别较明显，层次又较丰富。

感光材料的感色性是指乳剂对各种不同波长光线的敏感程度。

分辨力表示乳剂层能清晰地表达被摄景物微小细节的能力，以1mm宽度内，乳剂层能清晰地表达出间隔相等的平行细线的最大数目来表示，其单位为线对/mm。例如，分辨率为25lp/mm，表示在一毫米宽度内可构成25对黑白相间的清晰平行线条（25线对就是黑色线和白色线相间分布，各25条）。分辨率的高低，取决于感光乳剂银盐颗粒的粗细，银盐颗粒细分辨率高。航空照相时需要选择感光度高、反差适中、有较高分辨率的感光材料，以获得影像清晰、层次丰富的高质量航空相片。

5. 感光材料的清晰度

影像清晰度是指影像边沿清晰的程度，或者说边界密度变化的速度。如果有一直边地物在感光材料上曝光，由于光在乳剂层中的扩散以及显影过程中可能产生的临界效应，实际上在边界间有一个过渡，用测微密度计进行测量可以得到一个边界曲线。边界曲线越陡，清晰度越好；边界曲线越平缓，清晰度越差。

感光材料的清晰度和分辨力是两种不同的概念，分辨力所说明的是分辨细节的能力，至于影像是否清晰则未涉及；而清晰度是指影像边沿清晰的程度。在摄影测量中，从判读的角度出发，要求分辨力高，因为可以辨认出更多的细节和碎部。但是从量测的角度出发，却要求清晰度高，因为影像越清晰，越容易立体照准。

3.1.3 航空照相的分类

航空照相根据用途、方式及感光材料的不同，有着不同的分类。

一、按相片倾斜角分类

按相片倾斜角分类（相片倾斜角是航空相机主光轴与通过透镜中心的地面铅垂线

（主垂线）间的夹角），可分为垂直摄影和倾斜摄影。倾斜角等于0°的，是垂直摄影，这时主光轴垂直于地面（与主垂线重合），感光胶片与地面平行。但由于飞行中的各种原因，倾斜角不可能绝对等于0°，一般凡倾斜角小于3°的称垂直摄影。由垂直摄影获得的相片称为水平相片。水平相片上地物的影像，一般与地面物体顶部的形状基本相似，相片各部分的比例尺大致相同，水平相片能够用来判断各目标的位置关系和量测距离。倾斜角大于3°的，称为倾斜摄影，所获得的相片称为倾斜相片。这种相片可单独使用，也可以与水平相片配合使用。

二、按摄影的实施方式分类

按摄影的实施方式分类，可分为单片摄影、航线摄影和面积摄影。

1. 单片摄影

拍摄单独固定目标而进行的摄影称为单片摄影，一般只摄取一张（或一对）相片。

2. 航线摄影

沿一条航线，对地面狭长地区或沿线地物（铁路、公路等）进行的连续摄影，称为航线摄影。为了使相邻相片的地物能互相衔接，航向重叠一般应达到60%，至少不小于53%。

3. 面积摄影

沿数条航线对较大区域进行连续摄影，称为面积摄影（或区域摄影）。面积摄影要求各航线互相平行。在同一条航线上相邻相片间的航向重叠为60%~53%。相邻航线间的相片也要有一定的重叠，这种重叠称为旁向重叠，一般应为30%~15%。实施面积摄影时，通常要求航线与纬线平行，即按东西方向飞行，但有时也按照设计航线飞行。由于在飞行中难免出现一定的偏差，故需要限制航线长度。一般为60km~120km，以保证不偏航而避免漏摄。

三、按感光材料分类

可分为全色黑白摄影、黑白红外摄影、彩色摄影、彩色红外摄影和多光谱摄影等。

1. 全色黑白摄影

全色黑白摄影是采用全色黑白感光材料进行的摄影。它对可见光波段（0.4μm~0.76μm）内的各种色光都能感光，是目前应用广，又易收集到的航空遥感资料之一。如我国为测制国家基本地形图摄制的航空相片即属此类。

2. 黑白红外摄影

黑白红外摄影是采用黑白红外感光材料进行的摄影。它能对可见光、近红外光（0.4μm~1.3μm）波段感光，尤其对水体植被反应灵敏，所摄相片具有较高的反差和分辨率。

3. 彩色摄影

彩色相片虽然也是感受可见光波段内的各种色光，但由于它能将物体的自然色彩、明暗度以及深浅表现出来，因此与全色黑白相片相比，影像更为清晰，分辨能力高。

4. 彩色红外摄影

彩色红外摄影虽然也是感受可见光和近红外波段（0.4μm～1.3μm），但却使绿光感光之后变为蓝色，红光感光之后变为绿色，近红外感光后成为红色，这种彩色红外片与彩色片相比，在色别、明暗度和饱和度上都有很大的不同。例如在彩色片上绿色植物呈绿色，在彩色红外片上却呈红色。由于红外线的波长比可见光的波长长，受大气分子的散射影响小，穿透力强，因此，其彩色红外片色彩要鲜艳得多。

5. 多光谱摄影

多光谱摄影是利用摄影镜头与滤光片的组合，同时对一地区进行不同波段的摄影，取得不同的分波段相片。例如通常采用的四波段摄影，可同时得到蓝、绿、红及近红外波段四张不同的黑白相片，或合成为彩色相片；或将绿、红、近红外三个波段的黑白相片，合成假彩色相片。

3.1.4 影响航空照相质量的因素

1. 天气因素

航空摄影发展到当前阶段，还是以光学航空相机为主，因此，天气因素对航摄质量的影响是至关重要的。天气因素的影响是无法人为改变的，只能通过长期实践总结，选择恰当的季节，等待摄区出现理想的航摄天气，对于特殊的地区，也要考察地面因素的影响。比如在南方，由于受到大气雾的影响，地表上空经常有一层薄薄的水汽，从飞机上看像有一层薄雾，持续时间比较长，使影像反差减小，不利于航摄观测；在北方由于植被较少以黄土和沙漠戈壁地貌为主，地物本身反差比较小，如果有沙尘或者大风，航摄的结果使影像反差减小，最大和最小的密度往往也达不到要求。解决以上问题的办法只有选择最佳摄影季节和适当的时间以及合适的滤光片，以减轻其对航摄质量的影响。因此，天气因素是制约航摄影像质量的前提条件。

2. 机型因素的影响

机型的选择是以保证适当的安全高度、必要的续航能力、良好的稳定性能、最佳的经济效益等为原则。小型无人机由于机体小，重量轻，易受气流影响，结果使航摄航线弯曲度出现旋偏角、倾斜角等，通常会超出规范要求，在后期处理时需要对图像进行校正。选择适当的机型是降低成本，保证提高经济效益的有效途径。

3. 曝光量因素的影响

一般来说，曝光量主要受到曝光时间和光圈大小的影响，在光圈一定的情况下，曝光时间越长，底片曝光量越多，影像密度越大；反之，密度越小。曝光不足，使影像弱光部分（密度细部的表达）遭到损失；曝光过度，使强光部分遭到损失，二者的结果均使底片的反差减小。现在使用的相机大多采用自动测光系统确定曝光量，因此胶片感光度设置值的选择就显得特别重要，比如在相同摄区、相同型号飞机及相同航空相机以及相同摄影季节的情况下，采用比较正确的经验曝光量使底片密度和反差适中，影像良好，若采用的曝光量不正确，结果就恰好相反。曝光量的正确与否对后续地面冲洗作业来说至关重要。一般来说，曝光量多一倍或少一倍都能通过手工操作来补救，但是对于机器冲洗来说补救则比较难。因此，试飞时找出最佳曝光量是提高冲洗质量的关键，也是减少不必要损失的条件。

4. 底片压平因素的影响

底片压平方式一般分为抽气式和吸气式两种压平方式。假若在航摄过程中底片没有严格压平，则地物点的构象就会产生移位，满足不了相对定向的几何条件；有时镜头不清洁或有水汽，空中露光时间过长，也会造成像移量超过允许限度。但是若发生在同一次航摄中，多条航线只是其中几条航线有像移，则后一种可能性最大。若是整筒底片均产生像移，则最大可能性是底片压平不够，暗盒安置不当。另外若是像移补偿不够，也会产生影像模糊，较高的地区（如山头）则更为严重。因此，严格检测相机压平至关重要，要适时保养相机，经常检查底片压平装置及自动像移补偿装置状态是否良好，暗盒是否到位，以免造成底片上影像模糊不清，影响成图。

5. 相片倾斜角因素的影响

航拍时相片的倾斜角一般不超过2度，个别不要超过4度。专用航摄飞机只有遇到强气流时突然升高或降低才可能使其超限。倾斜角变化的结果是在所摄相片上，比例尺会一边大，一边小，这种情况将会影响立体像对的观测。倾斜角要靠作业人员来修正，在具体操作过程中，人为使其概略置平，然后再使用相机本身的系统修正，则可取得很好的效果。

6. 气流因素的影响

气流的形式一般说来分为偏流和涡流，航空学上规定左偏流为正，右偏流为负。一般情况下飞机是通过修正航线来修正偏流。涡流对飞机的影响是不可预知的，因而无法修正。它使飞机忽然间升高或降低，产生高差超限，影响摄影比例尺，或者使飞机突然旋转使相邻相片之间产生比较大的旋偏角，严重时也可能超限，这就是为什么在质量检查过程中整个航线旋偏角都正常，忽然却有相邻两片之间产生较大旋偏角的原因。正确的修正偏流是减少相片旋偏角和保证必要重叠度的重要前提条件。

总之，影响航空摄影质量的因素很多，还有相机镜头的质量和焦距的因素，航线设计是否合理等等。

3.1.5 航空数码相机

航空数码相机属光、机、电和嵌入式软件集于一体的精密仪器，具有"小型化、轻型化、自动化、多功能和高可靠性"等特点。某型航空数码相机单张图片像素达到4K×5K，配备组合导航系统，能够实时记录影像拍摄时刻的空间坐标与相机姿态，同时相机具有自动曝光、像移补偿等功能，可以在不同的航高间获取不同比例尺精度的高分辨率、高清晰度影像资料，适合大比例尺摄影测量、精确定位、目标识别、效果评判和地理信息更新等应用。

航空数码相机主要由光学系统、CCD 成像系统、影像处理与控制系统、组合导航系统、通讯适配器五部分组成，光学系统实现物与像的变换；CCD 成像系统实现图像的光信号与电信号的转换，并且实现电信号的数字量化；影像处理与控制系统实现图像的噪声处理、无损压缩、曝光控制等；组合导航系统实现相机的横滚角、俯仰角、航向角、经度、纬度、海拔等信息实时提供；通讯适配器实现相机、组合导航系统、飞控三者的数据互联。

一、传统相机与数码相机特点

传统的航空侦察系统主要依赖于机载普通的航空胶片记录影像，这种方式进行航空侦察，存在着明显的缺点和不足：

1. 胶片信息容量小；
2. 处理周期长，实时性差；
3. 普通胶片相机光谱带宽较窄，大约在 500nm～700nm。

以电荷耦合器件（CCD）为基础的数码相机与普通胶片相机比较，其优点如下。

1. 容量大，处理周期短，实时性好。利用数字数据容易进行影摄增强和数据压缩，相机的输出可以近实时的直接从空中传送给地面的用户。

2. 光谱范围宽，灵敏度范围扩大，约为 500nm～900nm，约是胶片相机的两倍。随着技术的发展，光谱范围在不断扩展，有助于穿透烟雾拍摄，提供更多的观察场景的信息，并可提示伪装网下装备的特性。

3. 可以直接连接到计算机、电视机或打印机上，所采用的存储媒体主要有存储器、存储卡、移动硬盘等。主要表现在存储媒体的重复使用、立即显像、直接连接设备、多功能、操作简便和成本低等方面。

4. 拍摄功能也比传统相机要多，除变焦控制、曝光控制、闪光灯控制、自拍、连拍、日期叠加等传统相机所带有的功能外，还有 LCD 取景与照片效果浏览、视频输出、长时间间隔（可长达 24h）、自动定时拍摄、录音与放音、红外数据输出等许多功能。

作为航空侦察系统的基础器件，数码相机在军事信息获取、转换、存储、传递、处理和视觉功能的扩展（光谱拓宽、灵敏度范围扩大）方面，给出了直观真实、层次多样、内容丰富的信息，广泛应用于航空侦察领域。

二、数码相机成像过程

数码相机的工作原理与传统的胶片式相机一致，不同的是数码相机采用电子元器件成像而非胶卷——这是数码相机与传统相机最本质的区别所在。数码相机的成像器件主要分为两类：即 CCD——英文 Charge Couple Device 的缩写，中文名称"电荷耦合器件"，它是目前主流的成像器件，其中又以 R-G-B 原色 CCD 在数码相机上应用最为广泛；另一种是CMOS——英文Complementary Metal-Oxide Semiconductor的缩写，中文名称为"互补金属氧化物半导体"，作为数码相机成像器件出现的时间并不长，但发展却非常迅速，比如在手机摄像头上广泛使用，大有与CCD分庭抗争之势，其基本结构中的像素排列方式与R-G-B原色CCD并没有本质差别。

数码相机在拍照时，用户对准拍摄目标，并将快门按下一半，相机内的微处理器开始工作，以确定对焦距离、快门的速度和光圈的大小。当按下快门后，光学镜头可将光线聚焦到影像传感器上，这种CCD/CMOS半导体器件代替了传统相机中胶卷的位置，它可将捕捉到的景物光信号转换为电信号。

数码相机具体成像过程如图3.4所示，可表示为：

1. 当使用数码相机拍摄景物时，景物反射的光线通过数码相机的镜头透射到CCD感光元件表层；

2. 光线被感光元件表层上滤镜分解成不同的色光，色光被各滤镜相对应的感光单元感知，当CCD曝光后，光电二极管受到光线的激发而释放出电荷，并产生不同强度的模拟电流信号，再由感光元件的电路将这些信号收集起来；

3. CCD控制芯片利用感光元件中的控制信号线路对发光二极管产生的电流进行控制，由电流传输电路输出，CCD会将一次成像产生的电信号收集起来，统一输出到放大器；

4. 经过放大和滤波后的电信号被传送到ADC，由ADC将电信号（模拟信号）转换为数字信号，数值的大小和电信号的强度与电压的高低成正比，这些数值其实也就是图像的数据；

5. 此时这些图像数据还不能直接生成图像，还要输出到DSP（数字信号处理器）中，在DSP中，将会对这些图像数据进行色彩校正、白平衡处理；

6. 微处理器对数字信号进行压缩，并转换为特定的图像格式，常用的用于描述二维图像的文件格式包括Tag TIFF（Image File Format）、RAW（Raw data Format）、FPX（Flash Pix）、JFIF（JPEG File Interchange Format）等，最后以数字信号存在的图像文件会以指定的格式存储到内置存储器中。

三、数码相机相关概念

总像素——总像素是指数码相机成像元件上成像单元的数量，总像素为524万的CCD，就表示其上集成有524万个成像单元，数码相机在标示其性能时基本上都采用总像素。

有效像素——数码相机在成像时，感光元件边缘部分会因为光线的衍射而导致成像模糊，为保证成像的质量，感光元件上这部分的成像会被舍弃，所以感光单元不能100%被利用，而被利用起来的，即得到最终图像的这部分像素就成为有效像素。

CCD尺寸——是指感光元件对角线的长度，常用单位为英寸。常见的有1/1.8英寸、1/2.7英寸、2/3英寸等。一般来说，感光元件尺寸越大，元件的性能与成像效果就越好。另外，数码相机的感光元件一般采用4∶3的长宽比，比较特殊的则有3∶2。

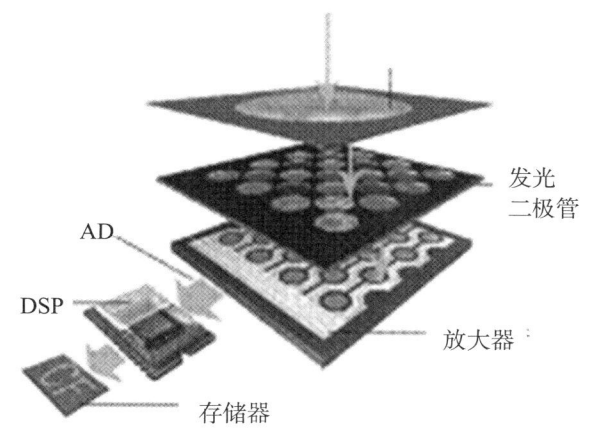

图3.4　数码相机成像过程示意图

ISO——是指感光元件对光线感应的灵敏程度。数值越大，灵敏度越高，常见的数值有50、80、100、160、200、400等，有的数码相机感光元件ISO值甚至可达到3200，虽然高ISO值可以提高数码相机在黑暗环境中的成像质量，但ISO越高，对画面质量的影响就越明显，出现的噪点就越多。

四、数码相片文件表示方式

景物或目标通过数码相机镜头输入的光线可用红色、绿色和蓝色表示，一般用英文的首字母来表示分别为R、G、B，用一个8Bit的数据来表示其中一种颜色的灰度值（十六进制的0xff等于十进制的255），所以计算机里用0xff0000来表示一个单纯的红色，数码相机也是用的这个原理来产生色彩，但相机不会辨认颜色，只会辨认灰度。CCD上存在着很多感应颜色灰度值的点，也就是CCD上的一个像素，为了显示彩色图像，一个像素就不可能感知所有色彩的灰度，只能感知RGB当中的一种，如果让一种像素点专门感知红色灰度，一种专门感知绿色灰度，一种专门感知蓝色灰度，这样单个颜色的采样色阶就出来了。

CCD上存在这三种采样不同颜色灰度的像素点，其交叉排布样式如图3.5所示，从图中可以看到，红色和蓝色点是一个隔一个，而绿色点则占了一整行，也就是说RGB三种颜色的点数量比是1∶2∶1，感应绿色的点比较多，这是因为人对绿色信息特别敏感，所以刻意加多了绿色灰度数据的收集，这样做的目的是更好的为以后差值放大做准备。当拍摄图像完毕后，得到的就是这些AD采样灰度值，也就是，相机原始图像信息，或是数码相机的底片，以RAW格式文件输出，存的就是这些颜色的灰度信息。

如一台1200W像素的相机，CCD上有1200W个感光点，RGB感光点比值是1∶2∶1，即最终生成的RAW文件包含300W个R（红色信息）灰度值、600W个G、300W个B，文件大小（不压缩）应该是8bit*1200W=96000000bit=96000000/8/1024/1024，约等于11.444Mbytes（一个灰度值用一个8bit的数来表示所以要*8），就是这个1200W像素相机最后生成一个未压缩的RAW格式文件应该是11M左右。若一个颜色用一个24位的数来表示，那么文件大小应该是12,000,000*8bit*3=34.3323Mbtyes。

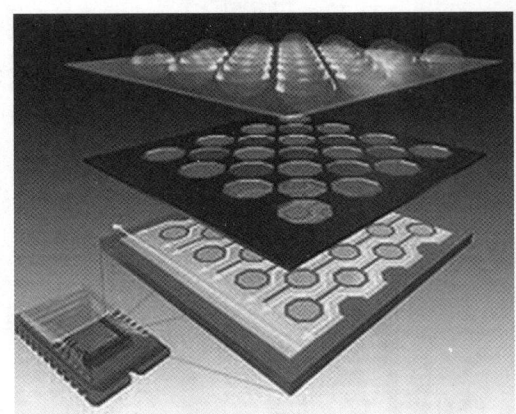

图3.5　像素点交叉排布样式

五、航空数码相机的现状及发展趋势

随着微电子技术的发展，高性能线阵和面阵CCD器件的不断发展和完善，采用该技术的航空侦察相机也取得了长足进步，成为国际上航空相机研究和发展的主流产品。现已发展到第四代，前两代为线阵相机，后两代为面阵相机。对于航空成像侦察而言，由于军事需求及航空成像侦察自身固有的特点，特别是对适于现代军事作战机动飞行侦察能力的要求，使得画幅式相机较线阵扫描式相机应用更广泛。因此，在能够提供同样优良性能光电器件的前提下，在国外研发的光电型画幅相机较光电型线阵扫描式相机占据的地位更加重要。面阵CCD相机具有光谱范围宽、数字化程度高、时效性好等特点，同时又具有高速机动能力、高几何精度、高分辨率及立体成像等优点，因此在国外的现代信息化武器平台中已远远超越胶片型画幅相机，成为在战争环境中，获取高速动态光学成像信息不可替代的极为重要的航空侦察技术手段。

从20世纪90年代初开始，逐步推出的面阵CCD器件，其像元数从2K×2K、4K×4K，直到9K×9K，并可实现电子像移补偿的光电画幅式侦察相机。现在又进一步推出可见近红外/中波红外的双波段光电型步进画幅式相机，逐步取代了只能作非机动飞行侦察，且需要高精度稳定平台的光电线阵式CCD航空相机。

虽然近年来随着材料和制造工艺水平的不断发展，CCD传感器的像元不断增加，种类不断增多，但是常用的CCD传感器还是只对特定波段的光线有效，这严重制约了CCD相机获取信息的多样化。随着现代军事伪装技术的发展，多波段信息的获取在军事上有着极其重要的作用，比如当使用可见光波段的CCD相机对目标进行侦察时，就很难发现伪装物后的相关信息。此时再利用红外或其他波段的相机对目标进行侦察，虽然可以获取丰富的信息，但需要分析人员将各波段的图像信息进行对比归类，费时费力。因此，多波段全景相机成为各国航空侦察相机发展的首选方向。这种相机的方案是将多CCD拼接和相机扫描方式结合起来。通过将不同波段的CCD传感器用机械或光学拼接的方法安装在相机内，使得它们对同一区域成像以获取不同波段的信息，通过相机扫描方式来提高相机的视场。在处理图像时，首先要将不同波段的图像信息进行拼接处理，然后再将包含有多波段的数字图像进行拼接。由于不同波段的图像信息具有不同的特征，在多波段图像信息配准时是一项比较困难的工作，现在国内外有很多学者在研究这方面的问题，但取得的成果有限。随着这一技术的发展，航空相机必然向多波段全景相机的方向发展。

3.2 航空照相基本原理

3.2.1 航空相片投影方式

1. 中心投影

航空相片投影方式为中心投影，所谓中心投影，就是空间任意直线均通过一固定点（投影中心）投射到一平面（投影平面）上而形成的透视关系。如图3.6所示，S为投影中心，P为投影平面，SA为通过投影中心的直线（投影光线），SA与P的交点a为空间点A的中心投影。投影平面P、投影中心S和空间点A三者的关系位置是任意的。如图3.4所示的（a）、（b）、（c）为中心投影三种不同的情况。

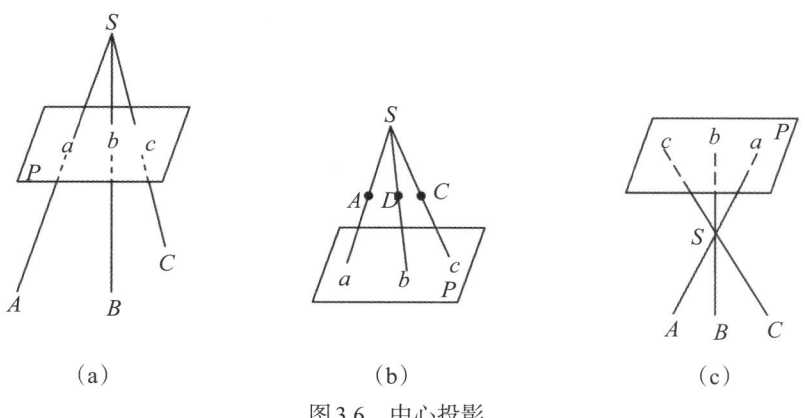

图3.6 中心投影

航空相片之所以属于中心投影，是由于航空摄影时地面上每一物点所反射的光线，通过镜头中心后，都会聚在焦平面上，同时，每一物点所反射的许多光线中，有一条通过镜头中心而不改变方向，这条光线称为中心光线，所以每一物点在像面上的像，可以视为中心光线与底片的交点，这样在底片上就构成负像，经过晒印所获得的航空相片称为正像。从投影上来说，航空相片（正片）的位置，相当以投影中心为圆心，以焦距 f 为半径，将 P 旋转至 P'（图3.7），P' 即为正像位置。

2. 中心投影成像特征

在中心投影上，点的像还是点。直线的像一般仍是直线，但如果直线的延长线通过投影中心时，则该直线的像就是一个点。空间曲线的像一般仍为曲线。但若空间曲线在一个平面上，而该平面又通过投影中心时，它的像则成为直线。掌握这些特征，对认识航空相片上的地物是有帮助的。

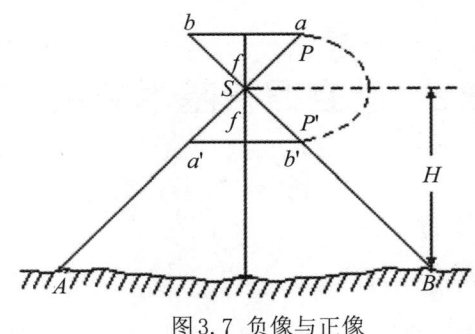

图3.7 负像与正像

3.2.2 相机成像基本原理

1. 焦距与透镜公式

焦距是物镜的一个重要特征，其数值取决于透镜的折射率和透镜的曲率半径。对于一个厚度可以忽略不计的薄透镜而言，其焦距可以用下式表示，即

$$\frac{1}{f} = (n-1)(\frac{1}{r_1} + \frac{1}{r_2}) \tag{3.2}$$

式中，n ——透镜的折射率；

r_1、r_2 ——透镜的曲率半径。

照相时，一般按下面的透镜公式计算有关的距离，即

$$\frac{1}{f} = \frac{1}{a} + \frac{1}{b} \tag{3.3}$$

式中，f ——物镜的主焦距（焦距）；

a ——被摄物体到物镜的距离（物距）；

b ——物镜到影像平面的距离（像距）。

在影像放大或缩小的时候，用下列公式确定 a 和 b，即

$$\beta = \frac{l}{L} = \frac{b}{a} \tag{3.4}$$

式中，β——线性放大率（或放大倍数）；

L——被摄物体长度；

l——相片上影像的长度；

$\beta>1$，影像放大；$\beta<1$，影像缩小。

2. 相对孔径

光圈是摄影物镜中的一个光阑，通常它设置在物镜的两个透镜组之间，其孔径大小可以根据需要而改变。相机一般采用的是虹形光圈，它是由许多弧形的长条金属薄片组成，这些薄片的一端各自固定在物镜框上，另一端则固定在可以转动的公共圆环上，当圆环旋转时，由金属片组成的圆孔便随之缩小或放大。

摄影物镜中的光圈，其作用有三个：调节物镜的使用面积、调节进入物镜的光通量、调节景深。设有一摄影物镜，其前透镜组如图3.8所示，在紧靠前透镜组之后，设置有一个光圈I，其光孔直径为D。现在有一束平行于光轴的光线投向物镜，通过前透镜组后，便受到光圈I的阻拦。从图中看出，它所阻拦的不仅仅是以D为直径的圆柱光束以外的光线，而是相当于以d为直径的圆柱光束以外的光线。这种情况好比物镜前面有另外一个孔径为d的光圈II在限制着进入物镜的光束大小，这个不存在的光圈II的孔径d为有效孔径。有效孔径的大小既取决于实际孔径的大小，也取决于光线经过物镜前透镜组时折射的情况。

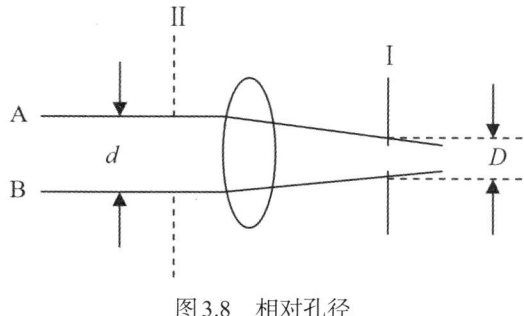

图3.8 相对孔径

物镜的相对孔径就是有效孔径d与物镜的焦距f之比，即

$$相对孔径 = d/f \tag{3.5}$$

当实际孔径完全张开时，相应的有效孔径称为最大有效孔径，此时计算的相对孔径称为最大相对孔径。通常，最大相对孔径都以分子为1的形式标志在物镜框上。例如，某相机物镜焦距为135mm，光圈完全张开时的最大有效孔径为30mm，于是最大相对孔径为1/4.5或1∶4∶5；在物镜框上则以1∶4.5或F∶4.5的形式标注。

随着光圈的收缩或张开，物镜的有效孔径也跟着改变；因此相对孔径也随之改变，从而改变了通过物镜的光通量。如果光圈每缩小一定程度，就在物镜的外框上标明一个数值，这就有利于控制进入物镜的光通量。由于相对孔径一般都小于1，因此用相对孔径的倒数标志，称为光圈号数。一般相机标志的数列为

1.0，1.4，2，2.8，4，5.6，8，11，16，22，32

是一个以 $\sqrt{2}$ 为公比的等比级数。

3. 景深

当摄取一有限距离的景物时，若景物的前面最近处与该景物后面的最远处之间的景物，其构象都是清晰时，则此最近处与最远处之间的距离称为景深。

$$D.F. = \frac{2a^2 f^2 k\varepsilon}{f^4 - a^2 k^2 \varepsilon^2} \tag{3.6}$$

式中，$D.F.$——景深；

a——物距；

f——焦距；

k——光圈号数；

ε——模糊圆直径。

可以看出，景深与镜头的焦距有关，焦距越大，景深越小。

4. 视场角和场栏

光通过物镜后投射到焦平面上的光照是不均匀的，其照度由中央向边缘降低，形成一个照度不均匀的圆圈，而且影像的清晰度也从中央向边缘递减，这样一个圆圈的范围就称为视场。

物镜后主点与视场直径端点的连线所夹的角度称为视场角（简称视角）。视场代表光电成像传感器所能收集的入射辐射角范围，视场可以分解为它的水平分量（HFOV）和垂直分量（VFOV），视场的几何表示如图3.9所示。

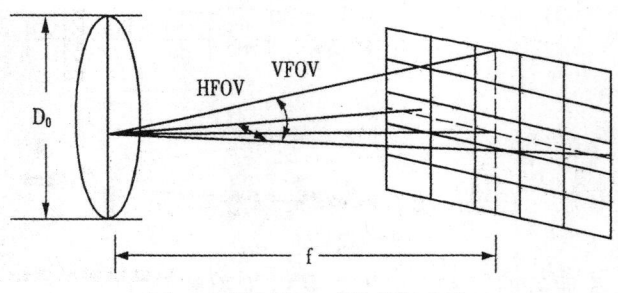

图3.9 视场（FOV）的几何表示

在视场面积内，能获得清晰影像的区域称为像场。物镜后主点与像场直径端点的连线所夹的角度称为像场角（简称像角）。

场栏是一种将超出它孔径尺寸的入射光线都阻挡住使之不能到达成像传感器靶面

的器件。成像传感器放在焦平面位置上,焦平面通常并不和焦点在相同位置上。焦平面位置确定目标被聚焦的距离。场栏应该正好放在焦平面的前面。如果没有实际的场栏,那么成像传感的边界就决定场栏的大小。

图3.10表示场栏几何示意图。由图3.10可见,场栏直径$D_{F.S}$影响FOV的大小,如果场栏做得较小,那么FOV将相应地减小,相类似,瞬时视场($IFOV$)将受到单个探测元(CCD像元)d的影响。$IFOV$就是焦平面上单个探测元所观察到的入射角范围。

$IFOV$和FOV可以采用下面公式计算

$$IFOV = 2\tan^{-1}\left(\frac{d}{2f}\right)$$
$$FOV = 2\tan^{-1}\left(\frac{D_{F \cdot S}}{2f}\right) \tag{3.7}$$

航摄相机可以按像场角(或焦距)进行分类。镜头后节点对像幅对角线两端点所张的角度称为像场角,一般以2β表示。当像幅一定时,焦距短则像场角大,焦距长则像场角小,故航空相机按像场角分类与按焦距分类意义相同。

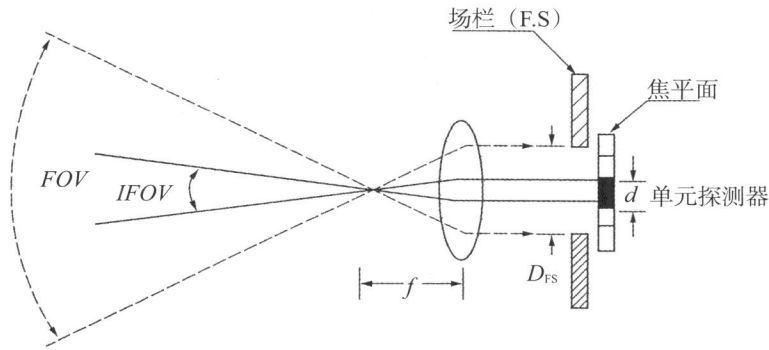

图3.10　场栏的几何表示

当$2\beta \geqslant 105°$或$f < 100mm$时,称为特宽角航空相机;
当$75° \leqslant 2\beta < 105°$或$100mm \leqslant f < 160mm$时,称为宽角航空相机;
当$2\beta < 75°$或$f \geqslant 160mm$时称为常角航空相机。

5. 焦深

焦平面放置的位置应该使在所希望距离上的目标被聚焦。对于任意目标距离,来自目标的所有光线都将会聚在透镜后面唯一的位置上。如果目标在非常远的距离上,入射光线将会聚在焦点上。当目标距离越来越近时,入射光线会聚点将离透镜越来越远。在透镜前面目标的距离S_0和在透镜后面聚焦图像的位置S_1,如图3.11表示,它们之间的关系由迈克尔(Maker's)方程确定。

$$\frac{1}{S_0}+\frac{1}{S_1}=\frac{1}{f} \tag{3.8}$$

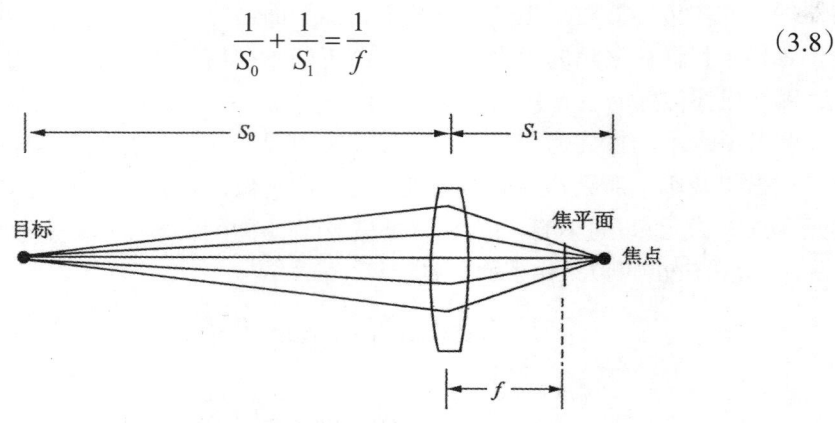

图 3.11　目标聚集几何示意图

通过限制入射光线可以进入光学系统的角范围，孔径光栏才能真正地改善焦深。不过，减小孔径光栏虽然会改善焦深，但是也减少了探测系统可能收集的总通量，因此，为达到相同的最大探测距离，将要求更灵敏的探测器件，这就是为什么在普通的照相机中孔径越小，要求曝光时间越长的道理。

6. 物镜的分辨力

分辨力是物镜的重要特征之一，它能确定物镜对被摄物体微小细节的表达能力，以 1mm 宽度内所能清晰分辨的线条数目来表示。无像差物镜分辨力公式为

$$R=1/\lambda k \tag{3.9}$$

式中，R——无像差物镜分辨力；
　　　λ——波长；
　　　k——光圈号数。

对于实际的物镜而言，分辨力的数值也远比理论计算值为小，因此，一般都需要在实验室条件下进行实际测定。

对航空相机来说，镜头分辨力越高就越有利，但是镜头分辨力的提高要受到限制。这是因为光的衍射和镜头存在像差的缘故。

因为光的衍射，镜头在拍照一条光亮的细线时，所得的影像不可能还是细线，而是一条粗线，其照度是中央大而两边逐渐减小。如果拍照的是两条相距很近的平行直线，其影像的照度就会合在一起，无法分辨两条直线。光的衍射对分辨力大小的影响，与光圈系数有关，当光圈系数增大（光圈缩小）时，通光孔减小，这时衍射现象较为明显，致使分辨力减小。因此，分辨力是随着光圈系数的增大而减小的。

各种镜头均存在不同程度的像差，这也会使细线影像的照度沿宽度方向逐渐减小，因而降低了镜头的分辨力。显然，镜头的各种像差越大，其分辨力就越小。例如，像面中心的像差比边缘的像差小，像面中心的分辨力就比边缘的大。缩小的光圈可以减小镜头的像差，从而使分辨力增大。因此，如果只从镜头的像差对分辨力的影

响来说，分辨力是随着光圈系数的增大而增大的。

综合光的衍射和镜头像差两方面的影响可知，光圈系数过大或过小，镜头的分辨力都不高。光圈系数过大时，光的衍射对于分辨力的影响较大；而光圈系数过小时，则镜头的像差又对于分辨力的影响较大。所以，要想获得清晰度较高的平面物体影像，必须同时注意光的衍射和镜头像差这两方面对于分辨力的影响，使光圈系数既不过大又不过小。

3.2.3 航空照相的基本概念

1. 航摄倾角

空中照相时，若航空相机位于水平状态，其物镜的主光轴 SO 便处于铅垂位置；若相机倾斜，其物镜的主光轴便偏离铅垂线 SN，则主光轴与铅垂线的夹角 α 为航摄倾角或称相片倾角如图3.12所示。

应用倾角为零的水平相片测绘地形图的作业比之应用倾斜摄影的相片作业方便得多，但是目前还不能获得严格水平的航空相片。一般航摄倾角不应大于2°，少数相片倾角可在3°以内，这样的相片称为近似垂直摄影相片。特殊情况下，例如科学考察，军事侦察等，有时使用倾斜摄影。

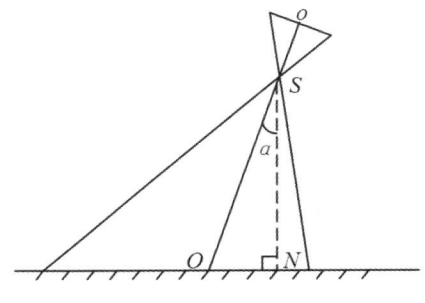

图3.12 航摄倾角

2. 航摄比例尺

如图3.13所示，相片上一段距离 ab 与地面上相应距离 AB 之比为相片比例尺或摄影比例尺。

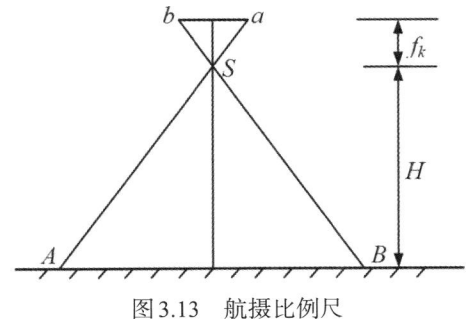

图3.13 航摄比例尺

$$\frac{1}{m} = \frac{ab}{AB} \cong \frac{f_k}{H} \tag{3.10}$$

式中，f_k 为航摄机主距，H 为物镜至地面的高度称为航高。上式在地面平坦、相片水平时才是严格相等的，一般情况下在航空摄影或航测作业时用于概略地估算航摄比例尺。

应用同一种航空相机进行摄影，如果飞机飞得愈高，地面上的景物在相片上的构象愈小，甚至消失；反之飞机飞得愈低，地面上的景物在相片上的构象愈详尽。然而过大的航摄比例尺不仅浪费器材，同时增加了许多不必要的工作量。航摄比例尺不是任意的，它取决于测图比例尺，大体与测图比例尺相当。在作航摄计划时，选定了航空相机和航摄比例尺以后，根据上式，航高 H 即已确定。飞机应按预定航高 H 飞行，其差异一般不得大于 5%，同一航线内各照相站的航高差不得大于 50m。在航测作业中，航摄比例尺与测图比例尺的关系如表 3.1 所示。

3. 相片重叠度

摄取一张或几张相片，但是用于地形图测绘的航空相片的数量很多，相片与相片之间需要一定程度的重叠影像。同一条航线内相邻两张相片之间的重叠影像称为航向重叠，如图 3.14 所示，相邻两航线之间的重叠影像称为旁向重叠。重叠的大小用相片的重叠部分与整个像幅长度比值的百分数表示，重叠示意图如图 3.15 所示，则航向重叠度 $p\%$ 和旁向重叠度 $q\%$ 可表示为

$$\begin{aligned} p\% &= \frac{x}{l_x}100\% = \frac{l_x - b}{l_x}100\% & q\% &= \frac{y}{l_y}100\% = \frac{l_y - d}{l_y}100\% \\ &= \frac{X}{l_x}100\% = \frac{l_x - B}{l_x}100\% & &= \frac{Y}{l_Y}100\% = \frac{l_y - D}{l_y}100\% \end{aligned} \tag{3.11}$$

表 3.1 航摄比例尺与测图比例尺的关系

测图比例尺	航摄比例尺
1∶10000	1∶12000 ~ 1∶20000
1∶25000	1∶20000 ~ 1∶35000
1∶50000	1∶35000 ~ 1∶60000
1∶100000	1∶50000 ~ 1∶70000

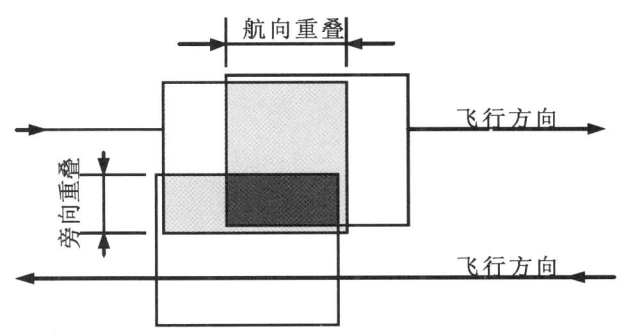

图 3.14 相片重叠度示意图

有时在内业控制点加密中，需作构架航线摄影。所谓构架航线，就是按图廓纵横相间数十千米（或成百千米）摄取重叠度为 80% 以上的航空相片如图 3.16 所示，这样的重叠相片，隔号相片（如 1、3、6、…或 2、4、6…）之间还有 60% 以上的重叠度，因此，可以利用单号相片作一次控制点加密，再利用双号相片对原加密的控制点再作一次加密，即利用构架相片对同一点可进行两次航测加密。

4. 航线方向

为测绘基本地形图而进行的航空摄影，其航线一般与图幅平行，即成东西方向。在江河与山区摄影时，航线可沿江河或山脊方向敷设；在大城市摄影时，可以沿城市的主要街道方向敷设。

在飞行中，如果风向 AC（见图 3.17）与飞行方向不一致，飞机受侧风的影响而沿合力方向 AD 移动，所摄的相片如图 3.17 中的（a）所示。AB 为飞机的空速，AC 或 BD 为风速，合力 AD 为地速（飞机相对于地面移动的速度）即飞机实际航行的轨迹。ABD 在航空上称为航速三角形。方向 AB 与 AD 的夹角 φ 称为偏流角。为了使飞机按预定的航线飞行，飞机纵轴必须转向 B'，即旋转偏流修正角 ω，所摄的相片如图 3.17 中的（b）所示。这种相片对航测作业非常不利，因此航空相机应相反地旋转 ω 角，所摄相片如图 3.17 中的（c）所示。

5. 航线弯曲度

一条航线的航摄相片根据地物影像叠拼起来，连接首尾相片主点成一直线，同时量出其距离 D。航线中各张相片主点若不落在该直线上，航线则呈曲线状，称之为航线弯曲。用其中偏离航线最大的主点距离 L（称最大弯曲矢量）与航线长度 D 之百分比表示，称为航线弯曲度，如图 3.18 所示。航线弯曲度通常不得大于 3%。

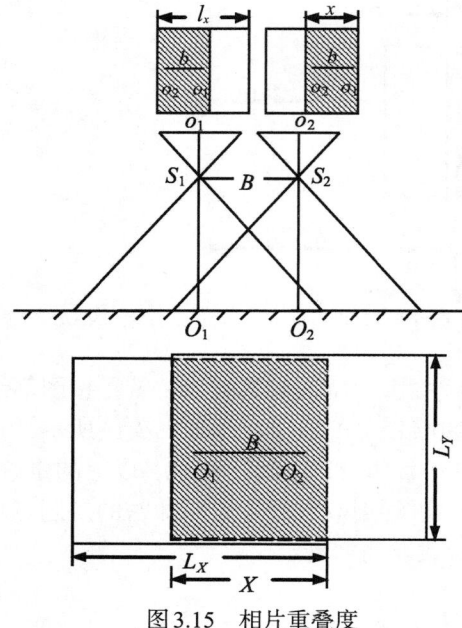

图 3.15 相片重叠度

图 3.16 航空相片

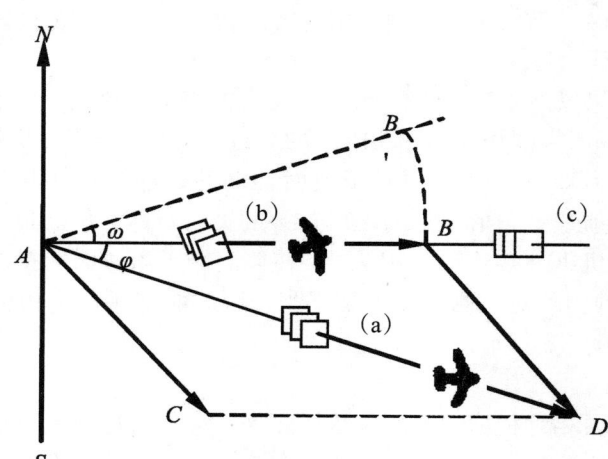

图 3.17 风向对航摄的影响

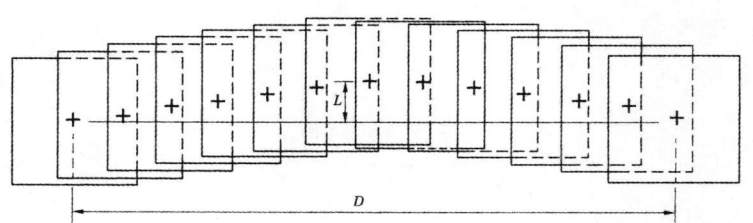

图 3.18 航线弯曲度示意图

$$航线弯曲度 = \frac{L}{D} \times 100\% < 3\% \tag{3.12}$$

6. 相片旋角

相邻像主点的连线称为方位线。方位线与相片航线方向的两个框标的连线（或沿航线方向的相片边）之间的夹角称为相片旋角 K，如图 3.19 所示，一般旋角 K 不得超过 $6°$，个别情况下不得超过 $10°$。

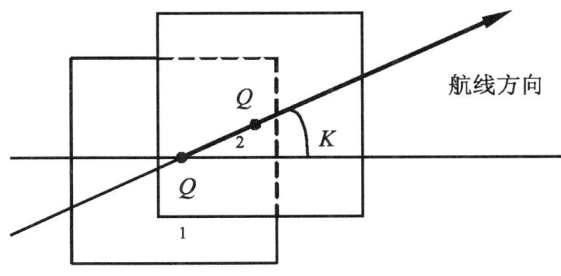

图 3.19 相片旋偏角

3.3 航空照相参数及要求

3.3.1 照相高度计算

飞机相对于摄影分区地面平均平面的航高由 (3.1) 式可得

$$H = m \times f \tag{3.13}$$

飞机相对于大地水准面的高度 H_0 称为绝对航高，如图 3.20 所示。

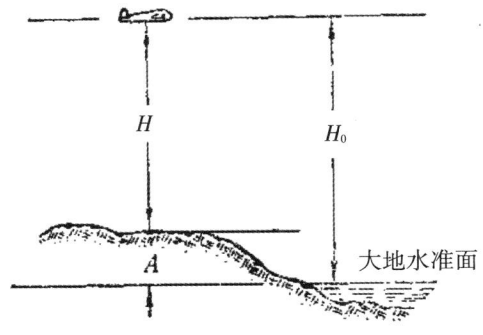

图 3.20 航高示意图

$$H_0 = H + A \tag{3.14}$$

A 为摄影分区平均平面的高程。通常在航摄时,飞行员使用绝对航高计数的仪表飞行。

3.3.2 相片重叠度计算

当地面起伏不大时,在摄影分区平均高程平面上达到规定的重叠度(例如航向重叠度 $p\%=60\%$、旁向重叠度 $q\%=30\%$)以后,在航摄中,虽然存在飞行高度、相片倾角、地面高差的影响,相片重叠度仍能满足规定的限差(例如 $p\% \geqslant 53\%$、$q\% \geqslant 15\%$)。但是当地面起伏较大时,如果平均平面上达到了规定的重叠度,高出平均平面的较高处就可能达不到重叠度的限差。设高处的航向重叠度为 $p'\%$,平均基准面的航向重叠度为 $p\%$,如图 3.21 所示。

$$\left.\begin{aligned} p' &= \frac{X'}{L'_x} \\ p &= \frac{X}{L_X} = \frac{X' + \Delta}{L'_X} \end{aligned}\right\} \quad (3.15)$$

由式(3.15)中的两式相减得

$$p' - p = -\frac{\Delta}{L'_X} \quad (3.16)$$

其中

$$\Delta = \frac{B}{H} h \quad (3.17)$$

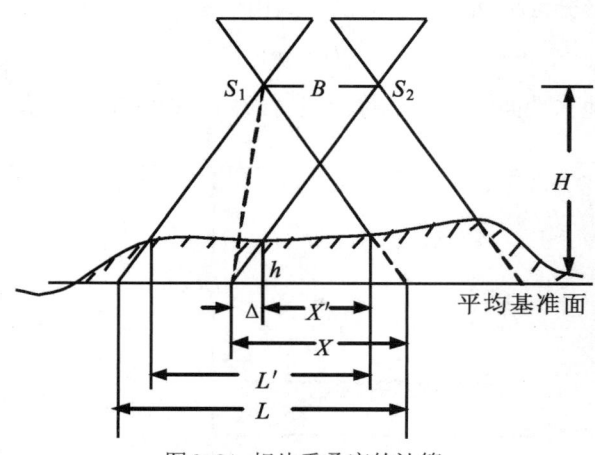

图 3.21 相片重叠度的计算

式(3.17)中,h 取摄影分区中相对于平均平面的最大高差,H 为平均平面的航高。又由于

$$p\% = \frac{x}{l_x}100\% = \frac{l_x - b}{l_x}100\%$$
$$= \frac{X}{l_x}100\% = \frac{l_x - B}{l_x}100\% \tag{3.18}$$

结合式（3.18）得

$$B = L'_x(1 - p) \tag{3.19}$$

将式（3.17）、式（3.18）两式代入式（3.16）得

$$p = p' + (1 - p')\frac{h}{H} \tag{3.20}$$

同理得

$$q = q' + (1 - q)\frac{h}{H} \tag{3.21}$$

欲使高处的重叠度也达到规定的重叠度，则令此重叠度为 p'、q' 计算测区的重叠度。

3.3.3 曝光时间计算

摄影曝光时间一般很短，只有约千分之一秒，由于航摄中飞机航行的速度很快，倘若未估计到飞机的移动，就会产生模糊影像。如图3.22所示，设航空相机位于 S_1 点时开始摄影曝光，地面 A 点在相片上的构点为 a_1 点，经曝光时间 t 结束摄影时，航空相机位于 S_2 点。A 点的构象由 a_1 点不断地移动至 a_2 点。距离 a_1a_2 用 δ 表示；在曝光时间内航空相机移动的距离用 Δ 表示，由图3.22得

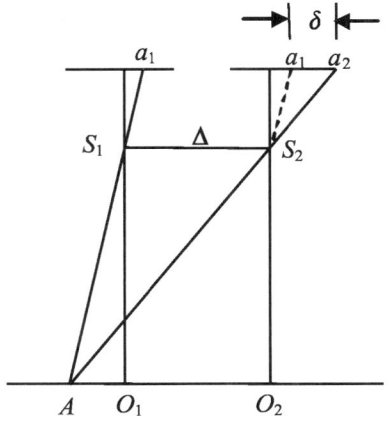

图3.22 曝光时间计算

$$\delta = \frac{f_K \Delta}{H} \tag{3.22}$$

当航速为 W 时

$$\Delta = Wt \tag{3.23}$$

则得

$$\delta = \frac{f_\text{K} W t}{H} \tag{3.24}$$

考虑到航摄比例尺一般不等于成图比例尺，当应用航空相片放大测图时，δ 值也随之增大；反之缩小成图时，δ 值也随之减小，故上式需乘以缩放系数 K。

$$K = \frac{1/M}{1/m} = \frac{m}{M} \tag{3.25}$$

式（3.25）中，m、M 分别为航摄比例尺和成图比例尺的分母数，代入相片比例尺公式

$$\frac{1}{m} = \frac{f_\text{K}}{H} \tag{3.26}$$

得

$$t = \frac{\delta M}{W} \tag{3.27}$$

δ 一般取 0.05mm（或 0.07mm），由式（3.27）可计算出航空摄影时，航空相机的曝光时间。例如成图比例尺分母为 10 万，航速为 200km/h，则曝光时间不应大于 1/230s。

3.3.4 照相间隔时间计算

相邻两摄影站 S_1、S_2 之间的距离称为摄影基线 B。由式（3.26）得

$$B = L_\text{x}(1 - p\%) = l_\text{x} m (1 - p\%) \tag{3.28}$$

根据飞机的航速 W 和摄影基线 B 的长度可以确定两摄影站的摄影时间间隔

$$\tau = \frac{B}{W} \tag{3.29}$$

例如航向重叠度为 65%，像幅的长度为 18cm，航摄比例尺为 1:2 万，航速为 200km/h，则按式（3.29）估算出摄影时间的间隔 τ 为 22.7s。如果摄影时间间隔大于式（3.29）计算的数值，将使航向重叠度小于规定的要求；反之小于式（3.29）的数值，将使航向重叠度大于规定的要求，两者都是不利的。因此在航空摄影中，特别是在航速受到风力的影响时，需临时测定航速，再计算摄影时间间隔。如果直接使用重叠控制器安置重叠度时，则可免去计算摄影时间间隔。

3.3.5 航线间隔计算

航线之间的距离 D 称为航线间隔，由于

$$q\% = \frac{y}{l_y}100\% = \frac{l_y - d}{l_y}100\%$$
$$= \frac{Y}{l_Y}100\% = \frac{l_Y - D}{l_Y}100\% \tag{3.30}$$

可得

$$D = L_Y(1 - q\%) = l_y m(1 - q\%) \tag{3.31}$$

例如当旁向重叠为35%，像幅的长度为13cm，航摄比例尺为1：2万，由上式计算航线间隔 D 为2340m。投影时，如不满足上式计算的 D 值，则旁向重叠度将不等于要求的数值。

3.3.6 影像位移补偿原理

当机载相机进行航空照相时，由于目标相对相机运动，影像在胶片上也是移动的，这就是像移。像移使照相所得的照片上目标模糊，不可能得到较高的分辨率。航空垂直照相的像移速度为

$$V_{像} = f\ w/h \tag{3.32}$$

式中，f——物镜焦距；

w——地速；

h——照相相对高度。

为了使影像在胶片上静止不动，以获得高分辨率的照片，就需要进行像移补偿。相机是运用在照相曝光瞬间使胶片按像移速度的量向前运动的方法来补偿像移。这种补偿方法是一种完全补偿方法。

相机的胶片在照相过程中除记录数据时暂停以外一直在不等速地向前（航向）运行。主传动电机在给定高度、速度以后是匀速转动的，不等速的运动是由椭圆形齿轮组产生的。当压板压下，胶片被吸平以后，压板随胶片一起继续向前运动，此时胶片运动的速度正好等于像速度（方向相同），影像在胶片上相对静止，曝光则使照片获得了像移补偿。

航空相机的像移补偿精度是很高的，如果输入相机的速度和高度信号准确，可以得到与在地面静止照相基本相同的效果。

像移补偿的速度是随速度、高度自动调节的，不需人工装定有关数据。

3.3.7 航空照相的具体要求

空中照相与地面摄影不同，有着自己的特点，为了使航摄相片符合以后航测加工的需要，所有的航摄相片都要求能达到规定的重叠度，通常航向大于60%，旁向大于30%。在影像质量方面，还有以下要求：

1. 航摄相片上所有地面景物的细节必须充分的显露，并具有适当的密度；
2. 相邻地物影像和同一地物的细节影像都应具有明显的、眼睛能察觉到的反差；
3. 亮度相同的物体，不论它构象于象幅中的任何位置，都应获得相同的色调和密度。

达到这些要求却与很多因素有关，如航摄景物的照度、亮度范围以及光谱特性；大气的影响；照相系统的光学特性；航摄软片和滤光片的特性；各种因素对曝光量的影响；负片和正片过程的显影条件等。

除此以外，对航空照相还有些具体的要求：

1. 航摄比例尺精度

在同一航高进行空中照相时，所得的相片比例尺基本上是一致的。但是由于空中气流的影响以及其他原因，会使航摄比例尺发生变化。如果相邻航摄相片的比例尺相差太大，则会影响相片的立体观察以及测量的精度，甚至无法作业。

为了保证测量精度，一般规定航高的相对误差不超过5%，在同一航线内，最大航高与最小航高之差不应超过50m。

2. 相片重叠度的要求

相片重叠度是以重叠部分占像幅边长的百分数来表示。相片重叠部分是保证立体观测和相片连接用的，一般情况下，航向重叠应为60%左右，过多了，不但浪费软片，而且对测量也不利。旁向重叠不要求很大，只需要保证相邻航线的相片之间达到成图所必需的连接，一般情况是30%。

3. 对相片倾斜角的要求

相机光轴与通过物镜中心的铅垂线所夹的角称为相片的倾斜角。倾斜角将引起影像的位移，如果倾斜角过大，计算结果就不精确；另外倾斜角对重叠度也有影响，要求倾斜角一般应小于2°，个别最大不能超过3°。

4. 对航线弯曲度的要求

航线弯曲度是航线长度与最大弯曲矢距之比，其值一般不得超过3%。

因为航线弯曲度太大，当一段航线的相片安置到仪器上时，就有可能超出仪器的许可活动范围；另外航线弯曲也引起重叠度的不一致，甚至可能产生航摄漏拍，影响航测作业。

5. 对相片旋偏角的要求

相邻相片的主点连线与像幅沿航线方向的两框标的连线之间的夹角称为相片的旋偏角。产生旋偏角以后，会使重叠度受到影响，一般要求旋偏角不超过6°。

6. 对摄区边缘的要求

摄影时，要超出摄区多摄一部分，主要是避免在摄区边缘产生漏拍。

7. 航摄技术计划的拟订

在拟订航摄技术计划之前，应先收集航摄地区现有的最新地形图、自然地理概况和气象资料。然后着手下列工作：

① 划分摄影分区

当摄区为丘陵地区或山区时，摄影分区的划分应使每个分区的高差为最小，一般不应大于 1/4 航高。

② 航高

飞机的飞行高度称为航高。为了获得规定比例尺的航摄相片，必须保持相应的航高。摄影航高可以根据航摄比例尺 m 和相机焦距 f 的乘积计算，即

$$H_{摄影} = mf \tag{3.33}$$

③ 相片重叠率

相片重叠率根据航摄比例尺和摄影分区内的高差 Δh，按下列公式计算。

航摄比例尺 1∶5000～1∶9000 时：

航向重叠率(%)64+36$\Delta h/H$；

旁向重叠率(%)64+64$\Delta h/H$。

航摄比例尺 1∶10000～1∶24000 时：

航向重叠率(%)62+38$\Delta h/H$；

旁向重叠率(%)34+66$\Delta h/H$。

航摄比例尺 1∶25000～更小比例尺时：

航向重叠率(%)60+40$\Delta h/H$；

旁向重叠率(%)30+70$\Delta h/H$。

④ 航摄基线长度 B_x

航摄基线长度由式（3.34）计算

$$B_x = l_x m(1 - q_x) \tag{3.34}$$

⑤ 航线间隔

航线间隔由式（3.35）计算

$$D_y = l_y m(1 - q_y) \tag{3.35}$$

⑥ 摄影分区的航线总长 P

由摄影分区的面积 S 和航线间隔按下式计算，即

$$P = S / D_y \tag{3.36}$$

⑦摄影分区的相片数 N

摄影分区的相片数 N 按下式计算，即

$$N = P/B_x \tag{3.37}$$

⑧摄影时间 T

摄影时间按下式计算，即

$$T = P/V \tag{3.38}$$

式中，V 为航摄有效速度，航摄有效速度是飞机在摄区飞行的时间内平均每小时可完成摄影航线长度的千米数。

3.4 典型航空相机简介

某型无人机机载航空相机是一种昼间使用的短焦距、广角航空侦察相机，是比较典型的一种航空侦察相机。作战使用时装载在中程通用无人机的任务舱内，可对敌战役、战术纵深实施昼间侦察，确定打击目标的位置、检查射击效果、实施航空测量等任务。

3.4.1 技术特点

1. 相机具有高静态和动态照相分辨率

高静态分辨率是由高精度照相物镜的设计和工艺水平及像面调校与胶卷展平精度得到的。相机物镜设计运用了计算机光学设计技术，它的工艺运用了高精度定心磨边和高精度定心装配技术，从而使物镜具有很高的分辨率，胶卷的展平运用了坐标框平面与压板平面组合的结构，同时用负压展平，从而有很好的展平精度。

高动态分辨率是由高精度的像移补偿技术，将照相时的残余像移量压缩到极小而得到的。为了能在亮度较高的情况下照相，相机采用了低速中心式快门，这对减小像移量是不利的，对像移补偿量精度提出了更高的要求。本相机的高精度像移补偿是运用微机调速、恒速系统和椭圆形齿轮变速传动装置来得到的，只要无人机测控系统发送来的高度、速度数据是准确的，就可以有高精度的像移补偿运动和动态照相分辨率。

2. 相机具有高精度像移补偿和数据记录

相机计算机与无人机机载计算机组成数据交换系统，从机载计算机取得飞行参数和需记录的数据，根据飞行参数由相机计算机算出像移补偿速度和照相间隔时间去控制相机照相，同时将需要记录的数据输出到记录装置并记录到胶卷上。

记录数据采用数码管，由微机控制显示，并经物镜成像到胶卷上。

3. 相机具有符合航测要求的内方位元素

相机的畸变差控制得很小，主点校正、焦距框标距测量满足航测要求。相机还具

有机械和光学两种框标，使成图作业更加方便。

4. 相机具有自动曝光功能

相机的光敏元件可以接收地面目标的综合亮度，经过自动调节系统将快门和光圈调整到合适位置。

3.4.2 主要战术技术指标

航空相机的主要战技指标如下。

照相相对高度：500 m ~ 5000 m；

照相平飞速度：130 km/h ~ 200 km/h；

焦距：200 mm；

视场角：65°（对角线），47°（横向）；

相对孔径：1∶6.3；

片幅：180 mm×180 mm；

载片量：60 m（航微-1型胶卷），可拍300张；

静态照相分辨率：中心不低于60 lp/mm，边缘不低于35 lp/mm；

动态照相分辨率：不低于35 lp/mm；

有效曝光时间：(1/50 ~ 1/400) s；

像移补偿范围：(2 ~ 12) mm/s；

电源：直流27 V，工作电流不大于5.6 A；

体积：340 mm（航向）×320 mm×465 mm（高）；

质量：22 kg。

3.4.3 系统组成

相机系统如图3.23和图3.24所示，主要由暗盒1、镜箱2、气管3、连接电缆4、气泵5、传动机构和控制电路等组成。当暗盒扣压在镜箱上后，用锁片6锁定。

图3.23　相机实物图

暗盒的功用是容纳胶卷、按顺序卷片、量片、展平胶卷以及提供胶片可以按像移速度作补偿运动。

镜箱是相机的基础组件，它内部装有照相物镜、快门、传动机构、电路板、电路及记录装置等。它的上部是坐标框，坐标框的上平面即形成相机的成像面。在坐标框的周边有4条狭缝，成像在底片上就形成了框标线，这是机械框标，在相片的4角还有光学的十字线，形成了光学框标。主点校正是按机械框标测量的，光学框标只做参考。物镜位于镜箱的下部，下端装有黄色滤光镜。在镜箱的周边装有安装接头11、曝光量制式器10、气泵电缆插座12、机上相机电缆插座13。

气泵是通过展平负片的部件，负压由气管输入相机，将胶卷吸平在暗盒压板上。

传动机构的功能是提供相机正常工作所需要的动力并保证相机各部分的协调动作。

电源模块部分为相机提供工作需要的电源电压并控制相机完成照相侦察任务。

一、暗盒

暗盒是相机上直接提供胶卷的储存器。暗盒的功能主要有四个：一是保护胶卷不曝光，二是保护胶卷不沾尘土，三是拍照时输送胶片，四是胶片拍完后回收胶片。

暗盒的机械传动结构图和实物图如图3.25和图3.26所示，图3.25中，序号1为载片轴，2为卷片轴。两个轴上都设有保证胶卷张紧的摩擦离合器。

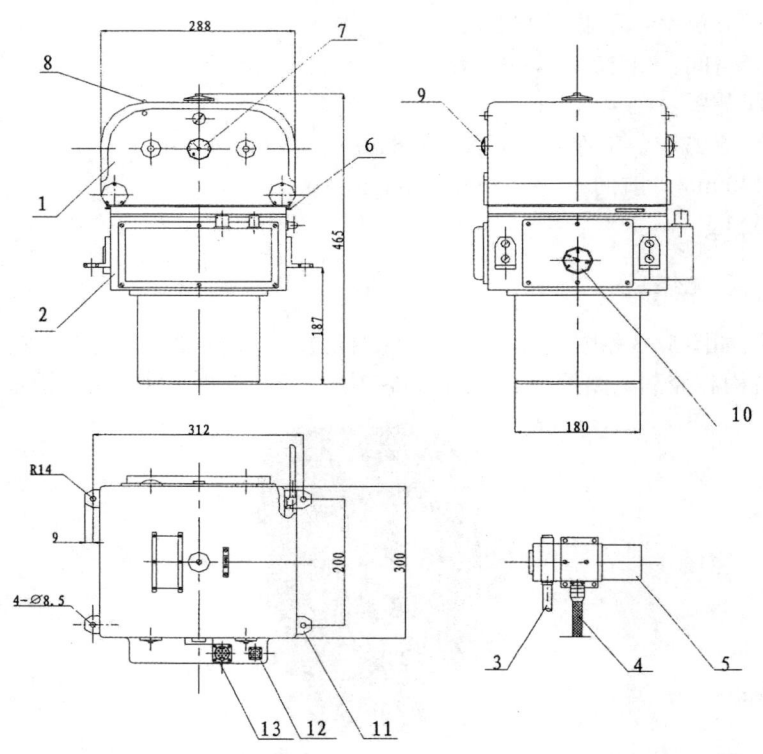

1-暗盒；2-镜箱；3-气管；4-连接电缆；5-气泵；6-锁片；7-余片指示器；8-盖盖标记钉；
9-卷片信号帽；10-曝光指示器；11-相机安装接头；12-气泵电缆插座；13-机上相机电缆插座

图3.24　相机三面图

镜箱传来的卷片运动从轴4输入，经齿轮副一方面传动卷片轴2，另一方面传动量片轴3。卷片轴拉动胶卷，但每幅所走的长度则由量片轴给定，量片轴上有齿，与胶卷的齿轮相啮合，当量片轴转动一个固定的角度时，所能输送的胶卷也是一个固定的长度。

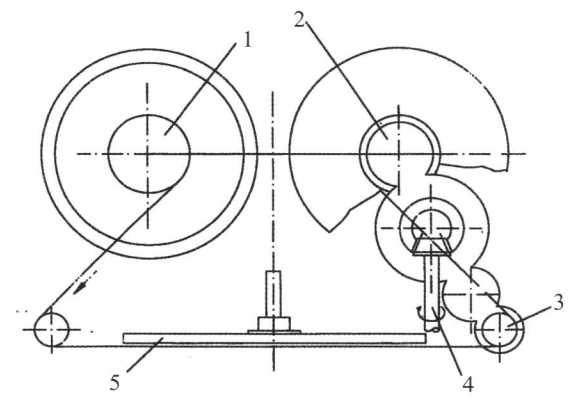

1-载片轴；2-卷片轴；3-量片轴；4-传动轴；5-压板

图3.25　暗盒机械传动结构图

暗盒内的压板5可以上下运动，也可以在滚珠到导轨内沿航向直线运动。它的下平面的平面度很高，当它压下后就使胶卷展压在镜箱坐标框的像平面上。在压板平面上有很多小孔，气泵提供的负压通过这些小孔将胶卷吸附在压板平面上，不但展平了胶卷，还可使胶卷带动压板一起做补偿运动。压板的上下运动是通过抬压板杠杆机构来进行的，这个机构受镜箱传动机构的抬压板凸轮传动。

暗盒上部是暗盒盖，将它盖好并锁紧以后就保证了内部胶卷的光密性。装片时要使药膜面朝下，走片的方向及线路应严格按图3.25箭头所示方向安装。

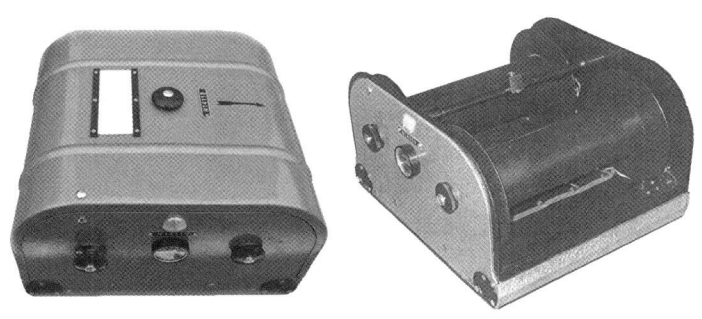

图3.26　暗盒实物图

1. 载片轴摩擦离合器

载片轴的一端装有摩擦离合器，如图3.27所示，它的功用是提供一定的摩擦力矩以张紧胶卷，在卷片和停止过程中，胶卷均不致松弛。

调整力矩时，可转动螺母2，通过弹簧压住摩擦片3压在轴上的压力，以产生所需要的摩擦力矩。

信号帽1暴露在暗盒的侧面，当卷片时它就转动，因此，可以通过它观察卷片工作是否正常以及胶卷是否已卷完。

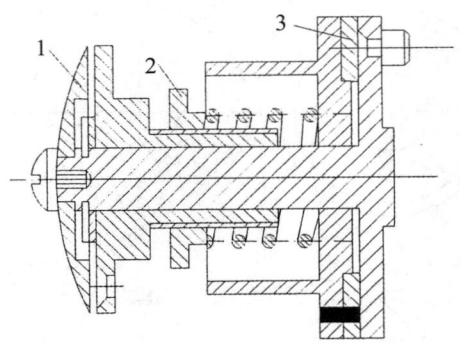

1-信号帽；2-调整螺母；3-摩擦片
图3.27　载片轴摩擦离合器

2. 卷片轴摩擦离合器

卷片轴摩擦离合器在卷片轴的一端，结构如图3.28所示。它的功用是通过它去卷动胶卷，同时提供一定的摩擦力矩，在卷片和停止过程中都张紧胶卷，不致松弛。另外，当片滚上胶卷增厚时，直径就发生了变化，但每幅输片的长度又要求保持恒量，因此，卷片摩擦离合器还有通过"打滑"来保持定量输片的作用。

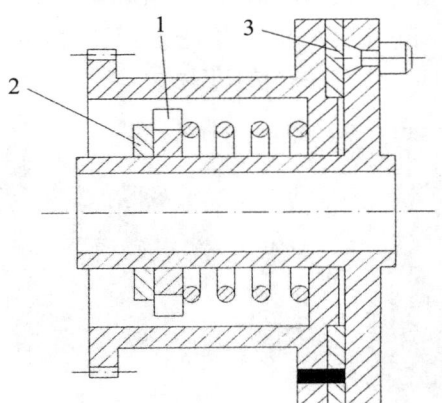

1-调整螺母；2-锁紧螺母；3-摩擦片
图3.28　卷片轴摩擦离合器

摩擦力矩调整可调螺母1，通过弹簧加压于摩擦片3，调后用螺母2锁紧。

二、光学镜头

航空相机光学镜头主要由照相物镜和滤光镜组成，其结构图和实物图如图3.29和图3.30所示。

1. 物镜

照相物镜为5片双高斯结构，具体结构如图3.29所示，物镜两端中各1个凹凸镜，中间是一个凹凸镜和一个双胶合镜组，双高斯镜头来自对称镜头，但结合了凹凸透镜，都向中心位置弯曲，并在镜片之间留有空隙而非黏合在一起。之所以采用双高斯结构是因为其具有较大的视场和相对孔径，双镜片结构允许使用更大的光圈，特别是相对于非对称结构而言，双高斯镜头的像场弯曲和色像差通常较小。物镜的像差、畸变都修正得很好，工艺水平很高，因此，具有很高的照相精度。

但是双高斯结构的镜头镜片曲率较大，容易造成镜片光轴凸向底片，而镜片边缘离底片偏远，会造成画面照度不均匀，产生严重的暗角问题。因此，双高斯结构的镜头，需要用中央渐层减光滤镜来搭配使用，以防暗角。

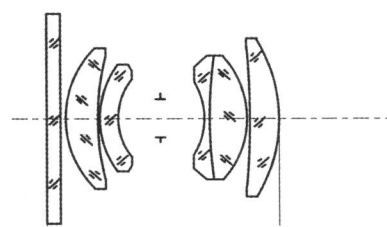

图3.29　相机光学镜头组成原理图

图3.30　光学镜头实物图

2. 滤光镜

滤光镜是戴在镜头上的一种玻璃镜，有滤色镜、偏振镜、灰色镜、变密镜等，其作用是消除散射影响，进行分波段照相、偏振照相等。滤色镜是一种吸光介质，具有选择吸收光谱的性能，因此，滤色镜能改变投射光线的光谱成分。偏振镜由两块玻璃中间夹一层含有硫酸奎宁晶体的胶膜组成，胶膜内的晶体规则地平行排列，从而对入射光线起偏振作用，以消除物镜面反射所产生的闪烁光。灰色镜对色光具有非选择吸收的性质，只能减弱透过光的光量，并不改变其光谱成分。变密镜是一种密度不均匀的滤光镜，可用于倾斜照相。

滤光镜是相机中不可缺少的光学器件，它能按照规定的需要改变入射光的光谱强度分布或使其偏振状态发生变化。就光学行为而言，主要是透射、反射、偏振和密度衰减、散射等。

实际在滤光镜两个表面处都同时发生透射和反射，从能量角度看，常以反射率、透射率及吸收率表示能量的分配状况，根据不同的需要令它们有不同的分配情况。滤光镜的材料吸收的辐射通常是以热、荧光或在材料中进行的光化学反应的形式释放出来。

滤光镜对各色光都起着通过、限制和阻止等方面的作用。色光通过量多时，相片上就形成了明亮的色调；色光通过量少时，则相片上就形成深暗的色调；若光线完全被阻止，胶片上没有感光，此处相片色调是暗黑色的。其具体作用主要概括为以下几点。

（1）校正颜色的作用

感光底片对蓝、紫光最为敏感，而对黄绿光较为迟钝。因此，相片所记录的光谱颜色的黑白影调与人眼所见到的色调有差别。例如相片所记录的蓝色比人眼所看到的蓝天更为明亮，几乎成为白的色调，而绿色则比人眼所见的更为深暗。为了真实地再现景物的色调，需要在拍摄时采用适当的滤光镜对光线进行校正。

（2）调节空气透视

由于空气透视现象的存在，空气中充满着大量的空气介质，这些介质对蓝、紫短波光散射作用大。这种作用跟空气介质层厚度有关，空气介质层愈厚，散射的蓝、紫光愈多，颜色愈清淡，影纹愈不清，色调愈明亮。因此，近处景物颜色鲜艳，影纹清晰，色调正常；远处景物颜色清淡，影纹不清，色调明亮。在相片中再现出自然界中的空气透视现象，有助于表现景物的空间深度感。在实际航拍中，常常需要靠滤光镜来调节空气透视。当远景物影调太淡时，为了增强远景的清晰度，可用黄、橙或UV镜；当远处景物影调深，影像过于清晰，空气透视感不强时，可使用蓝、青滤光镜或雾镜。

（3）调整反差，突出主体

在画面中，利用色调对比可以达到突出主体的目的。当主体与背景色调不容易明显区分时，可加用与主体颜色相同的滤光镜，使相片中主体色调明亮，故可与背景相区分。另外，也可利用滤光镜调整画面的反差，使用深黄、橙、红滤光镜，能增加画面的反差；使用青、蓝、灰滤光镜以及柔光镜、雾镜，能够降低画面的反差。

三、光圈与快门机构

光圈的作用是控制透过镜头进入机身内感光面的光量，是镜头的一个极其重要的指标参数，光圈安装在镜头内。它的大小决定着通过镜头进入感光元件的光线的多少，通常用F值来表达光圈的大小。而快门是控制照相机曝光时间的机构，快门处于物镜中间，既是快门又作光阑。

1. 光圈

光圈作为相机镜头内的组成元件，它的作用是控制透过镜头进入机身内感光元件的光量，所以光圈的一大功能就是控制进光量的多少。光圈一般由光圈叶片组成，其原理结构图如图3.31所示。

2. 快门

该航空相机快门为中心式快门，它的特点是曝光时间改变时光圈的大小也随之改变。该快门装于镜头组之间，由数个带有缺口的圆形金属片组成，每片能围绕自己的支轴旋转，如图3.32所示。在曝光时，各片同时旋转，当各片上的缺口同时经过镜头时，光线便可通过镜头到达胶卷上。在各片的缺口离开镜头之后，光线被阻，胶卷便停止曝光。

快门上弦是由快门线将上弦臂从快门盒中拉出来。当快门线突然放松后，在弹簧和惯性机构的作用下，使叶片打开然后关闭，完成曝光过程。

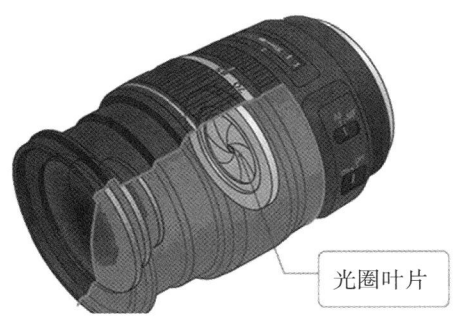

图3.31 光圈叶片位置示意图

为了保护相机内的感光器件不被曝光，快门总是关闭的；照相时，在快门开启与闭合的间隙间，光线通过镜头使相机内的底片获得正确的曝光，保证成像的质量。

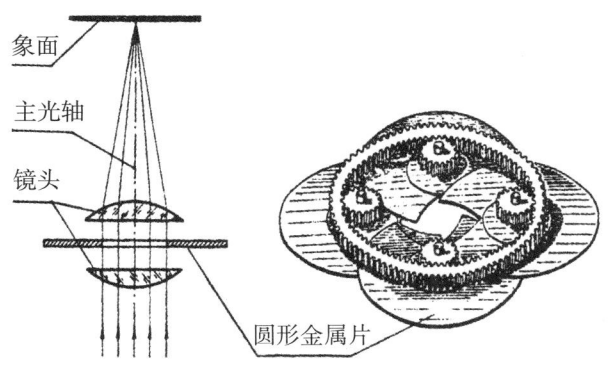

图3.32 相机中心快门结构图

和光圈一样,快门也有控制进光量的作用。如果把进光量比作水管里的水,光圈就是通过调节水管粗细来控制水量,而快门就如同水管的开关一样,通过调节开关开启的时间长短来控制水量。在光线充足的情况下,相机通过提高快门速度来保证照相的质量;而在光线较暗的情况下,相机会自动延长快门速度,以保证相机有足够的曝光。

快门曝光时间的调整是通过将调整臂拨到不同的角度来完成,调整臂与装于物镜壳体上调整齿环结合在一起。在镜箱的侧面有一个"曝光速度"调整机构,通过它来调整快门。调整机构由计算机控制的直流电动机来传动,输出端通过连轴节传动快门调整齿环机构带动的电位计将快门数据反馈给计算机,同时传动了镜箱侧面的曝光指示器,可以看到快门的数据。

四、传动机构

传动机构的功能是保证相机各部分的协调动作,按程序完成快门上紧及释放、压板抬起及压下、卷片及补偿运动、发出相机工作循环完成信号以及给记录信号提供间隔时间等。传动机构原理图如图3.33所示。

传动机构中,电动机通过两级蜗轮副和多级齿轮副减速后传到椭圆齿轮组及凸轮组,其间经过较大减速。椭圆齿轮组再通过间隙齿轮组将运动传给暗盒的传动机构,因此使暗盒的卷片运动不但是变速的,而且有段暂停时间,以供数据记录。

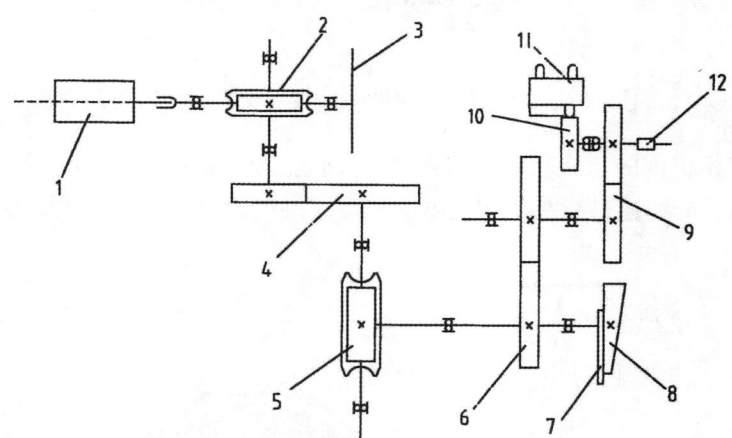

1-电动机;2-蜗轮副;3-码盘;4-齿轮副;5-蜗轮副;6-椭圆齿轮副;7-快门上紧及释放凸轮;
8-压板抬起及下压凸轮;9-间歇齿轮组;10-凸轮;11-微动电机;12-联轴器

图3.33 传动机构原理图

凸轮组提供两方面的动作,一是抬起和放下暗盒的压板,二是上紧和释放快门。由于放下压板并与胶片一起作补偿运动,当达到预期的补偿速度时快门曝光,并在数据记录完成后再抬起压板,这一系列的精确协调动作都是由传动机构完成的。

传动机构外形如图3.34所示。

图3.34　保护盖打开后的传动机构图

卷片机构是用以自动地卷片，使像面上的胶卷每曝光一次更换一片。卷片机构主要由卷片辊、载片辊和两个导辊组成，如图3.35所示。曝光后，卷片辊旋转，将曝光的胶卷卷于卷片辊上；此时，载片辊被牵动，输出未曝光的胶卷，以待再次曝光。再次曝光后，该机构又重复上述动作，于是胶卷每曝光一次便更换一片。

压平机构是用以压平像面上胶卷的，它能使胶卷在曝光的瞬间与像面重合，以保证能获得清晰的影像。本系统采用抽气式压平机构，抽气式压平机构用抽气泵将压板和胶卷之间的空气抽出，从而形成负压，相对地减小胶片与成像平面内的空气压力，致使胶片压平。气压压平机构没有机械压平机构容易产生变形的缺点，可靠性好，但是构造较复杂，且在高空照相时，压平的精度稍差。

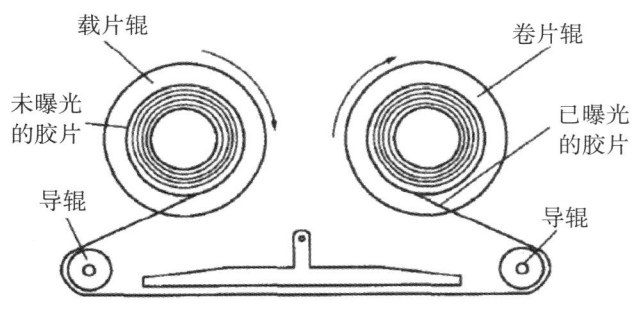

图3.35　卷片机构

传动机构的具体传动原理如下：

电动机1通过蜗轮副2、齿轮副4、蜗轮副5三级减速以后，传动给椭圆齿轮副6。同时，将运动传给快门上紧及释放凸轮7和压板抬起及下压凸轮8。椭圆齿轮副的从动齿轮轴带动间歇齿轮组9，一方面通过联轴器12传动给暗盒卷片，另一方面凸轮10推压微动电机11获得相机工作循环完成信号。码盘3与电动机同轴转动，通过光电器件测量电机的转速。

椭圆齿轮副及后面的三根轴在一个工作循环中都只转动一周，凸轮7、凸轮8所在的轴匀速转动一周，通过椭圆齿轮后，其从动轴变速转动一周，再通过间歇齿轮后，卷片轴不单是变速转动，而且在一个角度会停顿一段时间。

所有凸轮都是按工作程序协调安装的，因此在一个工作循环期间，先是将压板抬起、快门上紧、快速卷片，然后将压板下压、负压展平胶卷、胶卷带着压板做像移补偿运动，这期间快门恰好释放曝光，曝光后卷片轴停止转动，同时发出工作循环完成信号，接着可在静止的胶卷上记录数据。

五、气泵

气泵如图 3.36 所示，是一台旋片式空气泵，由一台 ZD-27 型电机驱动。

图 3.36　气泵外形图

气泵的电路通过连接电缆接到镜箱上。气泵产生的负压通过气管传到镜箱，然后由内部管道和接头最后输到暗盒压板上面。当压板在坐标框上时，中间的胶片就会被形成的负压吸在压板平面上。

展平胶片是高精度照相的重要条件，负压展平是目前最好的展平方法。一般展平胶片需要 200mmHg 的负压，而本相机的气泵能产生 400mmHg 以上的负压。

六、电路系统

相机控制电路系统的核心是一个单片数字计算机，机上计算机通过 RS422 接口向相机计算机输入控制信号和数据信号，经处理后再去控制补偿电机的转速和显示记录数据。电机的转速由测速反馈电路结合相机计算机控制实现。

3.4.4　工作流程

相机控制电路原理框图如图 3.37 所示，具体为：

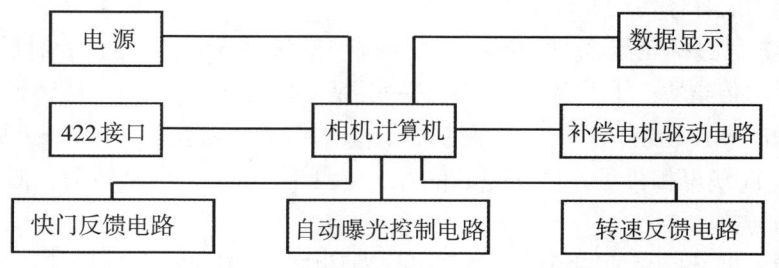

图 3.37　相机电路控制方案图

1. 航空相机根据目标的亮度情况,自动曝光系统将快门、光圈调整到合适位置。如果在地面曝光试验台上检查相机,可从曝光指示器上看到所调的快门数值。将参数与装定的胶卷感光度一起输入计算机,计算机通过曝光传动机构将快门和光圈调整到合适位置。

2. 相机计算机从机上计算机接收高度、速度信号和记录数据信号。根据高度、速度信号将主传动机构的电机转速调整到合适数据,通过光码盘测速反馈使电机转速保持稳定。

3. 传动机构通过椭圆齿轮组使胶片做变速运动,当胶片运动速度接近像移补偿速度时,暗盒压板压下,将胶片压在坐标框像平面上。由于气泵一直在工作,当压板下压贴和的瞬间,胶片已被吸附在暗盒压板上。由于胶片仍在运动,此时胶片就会带着压板一起向前运动。当胶片运动速度恰好等于像移补偿速度时,快门曝光。

4. 快门曝光后由于传动机构的间歇齿轮组作用使胶片停止运动。此时计算机将储存的记录数据通过记录电路使数码管点亮,数据记录到了胶片上。

5. 数据记录后压板抬起,解除负压,胶卷在胶片辊滚动带动下做快速运动。当暗盒的量片机构接近量完一幅照片的长度时,再将压板压下,作补偿运动,进行下一次曝光。

以上是相机的工作流程,每两次相邻的曝光间隔时间,称作照相间隔时间。给定了输入相机的照相高度(相对高度)和照相速度(地速),相机计算机即可计算和控制好像移补偿速度和照相间隔时间。如果输入数据变化,计算机即及时做相应的调整。

当相机收到"开相机"信号时,相机主电机转动,气泵也立即工作。如果此时未收到高度、速度数据,相机将按设定的间隔时间照相。当相机收到"关相机"信号后,主电机与气泵均停止工作。

第4章 可见光电视侦察技术

4.1 概　　述

传统的航空侦察系统主要依赖于机载普通的航空胶片记录影像，但它存在着明显的不足：

1. 胶片信息容量小；
2. 处理周期长，实时性差；
3. 普通胶片相机光谱带宽较窄，大约在500nm～700nm。

以海湾战争为例，多国部队的战术机载侦察系统也主要依赖于普通胶片相机，多国部队在40天内至少处理了400多万张胶片，但分析人员仔细研究照片提取有用信息，一般要用一天时间，因此战场只能得到一两天前的情报，这种延迟显然不能满足现代战场的使用要求。

1970年，美国贝尔实验室开发出一种具有自扫描功能的电荷耦合器件（简称为CCD），由此导致固体摄像器件的诞生。CCD自问世以来，以它无比的优越性能和诱人的应用前景，引起了各国科学界的高度重视，日、美、英、德等发达国家不惜重金投资加速研制，加之微加工技术的进展，使得CCD像素数剧增，分辨率、灵敏度大幅度提高，发展速度惊人。线阵已由第一代跃入第二代CCPD（光电二极管阵列），可对4个5000像素CCD进行拼接，实现了两万像素超长线阵CCD，获得了相当大的动态范围，满足了星载、机载、空间监测等要求，线阵彩色达到10725像素，阵列的不均匀性小于1%。面阵CCD主要用作图像传感器，如4096×4096像素，信噪比达80db，暗电流小于$25Pa/cm^2$（27℃），输出非均匀性小于1%，像素尺寸$7.5\mu m \times 7.5\mu m$，探测信号电平为10个电子。美国仙童公司研制8100万像素的超大阵列CCD，为高清晰度、超高分辨率探测奠定了基础。小米最新款Mi 10 Pro手机，其主摄像头达1亿像素，支持8K画质记录，123°超大广角，内置AI引擎，功能强大，性能卓越。对CCD来说，随着超大规模集成工艺的进展，CCD研究水平不断提高，阵列元数不断增多，CCD相机性能越来越好，所有这一切都推动着航空侦察系统的不断完善与进步。

电视侦察是使用电视摄像器材摄取目标图像的侦察，主要有可见光CCD摄像机、红外摄像机、多光谱摄像机。电视侦察系统是一种现代军事电子侦察装备，它利用一些专用的和特殊的摄像机摄取敌方各种军事目标的图像情况，并现场录像，通过有线、无线等手段实时传送到后方指挥所。它的主要任务是：供侦察部分队执行机动侦察任务使用，用于侦察、了解敌方军事部署及调动情况；监视前沿地及敌哨所人员活动情况，掌握敌军动态，防止敌人偷袭等；检查、了解己方的部署和伪装质量，观察己方重要武器的射击效果等。电视侦察系统所侦察到的图像情报形象、逼真、准确、及时，为指挥员掌握战场的真实情况和实施果断的决策指挥提供了可靠的依据。

4.2 CCD 基础

固体成像器件通常是指利用内光电效应工作在非真空工作环境下的器件，因其具有许多真空成像器件无法比拟的优点而成为当今的主流成像器件。电荷耦合器件（Charge-Coupled Devices，以下简称为CCD）是目前最具代表性的固体成像器件之一。

4.2.1 CCD概念

CCD作为MOS技术的延伸而产生的一种半导体器件，一般把它与电荷注入器件（CID）、电荷引动器件（CPD）、自扫描光电二极管阵列（SSPD）等器件统称为电荷传输器件或电荷转移器件。CCD是在MOS集成电路技术基础上发展起来的，它具有光电转换、信息存储和传输等功能，具有集成度高、功耗小、结构简单、寿命长、性能稳定等优点，在固体图像传感器、信息存储和处理等方面得到了广泛的应用。CCD图像传感器能实现信息的获取、转换和视觉功能的扩展，能给出直观、真实、多层次及内容丰富的可视图像信息。作为多功能器件，CCD主要有三大应用领域：摄像、信号处理和存储。特别是在摄像领域，目前，在闭路电视、家庭用摄像机方面，CCD摄像机呈现出了"一统天下"的趋势，在广播级电视摄像机中，CCD摄像机也几乎完全取代了真空器件摄像机。在工业、军事和科学研究等领域中的应用，如方位测量、遥感遥测、图像制导、图像识别、数字化检测等方面，CCD更是呈现出其高分辨力，高准确度、高可靠性等突出优点。

4.2.2 MOS电容器的稳态和非稳态工作

CCD是基于MOS电容器在非稳态下工作的一种器件，在介绍CCD摄像器件的原理之前，先讨论MOS电容器的稳态和非稳态工作及其与CCD的关系。

一、稳态下的MOS电容器

N沟道MOS电容器及普通电容器如图4.1所示，其中普通电容器由上下两块金属板中间夹电介质组成，如图4.1(b)所示，而在MOS电容器中，用P型硅衬底代换了普通电容器的下金属板，MOS电容器的特征也就由此而产生。

在图4.1(a)的MOS电容器中，P型硅衬底中有大量的空穴，当栅电极（金属铝）上加直流负偏压时，这些空穴将受反向电场的作用向硅衬底的上端移动，即集中到Si-SiO$_2$界面，一般把这种状态称之为积累状态（Accumulation State）。当在栅电极的直流负电压上叠加交流小信号时，栅电极上的电压变成负的脉动电压，因此，积累在界面处的空穴数也将随这一脉动负压而变化，也就是随所加交流信号的变化而变化。

如果在栅电极上加上小的正电压，P型硅衬底中的空穴将受正向电场的作用，从界面被排斥到硅衬底的另一侧（P型硅衬底的下端），结果受主离子（负离子）留在晶格中，相当于充了负电。这一充电区域称为耗尽层（Depletion Region），MOS电容器处于耗尽状态。

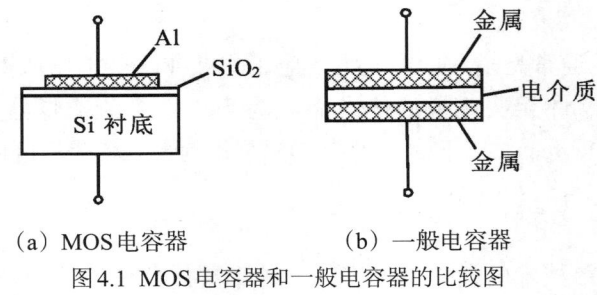

（a）MOS电容器　　　（b）一般电容器

图4.1　MOS电容器和一般电容器的比较图

在耗尽状态时，与受主浓度（负离子浓度）相比，耗尽层中的电子和空穴的浓度是可以忽略的，但当表面势进一步增大而使正向电场进一步加强时，界面处的电子浓度将增加到大致和受主浓度相同，界面处的这个电子层称为反型层，或称MOS处于反型状态。

若栅压进一步增大，则界面电子浓度随表面势增加呈指数规律增加，而表面势随耗尽层宽度的增加呈二次函数增加。因此，一旦出现反型层，即使提高栅电压，使栅电极的正电荷进一步增加，但由于反型层中的电子也增加而维持平衡，结果耗尽层宽度几乎保持不变。聚集在反型层中的电子由耗尽层中的热激发产生的电子—空穴对供给。因这种产生机构比较缓慢，即使在直流电压上叠加上小的交流电压，反型层的电子数也不能响应这种交流变化。所以在反型状态下，MOS电容大致保持恒定值。图4.2表示MOS电容器的电容—栅电压（C—V）特性，其中V_{TH}为出现反型层时的栅电压，称作MOS电容器的阈值电压；V_{FB}为能够使半导体能带图平坦所必须施加的小的栅电压，称作平带电压。

二、非稳态现象

对于脉冲驱动MOS电容器的情况，可理解为像CCD工作机理那样的瞬态过程。图4.3表示CCD的势阱图，图4.4表示一排简单的CCD栅电极，以下对表面沟道CCD（SCCD）加以讨论。

首先，在P型硅衬底的N沟道MOS栅电极上加一个负电压或比V_{FB}略小的电压，则空穴集中到界面上，MOS处于积累状态。接着，在栅电极上加一个比V_{TH}大的正电压，则空穴受排斥远离界面，在界面处形成耗尽层。但由热激发产生的电子—空穴对中的电子进行聚集时需要一定时间，所以经若干时间后，还会形成反型层。此时，栅电极的正电荷和耗尽层中的受主离子（负离子）相平衡。

随着时间的推移，热激发产生的电子向界面集中，空穴流入衬底，进而变成稳态，并在表面形成反型层。

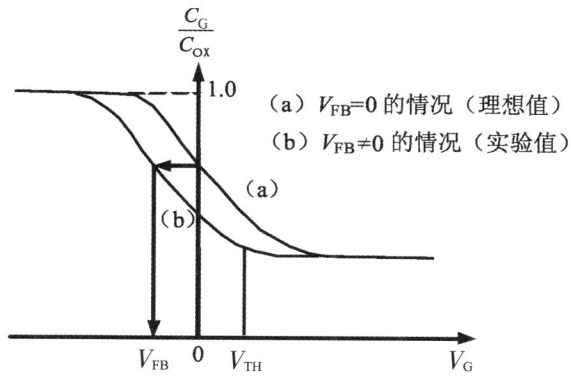

图4.2　MOS电容器的C-V特性图

在MOS电容器中，从深耗尽状态到形成反型层所需的时间称为存储时间τ_s，它近似等于通过耗尽层内的热激发而使整个耗尽区中和所需的时间T。一般硅的这一个T值约为1秒钟左右，因此，硅单晶的缺陷及器件工艺过程中的热处理对CCD的存储时间有很大的影响。

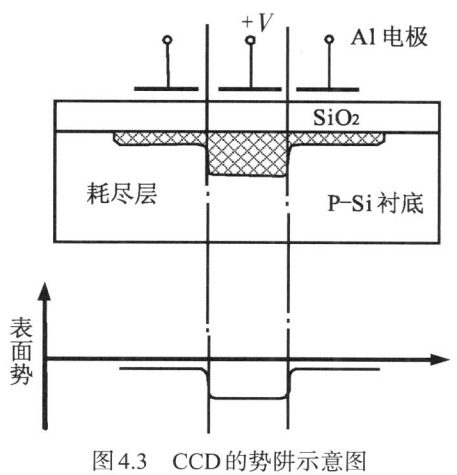

图4.3　CCD的势阱示意图

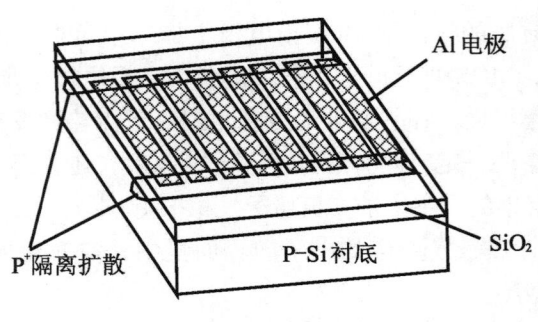

图 4.4 CCD 的电极结构示意图

4.3 CCD 成像原理

CCD 电荷耦合器件是把影像的光信号转变为电信号并分别寄存起来，在外加扫描信号的作用下传输出去，最后经过各种运算转换为图像的电子档案文件。由 CCD 构成的摄像器件体积小、质量轻、功耗小、坚固可靠、低压供电、价格低廉，深受各行各业用户广泛的青睐。

虽然所有的 CCD 都是基于同一种工作原理，但是 CCD 器件有许多类型，适用于不同的场合。根据像元排列形状的不同，CCD 有面阵和线阵之分：光敏元排列为一行的称为线阵 CCD，主要用于扫描仪和传真机等；面阵 CCD 器件的像元排列为一个平面，它包含若干行和列的结合，主要用于摄录一体机、监视摄像机和数码相机等。按使用场合的不同，CCD 芯片又有彩色和黑白之别，彩色 CCD 有 Bayer 滤色器彩色 CCD 和复合滤色器彩色 CCD 等。线阵 CCD 输出的信号可以每行单独进行数据处理，也可以将多行数据拼接成一幅图像进行处理，线阵 CCD 相比较面阵 CCD 而言有着更高的分辨率和扫描速率，所以线阵 CCD 尤其适用于高精度测量及航天遥感成像。

4.3.1 线阵 CCD 成像原理

线阵 CCD 摄像器件也记为 LCCD，其结构如图 4.5 所示，通常将光敏区和转移区分开，从而构成单边传输结构和双边传输结构，其工作原理相仿，但性能略有差别。在同样光敏元数的情况下，双边转移次数为单边的一半，所以总的转移效率比单边高；光敏元之间的最小中心距也可比单边的小一半。双边传输的唯一缺点是两路输出总有一定的不对称。

下面以单边传输器件为例说明线阵 CCD 工作原理。图 4.6 是一个有 N 个光敏元的线阵 CCD 摄像器件，器件由光敏区、转移栅、模拟移位寄存器（即 CCD）、"胖 0" 电荷注入电路和信号电荷读出电路等几部分组成，工作过程如图 4.7 所示，这五个环节按一定时序工作,相互有严格的同步关系,并是个反复循环过程,如图4.8所示为LCCD工作波形图。

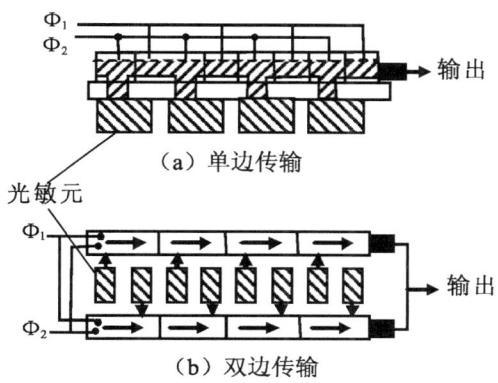

图4.5　线阵CCD摄像器件示意图

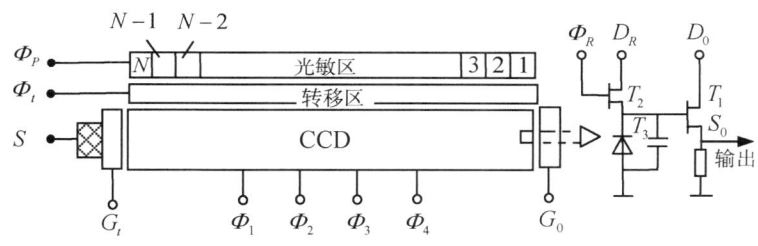

图4.6　线阵CCD摄像器件示意图

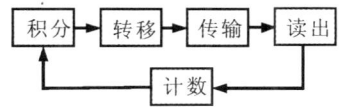

图4.7　LCCD工作过程框图

一、积分

如图4.8所示,在有效积分时间里,光栅Φ_p为高电平,每个光敏元下形成势阱。入射到光敏区的光子,在硅表面一定深度范围激发电子—空穴对。空穴被驱赶到半导体体内,光生电子被积累在光敏元的势阱中。势阱中电荷包的大小,与入射到该光敏元的光强成正比,也与积分时间成正比。所以,经过一定积分时间后,光敏区就对应入射光图像形成电荷包构成的"电像",在积分阶段,转移栅Φ_t是低电平而使光敏区与CCD隔开。这样就保证了光敏区的正常积分及CCD将前一积分周期的信号正常转移和读出。积分阶段势阱分布如图4.9(a)所示。因积分的同时,CCD在传输前一积分周期的信号电荷包,故Φ_2栅下面的势阱是交变的。

二、转移

这里的转移是指将 N 个光信号电荷包从光敏元并行转移到所对应的那位 CCD 中，为了避免转移中可能引起的信号损失或混淆，光栅 Φ_p、转移栅 Φ_t 及 CCD 四相驱动脉冲电压的变化应遵照一定的时序。整个转移过程可分解为：

1. 转移准备。转移准备阶段是从时间 t_1 开始的。每当计数器到达预置值时，计数器的回零脉冲触发转移栅 Φ_t 由低电平变成高电平，形成转移沟道。转移沟道形成后，CCD 停止传输，Φ_1，Φ_2 相停在高电平以形成势阱，等待光信号电荷包到来；Φ_3，Φ_4 相停在低电平，以隔开相邻位的 CCD，此时势阱分布如图 4.9（b）所示。

2. 转移。到时刻 t_2，随光栅电压 Φ_p 下降，光敏元势阱抬升，N 个信号电荷包转移到对应位 CCD 的第二相中，此时势阱分布如图 4.9（c）所示。

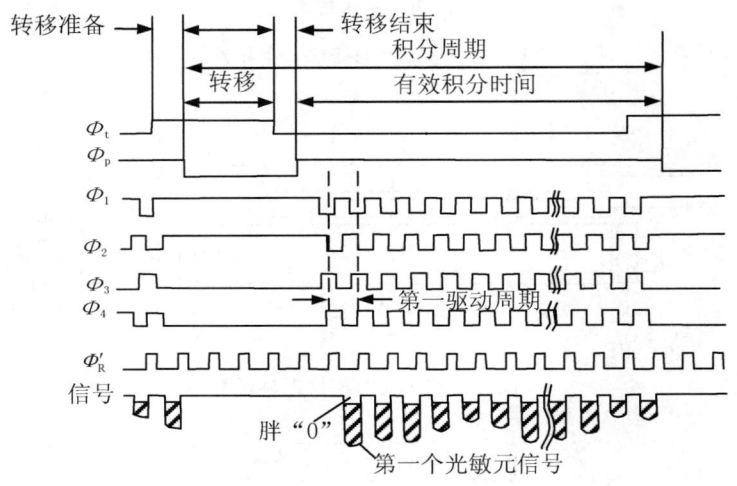

图 4.8　LCCD 工作波形图

3. 转移结束。到时刻 t_3，转移栅 Φ_t 电压由高变低，关闭光敏元和 CCD 之间的转移沟道，转移结束，势阱分布如图 4.9（d）所示，之后到时刻 t_4，光栅 Φ_p 电压升高开始新的信号电荷的积累（等价于另外一行信号的积累），与此同时，CCD 开始传输刚刚转移过来的信号电荷包，势阱分布又重新恢复成图 4.9（a）的状态。

三、传输

信号电荷包的传输是在 t_4 时刻之后开始的，N 个信号电荷包依次沿着 CCD 串行传输，每驱动一个周期，各信号电荷包向输出端方向转移一位，第一个驱动周期输出的为第一个光敏元的信号电荷包；第二个驱动周期输出第二个光敏元的信号电荷包；依此类推，第 N 个驱动周期传输出来的为第 N 个光敏元的信号电荷包。

四、计数

计数器用来记录驱动周期的个数，由于每一驱动周期读出一个信号电荷包，所以

只要驱动 N 个周期就完成了全部信号的传输与读出，但考虑到"行回扫"时间的需要，应过驱动几次，故计数器的预置值通常定为 $(N+M)$ 次，其中 m 为根据具体要求确定的过驱动次数。每当计数到预置值时，表示前一行的 N 个信号已全部读完，新一行的信号已经准备就绪，计数器产生一个脉冲，触发转移栅 Φ_t、光栅 Φ_p 脉冲，从而开始新的一行信号的"转移""传输"，计数器重新从零开始计数。

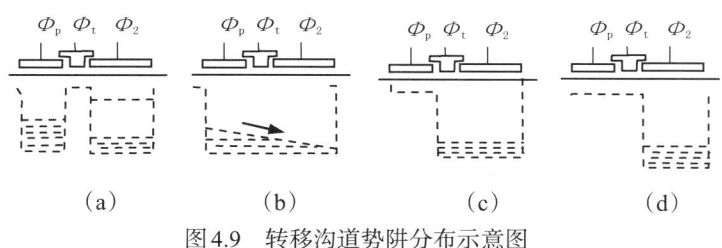

图4.9　转移沟道势阱分布示意图

五、读出

输出电路的功能在于将信号电荷转换为信号电压并读出，典型的输出电路为选通电荷积分器结构。作为摄像器件，线阵CCD有着难以克服的缺点，即其信号积累时间太短，在每帧时间内，对每个像元来说仅有一行扫描时间的积累，因此为增加信号积累，应该采用面阵器件。

4.3.2　面阵CCD的工作原理

面阵CCD摄像器件简称为ACCD，常见的面阵CCD摄像器件有两种结构：行间转移结构和帧/场转移结构。

一、行间转移结构（LT—CCD）

行间转移结构如图4.10所示，在行间转移结构中，采用了光敏区与转移区相间排列方式，相当于将若干个单边传输的线阵CCD摄像器件按垂直方向并排，再在垂直阵列的尽头（上方）设置一条水平行CCD，水平行CCD的每一位与垂直列CCD一一对应，相互衔接。

当器件工作时，水平行CCD的传输速率为垂直CCD的 N_h 倍（N_h 为垂直列数）。每当水平行CCD驱动 N_h 次，便读完一行信息，信号进入行消隐。在行消隐期间，垂直CCD向上传输一次，即向水平行CCD转移一行信息电荷，然后，水平行CCD又开始新的一行信号读出。以此循环，直到将整个一场信号读完，进入场消隐。在场消隐期间，又将新的一场光信号电荷从光敏区转移到各自对应的垂直CCD中。而后，又开始新一场的信号逐行读出。这里信号从光敏区转移到垂直列CCD的过程同线阵CCD相同。

为实现交替场隔行"扫描"显示，每个光敏元分为A、B两部分。在结构上，每个光敏单元的A部分对应垂直列CCD的第一相；B部分对应第二相。只要在时钟脉冲设定好A、B场的不同相位，就能实现光敏元A、B交替积分，从而得到A、B场的隔行"扫描"显示。

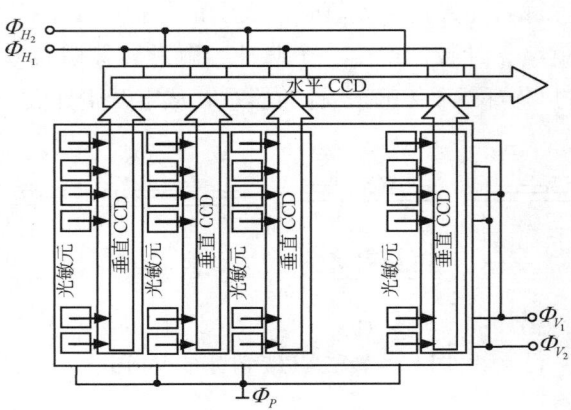

图4.10　行间转移面阵CCD摄像器件示意图

二、帧/场转移结构（FT—CCD）

帧/场转移结构摄像器件如图4.11所示，其主要由三部分组成：光敏区、暂存区、输出区。在暂存区及水平区上面均由铝层覆盖，以实现光屏蔽，光敏区与暂存区CCD的列数及位数均相同，而且每一列是相互衔接的，不同之处是光敏区面积略大于暂存区。

工作时，当光积分时间到后，时钟A与B均以同一速度快速驱动，将光敏区的一场信息转移到暂存区，然后光敏区重新开始另一场积分，即时钟A停止驱动，一相停在高电平，另一相停在低电平。与此同时，转移到暂存区的光信号逐行向CCD移位寄存器转移，再由CCD移位寄存器快速转移读出，光信号由暂存区到CCD移位寄存器的转移过程与行间转移结构相同。

4.3.3　面阵CCD视频信号处理

CCD相机系统包括CCD驱动系统及CCD视频信号处理电路，前者将CCD中的带有图像信息的光生电荷从CCD中转移出来，并将空间离散的电荷转变为可测量的模拟电压量；后者将模拟电压量通过去噪、滤波、放大、A/D转换等处理转化为稳定的数字信号，并经过数据采集卡输入计算机中显示出来。

面阵CCD视频信号处理电路的功能主要是去除夹杂在CCD图像信号中的各种噪声信号和复位脉冲干扰，大体上由前置放大、相关采样、滤波钳位、放大输出、模/数转换和接口驱动等环节组成，如图4.12所示。CCD在时序的驱动下将照射到其表面的光信号转变为电荷信号，经过浮置扩散放大器将电荷值转换为相应的电压值信号，再经过输出放大器输出离散的电压信号，该信号即为视频信号处理电路的输入信号。视频信号处理的过程为，首先将输入信号经过前置放大后转变为差分信号，经过相关采样处理后，将视频信号中大部分噪声去除。低通滤波器可以滤除CCD驱动脉冲的尖峰干扰，这样处理后的信号电压达不到A/D转换器的工作范围。可控增益放大器的作用就是将信一号放大到A/D转换器可以工作的电压范围，从而对信号进行放大输出。进行A/D转换后，原始输入的模拟信号将被转变为数字图像信号，经过输出接口电路驱动以LVDS或Camera Link接口输出。

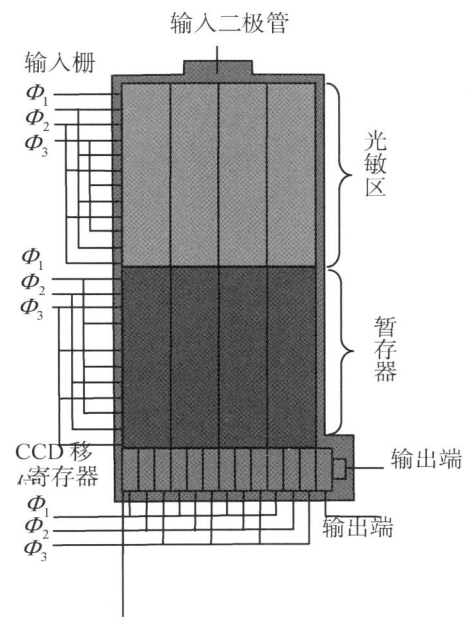

图4.11 帧/场转移面阵CCD摄像器件示意图

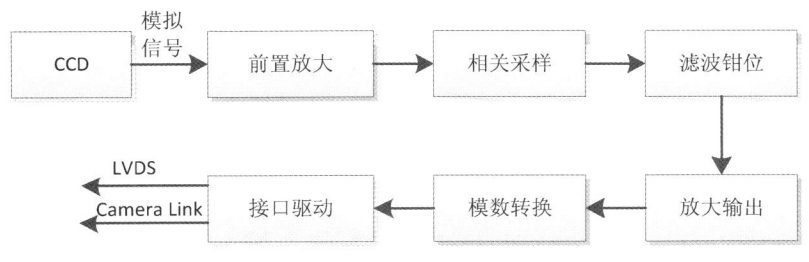

图4.12 视频信号处理示意图

4.4 电视侦察原理

4.4.1 电视系统的基本组成

一个电视系统是由多种设备组成的一个比较复杂的系统,就一般广播电视系统来说,它主要由图像产生设备、图像整理制作设备、图像发射设备、图像传输设备和图像接收恢复设备等组成,如图4.12所示。

图 4.12 电视系统组成框图

图像产生设备主要是摄像机,它的重要作用就是把一个实际的景物光景象,转换成电景象,即电信号。这种电信号要能够存储和传送,并能便于恢复成光景象。

图像整理制作设备主要是把摄像机摄取的原始图像进行必要的编辑整理,加入伴音、解说或字符等,便于人们观看。

图像发射设备,就是经过滤波、调制、放大等处理,把原视频图像信号变成能以电磁波辐射的载波射频信号,通过天线辐射出去。

图像经过传输信道,实现远距离传送,在视距内可由空间直接传送。超视距传输可用微波接力或卫星转发,在城镇内,可用同轴电缆或光缆等有线传输。

图像接收设备,一般情况下就是电视接收机,它把高频载波信号解调成视频信号再通过显像管恢复重现原图像。

4.4.2 电视图像信号的形成和传递

以黑白电视为例,一幅图像,就如一张照片或报纸上的一幅画面一样,它们是由许许多多紧密相邻、黑白相间的细点组合而成的,这些小点就是构成一幅图像的基本单元(像素)。像素越多越细,图像就越清晰。

根据电视原理和实际观看效果的要求,一幅图像大约要分成40万个像素。摄像机中摄像管就是把景象中的黑点和白点转换成相应强度的电信号,把一个"光像"变成了"电像",完成了电视的第一步。

把电信号通过信道传输出去,也就把图像传输出去了。如果把所有像素的电信号并行传送出去那就要40万条信道,这样的电视系统将非常庞大,也非常昂贵,难以实现。另一种方法是把各个像素的电信号,按一定顺序依次串行传送出去,在收端,按同样的顺序在相应的位置上再把电信号变成相应的光信号,就恢复重现了原图像。这样只要一条信道就能完成电视图像的传送了，显然这是一种既简单又经济的方法，这种方法的基本条件是顺序传送的速度要足够快，还要充分利用人眼的视觉暂留特点，才能使人们在没有闪烁感的情况下看到整幅稳定的图像。

4.4.3 电视的扫描和同步

将一幅图像有顺序地转换成相应的电信号，在收端将电信号与发端相同顺序转换成图像的过程，在电视技术中称之为扫描。扫描就如看一页书一样，按自左至右、自上而下顺序进行，从左至右的扫描称为行扫描，自上而下的扫描称之为场扫描。

这种顺序传送图像信号的方法要求有足够快的传递速度，这个速度就是指扫描的速度。电视中以频率表示，分别称之为行扫描频率和场扫描频率，分别表示在每秒钟内行扫描和场扫描的次数，单位为赫兹（Hz）。

我国电视机采用625行制，即在垂直方向上将一帧图像分成625行传送，为了适应人眼视觉，电视屏幕的宽高比一般为4∶3，故在水平方向应为833格，所以一帧的像素为520 625个。由于所需传送的图像是连续变动的，根据人眼视觉暂留的时间，一般规定在1s时间内，必须将图像自上而下传送25遍，即25帧/s，因此，帧频是25 Hz。由于每帧分625行扫描，所以每秒需扫15625行，即行频为15625 Hz。因此，扫描完一行所需的时间（即行扫描周期）为64μs。每行为833点（像素），所以每秒需扫描1.3×10^7像素，即13 MHz。

由于人眼有视觉暂留特性，为保证观看图像时不产生亮度闪烁感，而且要保证足够的清晰度，则要求场扫描频率在48Hz以上，每场的行数在500行以上，这样行扫描频率应为24kHz左右。在这样的场频和行频情况下，要求传送信道大约要有12MHz的频带宽度。这样，将使传送设备很复杂，实现起来有很多困难。为此，人们借鉴电影的方法，在电视中采用了隔行扫描的方法。具体办法是对一幅图像扫描时，不是逐行扫描，而是先扫1，3，5，…所有奇数行，然后再扫2，4，6，…所有偶数行。这种把一幅图像分为两场扫描的方法就称为隔行扫描。每扫一幅图像叫作一帧，每帧2场。每场的行数减少了一半，行频就降为原来的一半了。采用这种隔行扫描的办法克服闪烁现象，即将原来的一帧传送的625行分两次传送，每次传送312.5行，第一次传送奇数行，第二次传送偶数行。这样每秒传送的次数由25次变为50次。由于扫描每一个像元的时间未变，所以得到的电信号所占的频宽不必加宽，又由于是两场相嵌合成一帧，故图像的分辨力也不受影响。

为了在收端能够准确地恢复重现被传送的图像，要求收端与发端的扫描要有一一对应的关系，这就是扫描同步。实际上只要收发端扫描频率相同，起始相位相同，就可同步了。

实现同步的方法就是在图像信号中加入同步脉冲信号，即在发端每扫一场加一个场同步信号，每扫一行加一个行同步信号；而在收端从复合同步信号中分离出行、场同步信号，分别控制收端的行、场扫描，就能准确地重现原图像，这样就实现了扫描同步。

4.4.4 彩色图像的摄取与重现

黑白电视仅仅传递景象的亮度，不能反映颜色，这不仅使图像不够逼真，不够生动，而且当遇到某景象必须用颜色来表达和区分时，黑白电视就无能为力了。因此，人们在黑白电视的基础上，利用色度学原理和人眼彩色视觉特征发展了彩色电视。

1. 彩色图像的摄取。根据色度学的原理，用红、绿、蓝三种颜色，通过适当调配它们之间比例，能合成自然界中绝大多数色彩来，称为三基色原理或三原色原理。这就是实现彩色电视的理论基础。

用彩色摄像机摄取景象时，首先通过摄像机最前面的分光系统把景象的彩色分解成红光（R）、绿光（G）、蓝光（B），并分别用三个摄像管来摄取，从而获得了三个基色的电信号 ER、EG、EB，再经过编码处理后合成一个彩色电视信号就可供传送了。

2. 彩色图像的重现。彩色图像的重现主要在彩色电视机中完成。当彩色电视机接收到彩色电视信号后，首先经过放大、解码处理后，分解出三个基色电信号 ER、EG、EB，再把它们送到彩色显像管里，利用空间混色法，从屏幕上就能看到彩色图像了。彩色显像管最常用的是三枪三束荫罩式彩色显像管，它主要由三个电子枪、荫罩板和荧光屏组成，如图 4.13 所示。

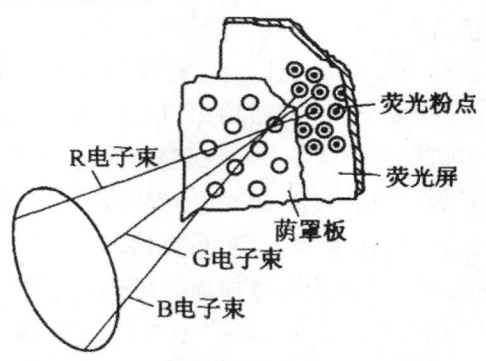

图 4.13 彩色显像管构造示意图

荧光屏上布满了成"品"字形的三色荧光点。当三个电子枪分别受到 ER、EG 和 EB 三个基色信号激励后，发出三条电子束，会聚并穿过荫罩板上的小孔后，分别轰击到荧光屏上对应的红、绿、蓝三个荧光点，发出与 ER、EG 和 EB 三个电信号大小成比例的三色光。由于三个点距离很近，人眼的分辨力又有限，所以每组三点发出的三色光相加产生一个混合色——彩色光。每组点所显示的彩色，由红、绿、蓝三色光的比例而定，整个显像屏幕则能重现出从发端传送来的彩色图像。

4.4.5 彩色图像的传送和电视的制式

一、彩色图像的传送

彩色电视是在黑白电视的基础上进一步发展起来的，因此要求彩色电视与黑白电视"兼容"，所谓兼容就是彩色电视与黑白电视能够互相收看。

由前可知，黑白电视传递的只有一个亮度信号（Y），而彩色电视应该传送 R、G、B 三个分色信号。为了实现兼容，则在传送彩色图像时需要满足两个要求：①必须包括亮度信号（Y）；②传送信号的频带与黑白电视相同。

从三基色原理中知道，色彩的各种光既可以分解也可以合成，那么白光就是黑白电视中的亮度信号，它也不例外，能分解出 R、G、B 三个单色光，并得出了它们之间的关系，即亮度方程

$$Y=0.3R+0.59G+0.11B \tag{4.1}$$

其表示白色光亮度是三基色光亮度按一定比例的混合。

根据这个关系，实际的彩色电视系统中传送的是亮度 Y 和两个色差信号（$R-Y$）和（$B-Y$），显然亮度信号 Y 可为黑白电视直接接收用，而经过一定运算后就得到了 R、G、B 三个信号，供彩色电视使用，这就满足了"兼容"的第一个要求。

传送黑白电视亮度（Y）时的频带宽度为 $0\sim 6$MHz，那么在彩色电视中怎样用相同的带宽再传送（$R-Y$）和（$B-Y$）两个色差信号呢？方法简介如下：

1. 压缩频带。根据长期的实践证明，人眼对黑白细节的分辨力远大于对彩色细节的分辨力，人眼对单色的分辨力又大于对混合色的分辨力。根据这些特点，就可以把传送彩色信号的频带压下来。大量实验证明，当把传送（$R-Y$）和（$B-Y$）两个色差信号的频带压缩到 $0\sim 1.5$MHz 时，对传送的彩色图像，人眼观察是足够满意的。

2. 插入传送。理论分析和实验证明，亮度信号的频谱不是连续均匀分布的，而是相对集中在以行频及其各次谐波频率为中心的较窄范围内，如图4.14中的实线部分。

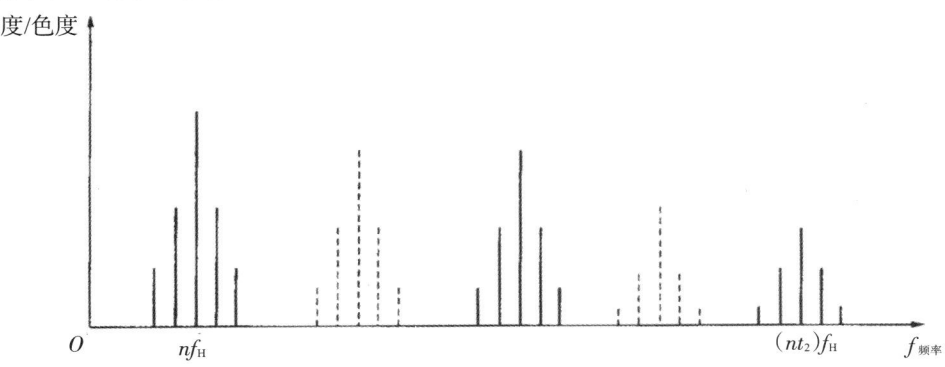

实线—亮度信号频谱；虚线—色度信号频谱。

图4.14 电视图像信号频谱示意图

因此，把两个色差信号先调制到彩色副载波（f_{ac}）上，成为色度信号，并使色度信号的频谱落在亮度信号频谱的空隙中，如图4.14中虚线部分。这样就实现了在黑白电视的带宽内传送彩色图像的愿望，从而满足了"兼容"的第二个要求。

二、电视的制式

在世界各国的黑白电视系统中，其扫描方式、行频、帧频、场频及带宽等都有所不同，常把它们称为体制的不同，经国际无线电咨询委员会（CCIR）认可并推广的大概有13种体制。

在彩色电视中根据色差信号对彩色副载波的不同调制方式，形成了不同的制式。经国际无线电咨询委员会建议推广的只有NTSC制、PAL制和SECAM制，分别是：

1. NTSC制——半行频偏置正交平衡调幅制；
2. PAL制——X行频偏置正交平衡调幅制；
3. SECAM制——逐行轮换调频制。

世界各国又根据本国黑白电视体制选定了彩色电视制式，我国采用了D/PAL制。

4.5 电视侦察图像处理

侦察电视通常工作在低照度和低能见度的情况下，所获取的图像质量较差。为了提高图像质量以便对侦察到的有价值的重要画面进行分析、判读或保存，对侦察图像进行实时或事后处理以满足侦察任务的需求是非常必要的。

4.5.1 电视侦察的特点

1. 具有图像分辨力高，目标识别能力强。
2. 跟踪测量精度高，低空探测性能好。
3. 抗电磁干扰能力强，隐蔽性和保密性好。
4. 体积小、质量轻、成本低。
5. 夜间侦察由微光摄像机摄取电视图像。由于远距离、低照度、低对比度的条件，其图像信噪比较低，尤其是小目标信号基本上淹没在噪声之中，图像质量差。
6. 可远距离摄取图像时，信号灰度级层次少且灰度级集中，远距离目标小且无明显陡变，其运动目标在画面上的相对速度很小。

虽然电视侦察设备具备很多优势，但也存在一些不足之处，具体为：

1. 电视侦察摄取的光波波长短，在传播过程中，易受雨、雪、雾、风沙等不良天气条件影响，使光能量损失和波面、偏振等状态发生畸变。
2. 光线沿直线传播，基本没有绕射能力，易受地理环境的遮挡、阻断。
3. 光电设备上的光敏器件等传感器通常比较脆弱，它所能接受的光强度有一定的限制，一旦超过限值，就会使光敏器件饱和、过载、失效，甚至完全被破坏。

为了使电视侦察为了适应未来复杂战场环境（包括海战条件、近海作战条件），还需进一步向提高性能、减少体积、成本以及扩大综合应用的方向发展，具体为：

1. 进一步提高电视侦察的精度和分辨力。

2. 工作波段涵盖紫外、可见光、中长波红外、毫米波等多波段频谱范围，使不同类型或多个波段的传感器集成起来，使侦察信息能互相融合。

3. 探测模式从能量探测向能量与光谱探测结合的多模式方向发展。

4. 提高智能化、集成化、网络化程度。利用多种光电传感器与数据汇集技术、信息处理技术，向多平台多传感器以及多平台多系统的网络化方向发展，可大大提高系统实时处理信息的能力和智能化程度。

5. 综合应用多种电视侦察设备。光电综合侦察装备就是将两种或两种以上侦察设备组合在一起，相互之间取长补短、相辅相成，对目标的侦察能力将大大提高。例如，将电视、红外侦察分别与激光测距相结合，还可以实现对目标的定位和跟踪等。

4.5.2 常用视频图像处理技术

电视图像实时或事后处理主要是对信号作降噪、提取、增强等技术处理，以下介绍几种常用图像处理技术。

一、图像轮廓增强技术

图像轮廓的提取和增强能够突出景物目标的特征，提高视觉效果和图像的清晰度，有利于判读和分析。下面以模拟电路轮廓提取增强方案简述其工作原理，如图4.15所示。

主要电路由轮廓提取和整形叠加两部分组成，景物的轮廓在信号上反映为高频分量，信号的突出边沿经延时加减后被突出、提取保留，信号的亮度较平坦部分经延时加减后变化不大，这就是轮廓提取增强处理的基本工作原理。

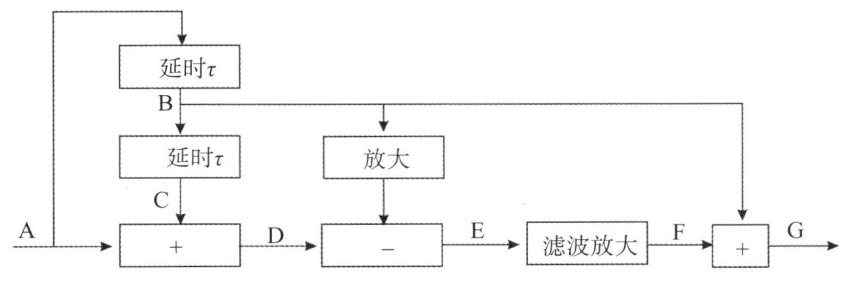

图4.15　模拟电路轮廓增强框图

二、视频图像增强处理技术

图像增强处理方法主要分两大类：

另一类为频域技术,它基于修改图频谱;第二类为空域处理技术,它是基于处理图像中的像素,基本原理是对图像灰度级作映射变换。视频图像空域处理已得到广泛应用,主要处理技术包括:

1. 增强图像对比度。增强图像对比度就是对原图像的灰度级层次进行变换,将原图像灰度级集中的层次经相应变换后产生比原图像对比度更强的图像。

2. 查表法图像增强。用数字方法实现函数的放大或灰度变换越来越广泛地被采用,基本的工作原理表达式为

$$y_i = f(x_i) \tag{4.2}$$

式中,x_i 为原图像某像素灰度值;y_i 为输出图像相应像素灰度值。

用 n 位二进制数表示图像信号灰度值,其任一点像素,灰度值总是以 $2n$ 个值中的一个表示,可用 $0 \sim (2n-1)$ 个序号分别代表 $2n$ 个灰度值,在均匀量化情况下,有

$$x_i = C_1 N_i \tag{4.3}$$
$$y_i = C_2 M_i \tag{4.4}$$

式中,N_i、M_i 分别代表 x_i、y_i 值序号;C_1、C_2 为相应量化比例系数。通常 $C_1=C_2$,并设 $0 \leqslant x_i \leqslant 1$、$0 \leqslant y_i \leqslant 1$。

这种变换关系视具体所需的不同其变换不同,如对数变换提高低灰度区的灰度值,局部拉伸可使灰度级集中的区域扩展。可根据不同的关系式做出不同的变换曲线,对应一个 x_i 即 N_i,查表找到一个 M_i,确定一个 y_i,完成一个灰度变换。

相应硬件线路是一个存储器,N_i 为存储器地址输入,M_i 为相应的存储器输出。

3. 直方图修正图像增强原理。用直方图修正对图像进行增强处理,其形式和程度取决于其特定的直方图性质。在一幅图像中,[0,1]区间内灰度级是随机变量,假定对每个瞬间它们是连续的变量,那么它的概率密度函数 $P_r(r)$ 表示该图像的灰度级,其中 $0 \leqslant r \leqslant 1$,$r=0$ 代表黑,$r=1$ 代表白,通常把 $P_r(r)$ 对 r 的图形称作图像的直方图。直方图均衡技术关键在于作出一条增强的图像灰度级 $S=T(r)$ 的变换曲线,数字图像直方图均衡处理,首先对原图像灰度级作量化、统计、运算、制表等,即可作出一条适应不同图像直方图概率密度函数的变换曲线,再用查表法实现对图像的直方图均衡处理。

三、视频图像降噪处理技术

图像降噪处理基于电视信号的频率特性。电视信号的形成前面已作介绍,它是通过"扫描"经光电转换的电视信号。由于景物亮度的随机性使电视信号 $V_c(t)$ 也是随机的,$V_c(t)$ 的三维特性是明显的(x 为水平样点扫描,y 为垂直样点扫描,t 为帧扫描),并且以行帧为周期,由于电视信号的相关性,它占有很宽的频带但利用率很低。对于静止画面的信号频率其功率谱密度高度集中分布在行频的整数倍频率上,峰值附近的谱线分布在以帧频相间的频率上。对于有活动信号的画面其频谱并非完全是离散的,这是由于非相关的活动信号引起的谱线展宽。由此可见,电视图像信号的频谱是

"梳状的",并且"梳"中有"齿","齿"中有"梳"。依据电视信号的频谱特性常用以下几种图像降噪处理技术。

1. 中值滤波法。中值滤波利用图像信号帧相关性,依次取出输入信号相邻的三个值,以其中间值作为窗口中心点值,通过这样处理后将产生比原图像平滑的图像。可有效地抑制脉冲噪声,但对平均分布的白噪声和高斯噪声是无效的。

2. 多帧累积法。利用电视信号的帧相关平均法来提高图像的信噪比。

3. 梳状滤波器。梳状滤波器有相减型和相加型两种。相减型梳状滤波器适用于进行图像轮廓校正,相加型梳状滤波器的梳状齿正好和视频信号的频谱相类似,在其设计的频率范围内周期性地导通和截止。所以只要设计相加型梳状滤波器的特性与图像信号的频谱特性相吻合,就可以有效地抑制图像信号中的噪声。

4. 递归型梳状滤波器。前述多帧累积平均降噪处理效果较佳,但在实际应用中设备复杂,作实时图像降噪处理难度大,相加递归型梳状滤波器法可有效地解决上述问题,其原理框图如图4.16所示。

与非递归梳状滤波器相比,由于延时器和递归系数k值大小的改变,可使滤波器的频率特性曲线的宽度和陡度随之改变,因此控制k值大小可改变通带和阻带宽度,以适应不同的图像信号。

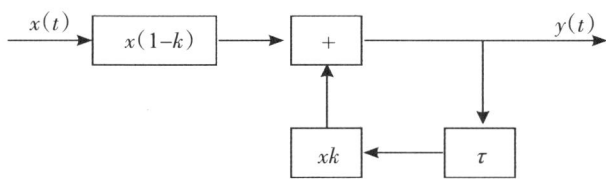

图4.16 递归型梳状滤波器框图

4.5.3 实时数字图像处理器实例介绍

实时图像处理要求速度快,现代微电子技术和高速大规模集成器件的发展使数字图像处理速度加快、精度提高,且调整容易、简单可靠。以下介绍两种实时图像处理设备实例,通过实例分析加深对图像处理原理的理解。

一、实时数字图像增强器

数字式图像增强处理的诸多方法中,对比度增强有灰度拉伸和直方图均衡两种方法被广泛应用且具有明显的处理效果,特别是对于低照度小信号图像增强处理效果更佳。下述数字图像增强器是结合灰度拉伸和直方图均衡两种方法为一体的增强处理设备。

1. 组成框图。该设备由单片机控制,分成采集、运算、输出三个阶段。设备主要由视频信号预处理电路、控制电路、存储电路、A/D转换电路、D/A等组成,如图4.17所示。

2. 工作流程。视频图像信号首先送入预处理电路，包括同步分离、钳位信号、视放、行场、锁相以及行控脉冲产生等电路。电视图像经预处理放大输出电压峰–峰值为5V的视频信号送高速A/D转换电路，最高转换速率15MHz，图像采样256点，时钟频率为5MHz，由一个锁相行控LC振荡器提供，同时提供系统控制时钟和D/A转换时钟。

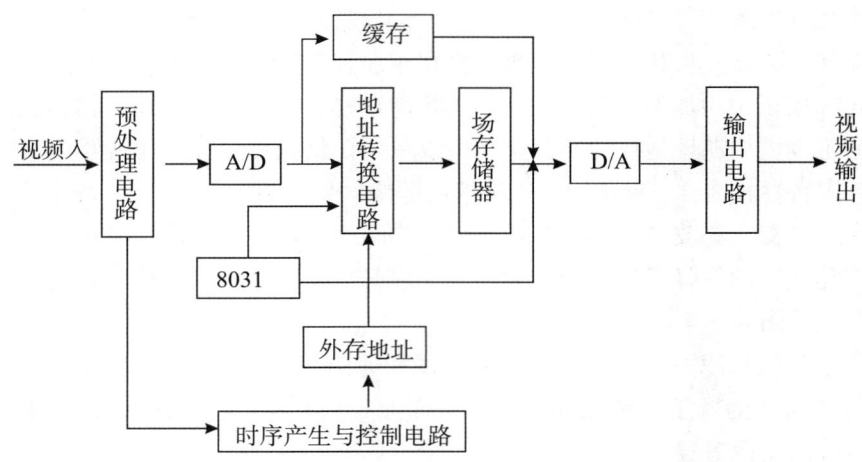

图4.17 实时数字图像增强器组成框图

经A/D转换后的图像数据送入场存储器，此存储器同时又是单片机的外部数据存储器，单片机可通过访问此存储器来处理图像数据，存储器容量为128k×8bit，要完成采集、运算、输出三个过程必须有三套地址分时作为SRAM的地址，其顺序控制是单片机（比如8030）的P1口的低3位，由软件控制这3位状态来执行三套地址的转换。

所有运算由单片机软件完成，将增强处理后的数据存入存储器的前256个单元作为查找表，其对应关系为0单元存0灰度的数据，1单元存1灰度的数据，256级灰度对应256个单元。存完后D/A输出数据作为查找表地址，它是场存储器低8位地址，高8位为0。查找表输出数据经D/A转换后作钳位合成，输出为增强处理后的电视图像信号，经处理后的图像信号可增强5倍至8倍。

二、实时数字图像降噪器

相加型递归梳状滤波器集多帧叠加和梳状滤波器的降噪功能为一体，并可通过系数k控制改变滤波器的通带、阻带宽度以适应图像信号，以下实例为相加型递归梳状滤波器。

1. 组成框图。该设备由A/D转换器、运算器、运动检测器、存储器、时序控制信号电路及D/A转换输出等电路组成，如图4.18所示。

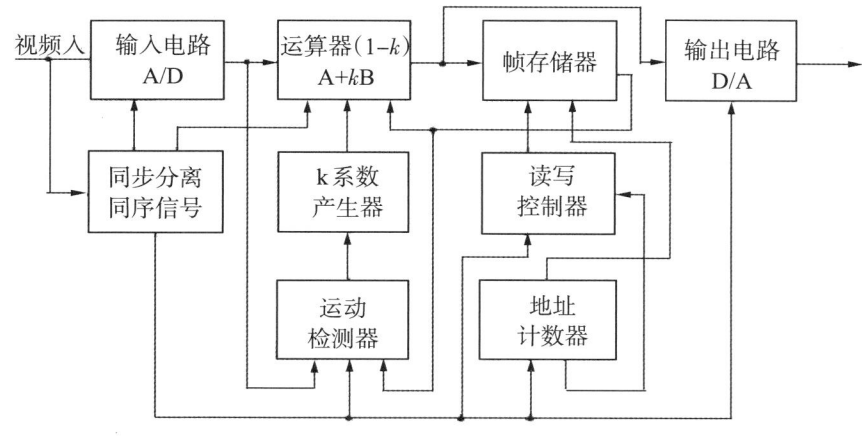

图 4.18　实时数字图像降噪器组成框图

2. 系数设置。相加型递归梳状滤波器具有与视频信号一致的梳状频谱特性，它可以保证电视信号的传输又可滤除部分杂波。

传递函数为

$$H(j\omega) = \frac{1-k}{1-ke^{j\omega t}} \tag{4.5}$$

幅频特性为

$$|H(j\omega)| = \frac{1-k}{\sqrt{1+k^2-2k\cos\omega\tau}} \tag{4.6}$$

延时 τ 为一帧时间，采用帧存储器作为时延电路。系数 k 共设三个取值适应于不同图像画面。对静止画面，$k=0.9375$，滤波器通带窄、滤除噪声的效果较好；对于一般运动画面 $k=0.75$（或 0.5）；而有较大运动画面的，取 $k=0.25$，即可展宽通带带宽以减少对运动分量的损失。k 系数取值由运动检测器完成，运动检测器逐个比较（相减）两帧图像——对应的像素，将其差值进行编码来控制 k 的取值。运算器受控于 k 值，并完成由 A/D 转换器来的数据 A 与由存储器来的延时一帧的数据 B 的 $(1-k)$A+kB 运算。

3. 工作过程。视频信号首先经视频预处理电路，提供行、场同步信号、钳位脉冲、时序控制信号及放大后的 5V 视频信号。5V 的视频信号经 A/D 转换输出数据 A，经运算器送帧存储器，由锁相的行控 LC 振荡器提供系统时钟频率 f=5MHz。时序控制信号控制地址计数器，读字控制信号控制存储器的读写，存储器输出 B 数据完成一帧的时延。B 数据送运动检测器与 A 数据作一一对应的比较，检测出差值，并编码，以此来控制 k 值的大小。运算器以此 k 值完成由 A/D 转换器来的本帧 A 数据和从帧存储器读出的延时一帧的 B 数据的 $(1-k)$A+Bk 运算，运算结果再送存储器依次循环。同时运算器输出数据至 D/A 转换器经合成输出，其输出的视频信号信噪比可提高 10dB～15dB。

4.6 电视侦察技术应用

CCD在各个应用场合中的作用,相当于人的眼睛,但它的适应范围、量子效率、灵敏度和波长范围等都大大地超过人的眼睛,是对人眼功能的一种弥补和扩展。CCD集光电转换、电荷存储、电荷转移和自扫描等功能于一体,具有体积小、重量轻、耐冲击、寿命长、工作电压低、启动快、无失真、拖影小、灵敏度高、噪声低、动态范围大,以及可在电磁场中工作等一系列优点,在宇航遥感、制导跟踪、微光夜视、自动控制、机器人视觉、计算机储存、工业监控、安全保卫、天文观测、医疗卫生、家庭摄像等技术领域应用十分广泛。

采用CCD技术的电视侦察,具有目标显示形象直观、清晰度好、图像易于存储、处理和传输等特点。摄像机可安置在阵地前沿,也可以由直升机载、车载和单兵携带深入敌方摄取目标图像,然后经远距离无线传输到指挥所显示。

4.6.1 线列CCD侦察

线列CCD图像传感器在摄像时,一个方向是由CCD本身自扫描完成的,另一个方向(和CCD自扫描方向垂直)是依靠外界的机械扫描来完成的。如果CCD本身的自扫描速度等于电视机的行频(15625kHz),机械扫描的扫描速度等于电视机的帧频(50Hz),就可以构成一幅电视图像,下面举例说明线列图像传感器的应用。

使远处(几千米到几千千米)景物变成图像的装置称为遥感成像系统,CCD遥感成像侦察是线列CCD摄像机应用最成功的一个领域。1985年欧洲空间局首次在SPOT卫星上使用3000像素和6000像素大型线列CCD,地面分辨力为10m,机载遥感成像系统包括CCD像机、发射机和天线等部分,由CCD传感器获得的图像信号经编码、调制、功放后由天线发至地面,在地面显示器上显示出CCD像机所摄到的电视图像。

遥感成像系统的线列CCD探测器组由上千个CCD像元组成,线列CCD探测器与卫星飞行方向垂直安装,可以在瞬间同时得到垂直飞行方向的一条扫描影像线,工作时以推扫成像方式对地面景物照相,地物的反射光经过光机主体内的光学采集镜头照射在位于焦平面上的CCD器件光敏面上,CCD器件将光信号转换成电信号,然后由成像电路进行处理,模拟转换成数字信号后,通过数传分系统传送到地面站。整个摄影过程像缝隙式相机那样,以"推扫"的方式获取沿轨道方向连续的影像条带,每次成像时同一扫描行通过投影中心聚焦成像,不同的扫描行有不同的投影中心,所以线阵列CCD影像是行中心投影,其工作示意图如图4.19所示。由于线阵CCD传感器能够获得感兴趣区域高质量的影像,且在幅宽较大的情况下能够很好地保证成像精度,已成为国际上对地观测应用较为普遍和主流的传感器类型。

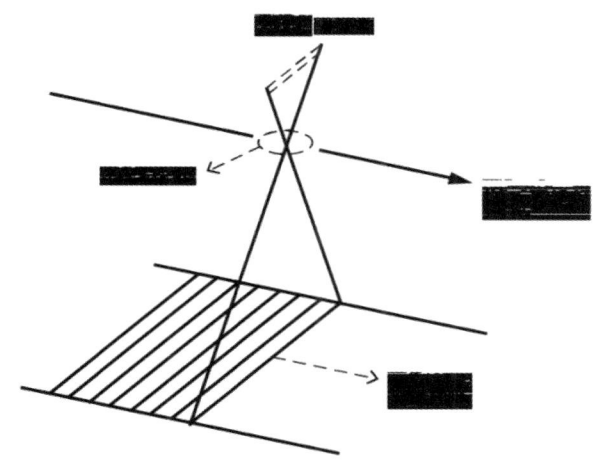

图 4.19 线阵CCD传感器成像示意图

4.6.2 面阵CCD侦察

面阵CCD是作为军事应用基础器件之一，它和红外、紫外器件相结合，实现军事信息的获取、转换、存储、传送、处理和视觉功能的扩展（光谱拓宽、灵敏度范围扩大），给出直观真实、层次多样、内容丰富的信息。由面阵CCD构成的电视侦察设备使用广泛，种类繁多。电视侦察装备由摄像机和监视器组成，按使用场合分，有空中侦察电视、地面侦察电视和水下侦察电视等；按使用环境和使用时间分，有白天用的可见光侦察电视、夜间用的微光侦察电视和红外侦察电视等；按使用方式分，有便携式、车载式、炮射式和机载式以及星载式侦察电视等。便携式一般用于阵地前沿侦察；炮射式通常用于战场监视和火炮射击校正；车载式主要与车辆火控系统连用；机载式通常用于敌军后方部队部署、调动情况的纵深侦察，可把远处战场情况实时传输给地面站，及时获得侦察信息。在机载侦察中，摄像机安装在各种飞机上，拍摄地面情况，拍摄的图像通过机载无线电发射机发送回地面站，地面站装有接收天线，接收发射机发射的图像并显示在监视屏上。机载侦察是最重要且各国普遍采用的一种侦察方式。由此，在诸多的电视侦察设备中，车载地面电视侦察设备和机载航空电视侦察设备的使用较为广泛。

4.6.3 电视侦察设备

在诸多的电视侦察设备中，以车载地面电视侦察设备和机载航空电视侦察设备使用较为广泛，现分别介绍其设备简况及要求。

一、车载地面电视侦察设备

它是一个专用电视系统，一般由三大部分组成：获取情报的摄像机及其控制部分；传送情报的图像传输部分；处理和利用情报的终端部分。

1. 摄像机及控制部分。电视侦察设备所获取的情报是图像，显然获取手段主要是通过摄像机。但由于侦察不同于新闻采访，必须使用一些较特殊的摄像机。

首先，侦察摄像的目标主要是敌方的军事设施、各种车辆、部队动向及地形、地貌等，因此一般都有较远的摄像距离，可能在数千米、十几千米甚至更远。这就要求摄像机有远距离摄像能力才能较好地发现或识别目标，为此，对摄像机的机身和镜头都有特殊要求。

其次，敌方往往要利用夜幕来掩护自己的行动，为此微光摄像机和红外电视摄像机就成为重要的夜间电视侦察设备（后面章节将详细论述）。一般微光摄像机能在黄昏弱光照（照度在 $1\times10^{-2}lx \sim 1\times10^{-4}lx$）条件下工作，发现或识别 1km 以外的活动人员或数公里以外的车辆。另外，利用红外电视摄像机能在夜间或雾气较大时摄取目标的红外图像，它也是一种很好的侦察摄像机。

再次，机动性和隐蔽性是任何武器装备的基本要求之一，尤其在战场前沿执行机动侦察或在地形复杂的山区完成侦察任务时，小型便携的摄录设备是非常必要的。因此，利用 CCD 制造的小型化摄像机及摄录一体机是机动电视侦察的理想设备。

远距离微光摄像机的体积和质量较大，因此一般要车载并借助于云台才能充分发挥其作用，扩大监视范围，最好要有远距离的遥控能力。为了能灵活地搜寻目标、跟踪监视目标，并迅速确定目标位置，要求云台有方位、俯仰旋转机构和焦距控制及角度数字显示等。

2. 图像传输设备。图像传输设备的作用是将设置在战场前沿的各种摄像机所摄取的图像情报、侦听的声音或话音及时传送到后方终端指挥所，传送方式可用有线或无线。但战场地形复杂、距离较远，加之要求有较高的机动性、灵活性，所以普遍采用无线方式。

实现无线传输的设备主要是发射机、接收机和天线。为了满足一定传输距离的要求，又要使设备的制作和使用方便，还要避开广播电视等民用频段，正确选择频段是至关重要的。收发传输设备应采用在选取频段内能多频率、多台套和多站点同时工作的传输模式。天线要体积小、质量小，便于拆装，同时应具有较高的增益和方向性以及不同的极化形式。

3. 终端部分。经过摄像和传输的图像情报都要经过系统的终端部分，进行适当的编辑和处理后再传送到侦察指挥所供指挥员使用，为此要求终端具有多种功能，主要功能如下：

① 接收监视功能。应能同时接收多路图像情报信号，并能进行监视、监听。

② 选择信号功能。对所接收到的多路图像信号，要根据图像质量和情报的重要程度，进行适当选择后送往指挥所。

③ 处理信号功能。当接收到的图像信号较差时，如图像对比度差、信噪比低等，

终端要进行实时图像增强处理或实时图像降噪处理后再送出，便于指挥员观察监视和分析判断。

④ 叠加说明功能。必要时能在图像上叠加简单字符或解说话音，提高情报的可用度。

⑤ 信号记录功能。为了便于事后分析处理和保存，积累重要的战场情报，终端在监视的同时，应能进行实时录音录像。

⑥ 图像编辑功能。对于一段时间内所侦察到的大量图像资料，必要时应能进行系统的编辑整理，便于情报资料的充分利用和长期保存。

⑦ 转发信号功能。将接收、选择和处理后的信号及时转发到侦察指挥所或情报处理中心，记录编辑过的资料也可重放转发。转发方式将根据相对位置、距离及环境条件采用无线或有线方式。

二、航空电视侦察设备

该设备应用很广泛，通常分有人机载和无人机载两种。但系统组成和工作大致相同，一般由机上设备和地面设备两大部分组成。机上设备有成像设备、记录设备和转发设备等。成像设备可用摄像机来完成，要求它有较高灵敏度和分辨力。当飞机在数千米高空飞行时，应能发现和识别地面的道路、桥梁和装甲车等目标。一般要求机上有监视记录设备，随时能监视和记录侦察结果。同时还应有无线微波图像传输设备，把侦察到的图像或数据及时传送到地面。当飞行半径在数百千米时，实现这种实时传输是不困难的。地面设备的组成和功能与地面系统的终端设备基本相同。例如，以色列"侦察兵"无人驾驶飞机电视侦察，主要用于战场侦察和炮兵遂行校射任务，该侦察系统由机载设备和地面接收设备组成，具有夜视能力。摄像机配有变焦镜头，观察角为360°，能够实时传输侦察图像。

第5章 红外侦察技术

自20世纪50年代出现军用热像仪后,红外侦察技术特别是前视红外侦察技术就因其鲜明的军事应用特点而迅速发展,广泛应用于陆、海、空、天、电五维一体的战争中,特别是与无人机技术完美结合后,前视红外侦察技术即能完成战场侦察、监视、巡逻任务,还可实现精确制导、搜索跟踪,甚至还可以进行光电对抗、反隐身、打击效果评估、战略侦察等军事任务,已成为航空侦察领域重要的侦察技术之一。

5.1 红外辐射

5.1.1 目标和背景的红外辐射特性

物体发射的红外辐射能量的大小主要决定于物体表面温度和它的发射能力(称为发射率),温度越高,发出的红外辐射强度越大;表面发射率越高,发射的红外辐射量越多。物体单位面积发出的辐射功率 M 与物体表面绝对温度 T,表面发射率 ε 的关系可由下式表示:

$$M = \varepsilon \sigma T^4$$

式中,σ 为常数,绝对温度 T 与摄氏温度 t 的关系为 $T=273+t$。

由于物体表面各部分的温度和发射率存在差别形成了发射能量的差别,红外探测器接收到这一能量分布,通过光电转换在荧光屏上形成一亮度差别分布的图像,由于其图像亮度主要由物体表面发热程度所决定,所以这一红外图像称为热图。图5.1为处于林地背景中一辆汽车的热图,图中色彩为假彩色,亮度高的区域就是目标、背景温度较高的区域。

图 5.1　汽车热图

目标和背景的温度特性和发射率特性决定了目标、背景的红外辐射特性，红外侦察器正是利用它们之间红外辐射特性的差别从背景中发现、识别目标。物体温度特性不但与物体的自身性质有关，还受外部条件的影响，影响最大的外部因素是太阳热。目标表面由于吸收了太阳的能量会使温度迅速上升，在不同时刻由于太阳加热存在的差异会形成不同的目标热图。

对于具体目标来说，显而易见它的温度特性与它本身有无热源及热源的工作状态关系极大。战场上的目标，如正在发动或行进中的车辆、坦克，正在射击中的火炮，正在工作的电站等都是有源目标，这些目标在工作时它们的表面温度通常比周围背景高出许多，形成明显的对比，所具有的特定热图像很容易被红外侦察器材发现、识别。自然背景如树林、土地、水面等通常是无源的，有源目标在不工作时也成了无源目标。非自然目标即使温度不高，但由于自身热特性不同，在受到太阳加热和与周围物体进行热交换时表现出自己特有的温度特性，也易被红外侦察器材所分辨。

物体的表面温度越高，最大辐射能量所对应的波长越短。处于低温的物体发出远红外，当温度逐渐升高时，发出中红外、近红外，温度再升高就会发出红、黄、青、兰紫等可见光甚至紫外线。表 5.1 所示为绝对黑体（简称黑体）在不同温度下最大辐射能量所对应的波长概略值。

表 5.1　黑体在不同温度下最大辐射能量所对应的波长表

物体温度（℃）	最大辐射能量所对应的波长(μm)	物体温度（℃）	最大辐射能量所对应的波长(μm)
−53	13.2	300	5.1
−23	11.6	500	3.8
0	10.6	800	2.7
27	9.7	1500	1.6
60	8.7	3000	0.88
100	7.1	5000	0.55

人体表面温度约为36℃，最大辐射能量对应的波长约为9.5μm；汽车发动机表面温度约为60℃~70℃，最大辐射能量对应的波长约为8.5μm；坦克排气孔温度约为200℃，最大辐射能量对应的波长约6.1μm。它们的辐射能量均集中在中远红外波段，可被工作在中远红外波段的侦察器材所探测。

表5.2 不同材料的发射率表

表面材料	发射率（ε）	表面材料	发射率（ε）
精抛光铝	0.08	普通红砖	0.93
抛光铜	0.15	混凝土	0.92
氧化铁表面	0.73	水	0.95~0.96
铝粉漆	0.55	雪	0.85
无光黑漆	0.96	沙土	0.60
石棉瓦	0.96	腐植土	0.64

物体表面的发射率主要受物体材料种类和表面粗糙状态的影响，非金属材料的发射率较大，金属材料的发射率较小，表5.2为部分材料的发射率值。

以上分析可知，常见的自然背景，由于太阳加热和气候条件的影响，在不同季节、不同时刻会呈现出不同的热图。对于感兴趣的目标，由于自然条件的影响和自身的工作特点，战场上的目标和背景的热图分布每时每刻都处于变化之中，在不同季节和不同时刻也会呈现出不同的热图。

5.1.2 红外辐射的大气传播特性

从目标发出的红外辐射能在被红外探测器材接收前还要在大气中传输一段距离。红外辐射能在大气中传输会受到很大衰减，其原因主要来自大气中的各种气体对辐射的吸收和大气中悬浮微粒对辐射产生的散射。大气中存在的水蒸气、二氧化碳、臭氧会对红外辐射产生强烈的吸收，由于这些分子存在一些强的吸收带，即在某些波长会产生强烈吸收，其结果是在频谱中形成了一些高的透过区域，被称为"大气窗口"。图5.2为一典型的大气测量结果，从图5.2中可以看出，在中远红外区存在着3μm~5μm和8μm~14μm两个大气窗口。由于地面上的常温物体发出的红外辐射能量大部分集中在这一波段范围，所以这两个"大气窗口"的存在极利于地面常温物体红外辐射的传输，这也是红外探测器材的工作波长范围常取3μm~5μm和8μm~14μm两上波段的原因。大气中的悬浮微粒如云、雾、尘埃等对红外辐射会产生散射，使部分辐射改变方向从而使传播方向的辐射减弱。散射引起的红外辐射衰减是一个很复杂的问题，衰减的程度依赖于微粒的大小、形状和性质，同时还与辐射波长有关。大气本身也是一个辐射体，大气辐射的存在以及它的起伏也影响着目标和背景的辐射能差别。

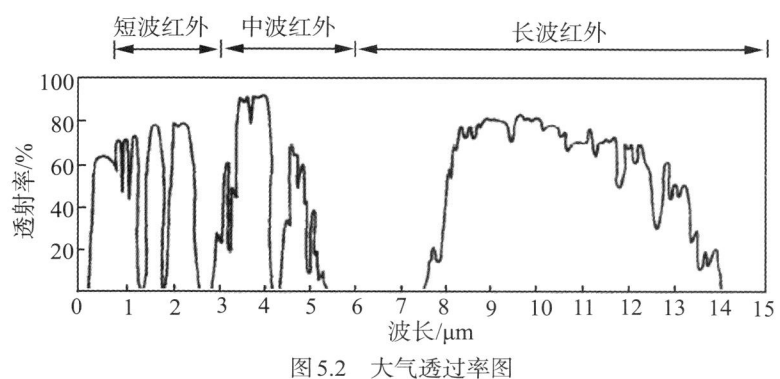

图 5.2 大气透过率图

目标的辐射能通过大气传输的影响后到达红外成像仪的光学系统，红外光学系统接收辐射并将其会聚到红外探测器上，探测器将入射的红外辐射转换成电信号送到信号处理系统，最后得出与目标温度、方位、相对运动角速度等参量有关的信号。侦察常用的红外成像系统通过对目标、背景扫描形成热图，观察者对热图进行判断，以便确定是否已探测到了目标，进而再确定目标的类型。

红外侦察器是通过探测目标自身发出的红外辐射能量来发现目标的，所以是全被动，不易暴露自己。同时由于目标的自身辐射时时刻刻都存在，所以红外侦察器不但可在白天工作，而且也可在晚上工作。红外夜视可在全黑的夜间正常工作，比起微光夜视来有更大的优越性。另外大气存在利于红外辐射传输的"大气窗口"，窗口区的大气衰减比可见光小，所以热红外器材可透过薄雾观察目标，相对来说受天气影响较小。

5.2 红外成像系统参数

红外成像系统能否发现、识别目标，除了受目标、背景本身辐射的大小、离探测系统的距离、大气的影响等因素影响外，主要决定于红外探测器的分辨能力。红外探测器的分辨能力用温度分辨率和空间分辨率来表示，目前高性能的热红外侦察器材空间分辨已小于 0.1mrad，温度分辨率也已达 0.1℃。但对于同一器材这两个参数是互相制约的，提高空间分辨率则要牺牲温度分辨率，即要分辨目标的细节需要有较高的温差。另外，目标的形状、时空图形、高温部位等特有的特征都是明显的暴露征候，都易被热红外侦察器材发现、识别。下面将介绍描述红外探测器的基本技术参数和综合性能参数。

5.2.1 基本技术参数

1. 视场（FOV）与观测场（FOR）

视场的示意图如图 5.3 所示。宽视场可以获得比较大的覆盖区域，但通常分辨率低，探测器遍布在一个比较大的覆盖区域。对于窄视场，探测器分布在一个小区域，因此提高了分辨率，但牺牲了地面覆盖宽度。选择FOV要在地面覆盖宽度和分辨率间进行折中。最好的选择是提供刚好合适的分辨率以满足任务要求，这样可以使地面覆盖宽度最大。

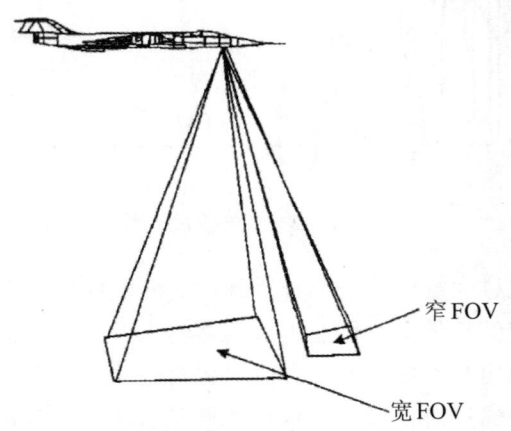

图5.3　窄FOV和宽FOV示意图

观测场（FOR）与FOV类似，但它描述的是在给定足够时间的情况下系统能够实现的覆盖角。一个方向扫描的传感器可以具有120°×90°的FOR，但只有2°×2°的FOV。在给定的FOV下，传感器可以用很长时间覆盖整个FOR。FOR这一参数的重要性在于，它描述了传感器在给定平台的几何特性和条件下观测某一区域的能力。在图5.4中，因为FOR不能扩展到飞行器后面的位置，遥感器的FOV也仅限于飞行器前面的区域。

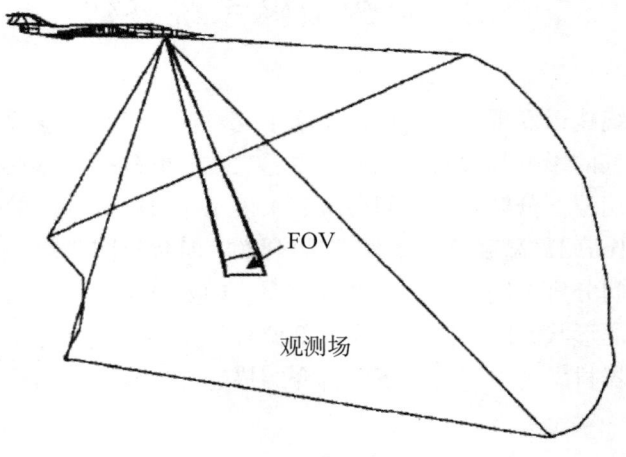

图5.4　观测场示意图

2. 光学系统的通光口径 D 和焦距 f

它们是决定热成像系统性能和体积的关键因素。

3. 瞬时视场 α 和 β

瞬时视场是指光学系统（包括扫描机构）静止不动时，系统所能观察到的空间范围。它由探测器的形状和尺寸及光学系统的焦距决定。瞬时视场的大小表示热成像系统空间分辨率的大小。

若为矩形探测器，尺寸为 $a \times b$，则瞬时视场平面角为 α、β，瞬时视场由单元探测器尺寸 a、b 及光学系统焦距 f 决定，它大小通常表示热成像系统的空间分辨率的高低。α 和 β 通常以 mrad 为单位。

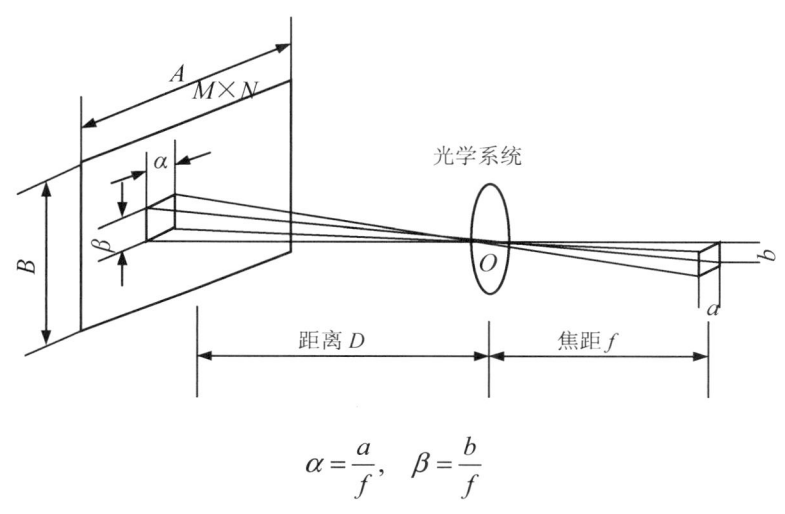

$$\alpha = \frac{a}{f}, \quad \beta = \frac{b}{f}$$

图 5.5 瞬时视场图

当红外探测器的瞬时视场"看"到目标平面上的任何一块小面积时，只要探测器的响应时间足够快，就立刻输出一个与所接收的辐射量成正比的信号。在整个扫描过程中，探测器的输出为一视频信号，此视频信号的强弱随时间而变化，它与电真空摄像管的电子束扫描输出的视频信号相似，该视频信号经放大处理后，通过显示器，可以转换成目标的可见图像，用于显示或记录。

4. 观察视场 Ω

观察视场由所要观察的景物空间的大小和光学系统焦距决定，是光学系统所能观察到的物空间二维视场角。若 A、B 为相互垂直方向的视场平面角，则 $\Omega = A \times B°$。

5. 帧时 T_f 和帧速 F

系统扫过完整的一帧所需的时间称为帧时间 T_f，以秒为单位。完成一帧图像的速度为帧速 F。显然 $F = 1/T_f$。

6. 扫描效率 η_{sc}

扫描机构对景物扫描时，实际所扫过的空间范围往往比景物所张的空间角要大。系统扫过完整的景物所张的空间角范围一次所需的时间与扫描机构实际扫描一个周期所需的时间之比称为扫描效率，记为 η_{sc}。通常空间扫描都是由水平扫描和垂直扫描两者合成的，所以扫描效率也分成水平扫描效率η_H和垂直扫描效率η_V，而总扫描效率η_{sc}为

$$\eta_{sc} = \eta_H \times \eta_V$$

7. 滞留时间 τ_d

物空间一点扫过探测器所需时间称为滞留时间。若扫描机构扫过的景物空间$A\times B$，单元探测器的张角为$\alpha\times\beta$，帧速为F，扫描效率为η，滞留时间τ_d为

$$\tau_d = \frac{T_f}{n} = \frac{\frac{1}{F}}{\frac{AB}{\alpha\beta}} = \frac{\alpha\beta}{ABF}$$

8. 空间角频率

空间频率定义为单位空间上目标条纹的周期数。在热成像系统中常用单位毫弧度中的周期数来表示（cyc/mrad）。设有等宽度的亮暗条纹图案（如图5.6所示），相邻条纹中心距为l_x，称为空间周期（单位为mm），若观察点o与图案之间的距离为R（单位为mm），则$\theta=l_x/R$（单位为mrad），称为角周期，其倒数即为空间角频率

$$f_x = 1/\theta = R/l_x (\text{cyc/m rad})$$

对于二维图像可以定义二维空间角频率为(f_x, f_y)。

5.2.2 红外成像系统的综合性能参数

红外成像系统的综合性能为探测的最小景物温差。描述可探测的最小景物温差的方法有三种，即：

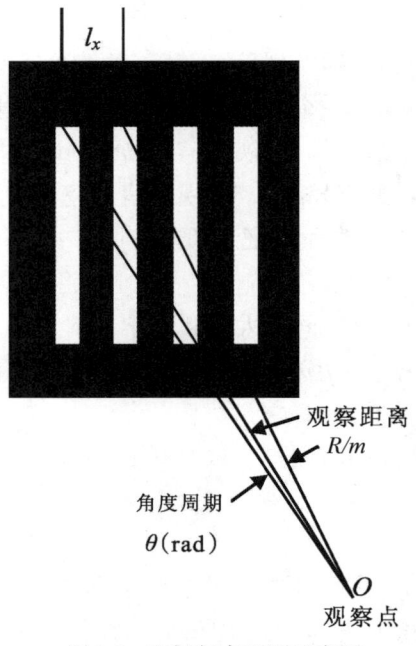

图5.6 空间频率观测示意图

1. 噪声等效温差（NETD）
2. 最小可分辨温差（MRTD）
3. 最小可探测温差（MDTD）

噪声等效温差这个综合性能参数使用最早，概念也很清晰，但是它仅涉及仪器的本身性能而不包括观察者眼睛的工作特性，因而有一定的缺陷，但目前仍在广泛使用。包括热像仪本身及观察者眼睛工作特性的系统性能参数是最小可分辨温差。这个参数较全面概括了热像仪的系统性能，是目前使用最普遍的参数之一。最小可探测温差适用于野外测量使用。下面分别对这三个性能参数简单叙述。

1. 噪声等效温差（NETD）

噪声等效温差的定义为：设目标和背景均为黑体，对目标进行探测，当测量系统输出的信号电压峰值与噪声电压均方根值之比为1时，目标温度与背景温度之差称为噪声等效温差。

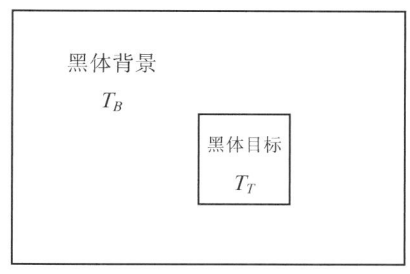

图5.7　NETD测试图

NETD测试方法如图5.7所示。温度为 T_B 的均匀背景中有一温度为 T_T 的足够大目标（目标尺寸W超过系统瞬时视场若干倍）。目标和背景假定均为黑体。热成像系统对这一测试图进行观察，当输出信号电压峰值与噪声电压的均方根值之比为1时，试验图形上目标与背景温度之差就即为噪声等效温差。

推导NETD表达式的假定条件为：

①目标和背景均为黑体；

②目标和系统之间大气传输损失略去不计；

③探测器的探测率只是探测器本身的一个参数与系统其他参数无关；

④电子线路不带来附加噪声。

推导过程分为四步：首先算出热成像系统所接收到的目标辐射，然后求出辐射能的变化量，根据辐射变化量求信号电压的变化量和信噪比，最后由定义求出NETD的表达式。

由于噪声等效温差的推导过于烦琐、冗长，在此忽略了其推导过程，只给出最后的表达式：

$$NETD = \frac{\pi^{\frac{3}{2}} f \sqrt{ABF/n\eta_{sc}}}{2A_0 \alpha \beta \tau_0 D^*(\lambda_P) \frac{\Delta M}{\Delta T}}$$

式中，f——透镜焦距；

A、B——观察视场大小，由景物空间大小和光学系统焦距决定；

F——帧速；

n——探测器单元个数；

η_{sc}——扫描效率；

A_0——热像仪的有效接收面积；

α、β——热像仪瞬时视场大小；

τ_0——热像仪光学系统的透过系数；

$D^*(\lambda_P)$——比探测度；

ΔM——光谱辐射度的改变量；

ΔT——目标相对于背景温度变化。

2. 最小可分辨温差（MRTD）

最小可分辨温差（MRTD）是一个以观察者主观视觉为准的评价热像仪性能的综合参量，其定义为：将被测系统对准四杆测试图案，观察者能从系统显示屏上有把握地分辨出图案条纹时，目标与背景之间的最小温差，就称为系统在该图案空间频率下的最小可分辨温差。

测量 MRTD 的装置如图 5.8 所示：辐射源发射率 $\varepsilon > 0.95$，温度 $0 \sim 100\text{℃}$ 可调，调节精度小于 0.02℃；目标图案为薄金属片，发射率 $\varepsilon > 0.95$，四条缝隙图案方向垂直地面，长宽比为 7:1，间距等于宽度，图案空间频率响应达到 $1/\alpha$（α 为系统瞬时视场），准直光学系统模拟目标位于无限远处，其出射光瞳应大于或等于被测系统的入射光瞳。测试时先使辐射源温度为环境温度，即图案各部分温差为零，然后逐渐增大辐射源温度，先分辨尺寸大的图案（空间频率低的），然后依次调换图案，逐渐加大温差，得到能有把握分辨每一图案时的温差值，即为系统在各种空间频率下的 MRTD 值。

MRTD 的计算公式是以 NETD 为基础，考虑全部电路的带通以及眼睛的工作特点而导出来的。

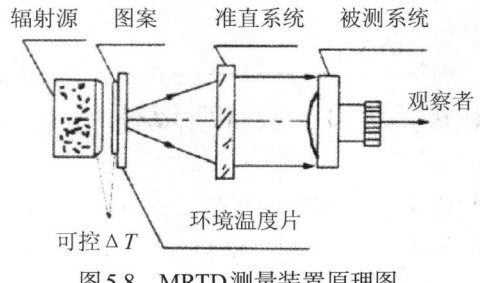

图 5.8　MRTD 测量装置原理图

3. 最小可探测温差（MDTD）

用红外成像系统对四杆测试图案进行观察，对观察者刚刚能分辨出目标时，目标与背景的温差称为最小可探测温差（MDTD）。在野外测量中使用（MDTD）这个参量去评价红外成像系统的性能十分相宜。MDTD的测量方法与MRTD测量方法相同，只是需要用一个方孔阑片去替换MRTD测量中的四杆图案即可。

最小可探测温差（MDTD）这个性能参量用来描写点目标的可探性是很有价值的。

5.3 红外成像系统

红外成像系统就是将物体自然发射的红外光图像转换成可见光图像的系统，实际上就是将人的视觉由可见光区域扩展到红外光区域。由于物体自然发射的光主要与物体的温度有关，或者说与物体热的程度有关，所以红外成像又称为热成像，红外成像系统又称为热成像系统。前视红外就是一种红外成像系统，它的作用是完成辐射空间分布到有序电信号的转换，探测器是其核心部件，红外成像系统的其他部分都是围绕它来进行设计的。

5.3.1 特点

红外成像系统摄取景物发射的红外辐射，并将其转换成可见光图像，在本质上是电子-光学系统，其成像具有以下优点：

1. 红外成像系统不像主动红外夜视仪那样需要红外光源，也不像微光夜视仪那样需要借助夜天光，而是靠目标与背景的辐射差产生景物图像，是全被动的工作方式，不易被对方发现和干扰，能24h全天候工作；

2. 红外辐射比人眼和可见光传感器所利用的可见光具有更强的透过雾、雨、雪的能力，因而作用距离更远；

3. 在战场上，不会由于炮口火焰的强闪光和炸弹硝烟而产生迷茫效应；

4. 能透过伪装，探测出隐蔽的热目标，甚至能识别出刚离去的飞机和坦克等所留下的热轮廓；

5. 具有完整的图像处理功能，可明显改善图像质量，其图像格式通常采用全电视信号，可实现与电视兼容，具有与电视系统一样的优越性，如多人同时观察、录像和传输等。

此外，红外成像系统还具有以下特点：

1. 红外成像系统所敏感的是景物各部分的温差和发射率的差异，而不是单纯的景物辐射强度的大小；

2. 红外成像系统要求在较宽的视场范围内成像，像质清晰，否则热图像会模糊不清，因此其光学系统像质要求较一般的光学系统要高；

3. 为了提高红外成像系统的性能，其探测器常采用多元器件，采用多元并扫或多元串扫的方式工作；

4. 由于成像系统的目标信息量较非成像系统的景物信息量丰富很多，所以可以利用信号处理电路尽可能地检出目标的固有信息，以完成多种跟踪任务；

5. 显示器应与人眼的视觉特性相适应，且能方便地显示景物的各种特征。

5.3.2 分类

根据红外探测器的原理，热成像系统可以分为制冷型和非制冷型。

按照成像方式，红外成像系统可分为光机扫描型和凝视型。

按照技战术性能又可分为三类：一是微型传感器，二是高性能非制冷传感器，三是兆像素级、多色制冷传感器。

按扫描方式分，可分为光机扫描系统、电子束扫描系统和自扫描系统。

根据发展水平来分类，目前最普遍的红外成像分代方法是将基于分离的单元或多元探测器阵列的光机扫描系统称为第一代红外成像系统，国外于70年代形成稳定产品并开始装备。

将基于焦平面探测器的系统称为第二代红外成像系统，采用4线列扫描焦平面探测器（如4×288）不仅在体积上较上一代大大缩小，性能也提高2倍以上，国外从20世纪90年代开始装备，是目前国际主流装备，现正广泛用于各种装备，如美军的M1A2主战坦克、阿帕奇武装直升机等。

第三代红外成像传感器是高集成度的焦平面技术的发展，采用了凝视焦平面阵列红外探测器，在成像焦平面上纵横分布着数以百计的红外敏感元件，通常和电荷耦合器件等信号处理电路集成在同一个芯片上，一次完成成像探测、积分、滤波和多路转换功能。这种全固态红外成像器不仅体积小、质量轻、可靠性高，而且具有更远的作用距离。

第四代红外探测技术又称灵巧焦平面阵列技术，采用HgCdTe传感器和先进的信号处理技术，可以覆盖整个可见光波段和近、中、远红外波段，可为飞机提供大于100km的红外搜索跟踪能力。

5.3.3 组成

红外成像系统通常由光学系统、探测器、前置放大器、视频处理器、制冷器、扫描机构、同步机构、显示器这八大部分组成，如图5.9所示。下面将介绍主要部件的工作原理。

1. 光学系统

在红外系统中，红外光学系统用来接收景物的辐射能量，并把它传送给探测元件，任何一个光学系统，都是由一个或多个反射或折射的光学零件所组成。红外光学系统的作用一般说来有以下四个方面：

1) 收集目标发射的红外辐射能，提供目标存在的有关信息；
2) 给定目标的形状或方位信息；
3) 提高鉴别目标的能力、包括消除背景干扰，提高信噪比，增强系统的探测能力；
4) 运用分光系统形成红外光谱。

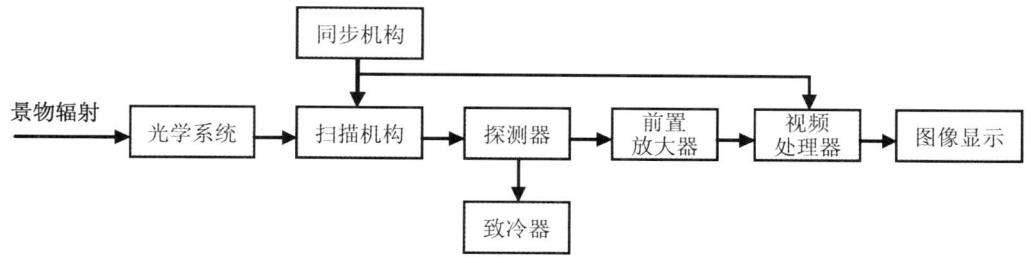

图5.9　红外成像系统组成方框图

红外物镜系统多数是望远系统，望远系统最重要的部件是望远物镜，它一般分为反射式、折射式和折射反射式三种类型。它们的结构组成同典型的望远系统是基本相同的。由于能满足各种物理、化学、机械等性能要求，透过波段宽的红外透光材料不多；同时，红外工作波段比可见光波段宽得多，透射式系统色差大，而可供选择作消色差透镜的红外光学材料很少，消色差透镜不易设计制造，所以目前红外光学系统中的物镜大多采用反射式。

折射式系统的物镜可由单片组成（单透镜），也可以由多片组成（复合透镜）。这种系统结构紧凑，与反射式具有相同性能的折射系统，它的尺寸可做的比反射式小得多，但要特别注意制作材料的选择，随着红外光学材料的发展，折射系统将会更多地出现。

2. 前置放大器

紧随探测器的前置放大器在信号处理中起关键作用。在信号较强的情况下，放大器设计通常无法从增益、带宽、阻抗匹配和提高稳定性方面着手，但由于红外探测器输出的信号十分微弱，可低至微伏或纳伏数量级，因此前置放大器必须是高增益和低噪声的。

高增益把微弱信号放大到一定电平，以便进一步的处理或显示，低噪声则要保持尽可能高的信噪比。探测器及其偏置电路一旦确定后，其输出信号和噪声也基本确定。用恒压信号源或恒流信号源来等效探测器输出信号，用源电阻的热噪声来等效探测器和偏置电路的总噪声，使前置放大器在噪声系数、增益、带宽、稳定性和阻抗匹配等方面均满足系统工作要求。

3. 视频处理器

热成像系统为获取景物图像，首先将景物进行分解，然后依次将这些单元空间的景物辐射转换成相应的电信号，最后以时序视频信号输出。不同的摄像方式所得出的视频信号具有相同的性质，只是由于景物分解方法不同，时序视频信号形成方式有所不同。视频处理器是红外成像系统的重要组成部分，它将探测器输出的微弱信号进行某种加工或变换。一般包括前置放大、主放、自动增益控制、限制带宽、检波、滤波、鉴幅、线性变换、多路传输、图像增强、图像修复等。视频处理器的基本任务是形成与景物辐射相应的视频信号，然后根据景物各单元对应的视频显示出景物的红外图像。

当使用多元探测器时，通常要把多个信号通道改变成单个信号通道。目前，常用电荷耦合器件（CCD）实现多路传输，CCD起移位寄存或延迟的作用，其工作原理如图5.10所示，红外探测器并联扫描装置对景物或图像同时取样，并同时将对应单元的辐射信号转换成电信号，并列注入CCD移位寄存器相应的单元。CCD单元的电荷量正比于对应的探测器取样信号，由一速度较快的时钟脉冲将CCD单元中的电荷移出，经过输出电路便形成了一组串行信号，完成出多路传输到单路传输的转换。

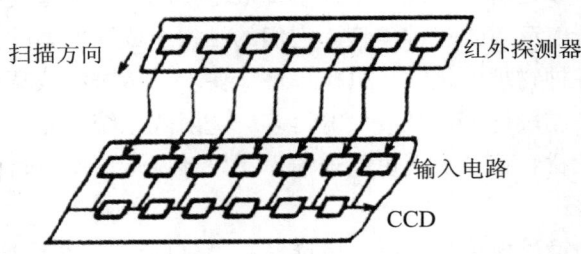

图5.10　CCD多路传输示意图

4. 探测器

红外辐射提供了客观世界的丰富信息，为获取这些信息，首先需要将不可见的红外辐射转换成某种可测量的物理量如电信号，完成这一转换的器件就是红外探测器。每当新型高性能红外探测器出现的时候，如最重要PbS、InSb、HgCdTe三种性能良好的光电探测器，都标志着人类认识红外辐射的进步，并有力地推动着整个红外学科的发展。

红外探测器按照红外辐射对物质的不同物理效应，可分为光子（量子）探测器和热探测器两大类。利用光电效应制成的红外探测器称为光子（或量子）探测器；利用热效应制成的探测器称为热探测器。详细分类如图5.11所示。

1) 热探测器

热探测器是利用入射的红外辐射引起材料的温度上升，从而使与温度有关的物理性质发生变化。测量这些物理性质的变化，就可确定入射红外辐射的能量或功率。由于这种探测器对全波长（从可见光到极远红外）都有相同的响应，所以又把热探测器称为无选择性探测器。它可在室温下工作，但灵敏度较低，响应速度慢，不适于探测活动目标，在军事应用上受到限制。

凡是吸收入射辐射而升温，从而引起材料的电阻、电容、极化等物理性质的变化而给出信号的这类探测器统称为测辐射热器。测辐射热器包括有热释电探测器、金属膜测辐射热器、热敏电阻测辐射热器等，其中热释电探测器与光导摄像管可配合使用。

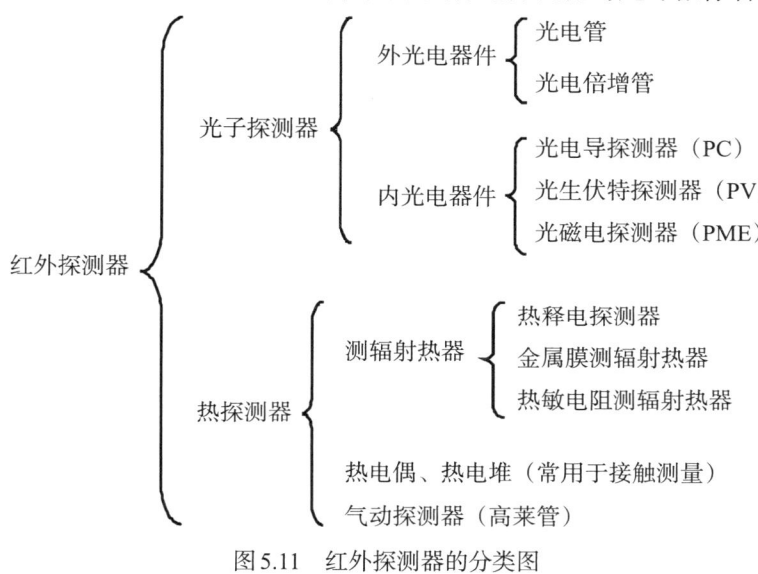

图 5.11　红外探测器的分类图

热释电探测器又称热电探测器，是利用热电效应做成的探测器。当器件吸收了辐射后，它的温度升高，其表面电荷分布便发生了变化，从而可探测辐射能量。热释电探测器具有光谱响应宽、反应速度较快、使用简便、不需要外加偏压、成本低廉等特点。

2）光子探测器

（1）外光电效应探测器。当光照射在材料表面上时，如果入射光子能量足够大，就能够使电子逸出表面，这种现象称为外光电效应，也叫光电子发射效应。利用这种效应制成的探测器通常称为光电探测器。外光电探测器有光电管、光电倍增管等。它们是可见光波段内常用的一种探测器，它所响应的波长最长只能到 1.1μm。

（2）内光电效应探测器。当红外光照射某些半导体材料时，入射的红外光被半导体材料吸收，从而产生半导体材料电学性质的变化（改变电导率、产生电动势、光电流等），这种现象称为内光电效应。其中包括光电导、光生伏特、光磁电等效应。利用这种效应制成的探测器称为内光电效应探测器。常用的内光电效应探测器有光电导探测器、光生伏特探测器、光磁电探测器。

①光电导探测器。当半导体材料吸收入射的红外光子后，产生光生载流子，使材料的电导率发生变化，这种现象称为光电导效应。利用这种效应的红外探测器称为光电导探测器，如硫化铅、硒化铅、锑化铟和碲镉汞等材料都可制成红外光电导探测器。红外光电导探测器是红外侦察技术设备中最重要、最有用的红外探测器之一。

光电导探测器在电路中的作用相当于一个光敏电阻，在红外光照射下，其阻值发生变化，从而使流过电路的电流发生变化，负载电阻两端电压变化的大小就反映出入射辐射功率的大小。

②光生伏特探测器。如果用红外辐射照射在某些半导体材料上时，其入射的光子便在PN结附近产生电子空穴对。它们在结区电场的作用下，向结区两边分开，从而在结区产生一个附加的电动势，这个附加电动势叫光生电动势，这种现象叫光生伏特效应。利用这种效应制成的探测器，称为光生伏特探测器，简称光伏型探测器，常用的有光电池、光电二极管、光电三极管、光耦合器等。

光生伏特型探测器在电路中相当于一个电流源或电动势源。其特点是探测器阻抗较高，功率消耗小，可在零偏压下工作，探测灵敏度高，响应速度快。

3) 碲镉汞探测器

碲镉汞探测器为红外探测器的设计提供了空前的自由度。HgCdTe材料有三大优势：①最吸引人的特性是改变HgTe和CdTe的配比就可以精确调节材料的能隙，使研制出的探测器光谱响应与大气窗口匹配；②HgCdTe是本征激发，有高的吸收系数和量子效率，因而探测器有高的探测率；③在同样的波段，HgCdTe探测器工作在77K就可达到背景限，可工作的温度范围宽。

第一代探测器以HgCdTe多元线列光导器件为主，美、英等国在20世纪80年代进行了大批量生产。美国通用组件热像仪采用60、120和180元HgCdTe多元线列光导探测器。

由于引线电极、杜瓦结构和制冷机等方面的困难，第一代HgCdTe探测器光敏元的数量一般不超过200个。为得到性能更高的探测器，分别制作HgCdTe光敏元列阵芯片和相应的Si电路芯片，然后把两者互连形成混合式FPA，这就是第二代HgCdTe探测器。目前，已有256×256和640×480规模的长波FPA投入使用。

5. 扫描机构

早期的热像仪采用单元探测器，用光学机械扫描成像，不仅热灵敏度低，而且光机扫描机构复杂笨重。采用由N个探测元组成的多元线列探测器后，系统的热灵敏度将比采用相同单元探测器时增加$N^{1/2}$倍，用一个$M×N$列阵的探测器，热灵敏度将增加$(M×N)^{1/2}$倍，探测元数量的增加简化了光机扫描机构。大规模凝视FPA则不再需要光机扫描。

6. 制冷器

为了降低红外探测器的噪声，获得较高的信噪比，需要将探测器制冷，使其处于低温状态工作。由于探测器在红外成像系统中所占的空间很小，通常要求制冷器组件体积微型化，因此制冷器一直是红外成像系统研制和生产的技术关键。

红外探测器获得低温的方法大致有物理和化学两种。在红外探测器制冷中常用物理方法。由于使用场合和要求制冷温度的不同，可利用不同的原理制成合适的制冷器。

1) 液氮制冷器

相变制冷原理：物质相变是指其聚集状态的变化，物质发生相变时，需要吸收或放出热量，这种热量称为相变潜热。利用制冷工作物质相变吸热效应，如固态工作物质熔解吸热或升华吸热、液体气化吸热等而达到制冷。

2) 气体节流式制冷器

焦耳—汤姆逊效应：当高压气体的温度低于本身的转换温度，并通过一个很小的节流孔时，由于气体膨胀而使温度下降。如果使节流后的低温气体返回来冷却进入的高压气体，使高压气体在越来越低的温度下节流，不断重复这种过程就可获得所要求的低温，达到制冷的目的。

3) 斯特林循环制冷器

由于气体等熵膨胀时，不但借膨胀机的活塞向外输出机械功，且膨胀后气体的内位能也要增加，这要消耗气体本身的内动能来补偿，所以气体等熵膨胀后温度将显著降低。

斯特林循环制冷器利用气体等熵膨胀原理而工作，如图 5.12 所示，由压缩腔、冷却器、再生器和制冷膨胀腔等部分组成。在压缩腔里，有个压缩活塞，在制冷膨胀腔里有个膨胀活塞。为了使结构紧凑，减少尺寸，把再生器装在膨胀活塞里，再生器填料是在低温下有较大热容量的不锈钢网或铅粒等。再生器把压缩腔和制冷膨胀腔连通起来，制冷工质（氮气或氢气）可自由流通，构成一个闭式循环系统。图 5.12 中同时

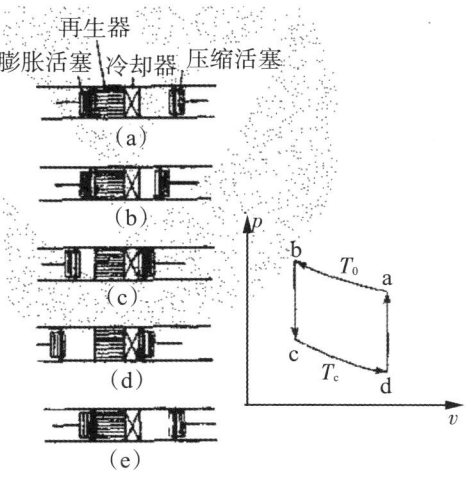

图 5.12 斯特林循环制冷器原理图

给出由两个等温、两个等容过程组成的制冷循环过程图。制冷循环过程分四步：$a\to b$ 等温压缩过程，压缩热由冷却器带走；$b\to c$ 等容降温过程，压缩气体通过再生器而降温；$c\to d$ 等温膨胀制冷过程，压缩气体在恒定的温度 T_c 下膨胀吸收热量；$d\to a$ 等容升温过程，低温低压气体由膨胀活塞推过再生器而复温，从而完成一个制冷循环。

斯特林循环制冷器是一种用途广、寿命长的制冷器，具有结构紧凑、体积小、质量轻、制冷温度范围宽（77K～10K）、启动时间短、效率高、寿命长、操作简单等优点，可长期连续工作，但由于冷头处有高速运动的活塞，对加工工艺的要求高，否则可能产生较大的机械振动，引起器件噪声的增大，因此价格较昂贵。

4) 半导体制冷器

珀尔贴效应：如果把任何两种物体联结成电偶对，构成闭合回路，当有直流电通过时，在一个接头电子与空穴产生分离运动，吸收能量而变冷，另一接头处产生复合，放出能量而变热。一般物体的珀尔贴效应不明显，如果用两块 N 型和 P 型半导体作电偶对时，就会产生非常明显的珀尔贴效应，冷端可用于探测器制冷，故又称温差电制冷器或半导体制冷器。

半导体制冷器的制冷能力取决于半导体材料和回路中电流。目前，较好的半导体材料为碲化铋及其固熔体合金，一级半导体制冷器可获得大约 60℃的温差。为达到更低制冷温度可将多级热电偶对串接起来，即把一个热电偶对的热结与下一个热电偶对的冷结形成良好的热接触。如六级和八级的制冷器分别可获得 170K 和 145 K，离通常要求的 77 K 还相差甚远，通过增加级数，效果将变得不明显。

7. 图像显示

红外成像系统普遍采用标准视频格式输出，因此，其显示可以采用标准视频显示器或电视机。对于新型的高分辨热成像系统，为了更好地发挥系统特点，采用了数字视频模式，可以按照 VGA、SVGA 甚至更高的模式在一般显示器上显示。

由于中波 3μm～5μm 和长波 8μm～14μm 的红外辐射均在人眼响应之外，且人眼的彩色视觉是一种主观的感受，因此，热成像信号一般只反映响应波段的信号大小，一般的显示模式是黑白图像，黑白图像还可以采用"热白"和"热黑"模式。此外，采用不同的彩色查询表，热图像也可以按照不同的彩色方式显示。

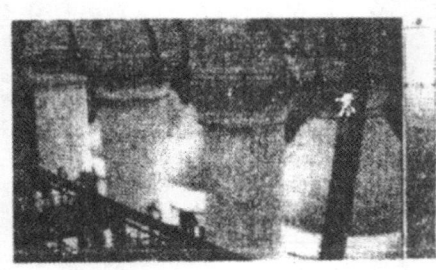 

（a）白热　　　　　　　　　　　　　　（b）黑热

图5.13　热图像的黑白显示模式图

5.4 红外成像扫描方式

红外成像系统将景物空间按一定的规律进行分割,将所观察的整个景物空间按水平及垂直两方向分割成若干个小的空间单元,接收系统依次扫过各空间单元并将空间单元的信号再组合成整个景物空间的图像。探测器在某一瞬时实际上只接收一个景物空间单元的信息,扫描机构依次使接收系统对景物空间进行二维扫描,于是接收系统将按时间先后依次接收到二维空间各景物单元的信息,这个信息经放大处理后成为一维时序视频信号。接收系统将景物的视频信号送到显示器,这个一维时序视频信号与同步机构送来的同步信号合成后显示出完整的景物图像。

对景物空间的不同分割方式,就对应着不同的扫描方式,目前常用的扫描方式有:光机扫描、电子束扫描和固体自扫描这三种。

5.4.1 光机扫描

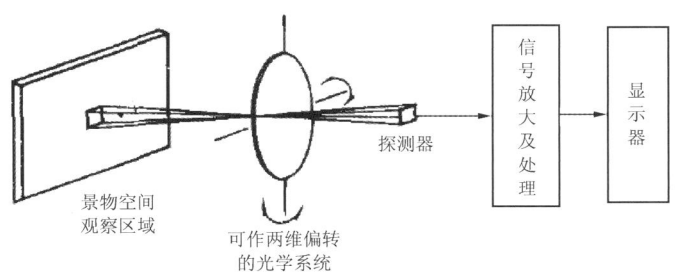

图 5.14 光机扫描热像仪原理结构图

采用光机扫描方式的红外成像系统原理结构如图 5.14 所示。单元探测器与物空间单元相对应,当光学系统作方位偏转及俯仰偏转时,单元探测器所对应的物空间单元也在方位方向上及俯仰方向上作相应移动,光学系统偏转角的大小决定了扫描的空间范围,即观察的空间范围。这种使光学系统偏转而探测器仅有很小接收范围的扫描方式称为光机扫描。

5.4.2 电子束扫描

热像仪中的热释电摄像仪是采用电子束扫描方式,其原理结构如图 5.15 所示,景物空间的整个观察区域一起全都成像在热释电摄像仪的靶面上,图像信号是通过电子束检出,只有电子束触及的那一小单元区域才能有信号输出。摄像管的偏转线圈控制电子束沿靶面扫描,这样便能依次拾取整个观察区域的图像信号,接收系统虽然能全部观察到整个景物图像,但要通过电子束扫描去分割景物的扫描方式称为电子束扫描。

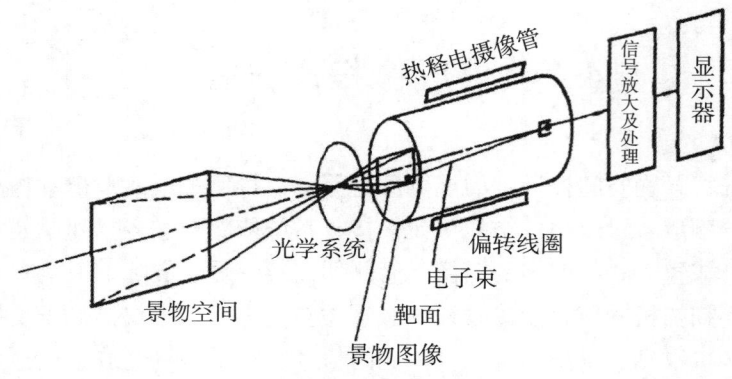

图 5.15　热释电摄像仪原理结构图

5.4.3　固体自扫描

固体自扫描系统是通过面阵探测器来实现的。面阵中的每一个探测单元对应于景物空间的一个相应单元，整个探测器面阵对应于整个观察区空间。通过采样换接技术，使各探测器单元所感受到的景物信号依次送出。这种利用面阵探测器大面积摄像，通过采样而对图像进行分割的方法称为固体自扫描，也称之为凝视型系统。

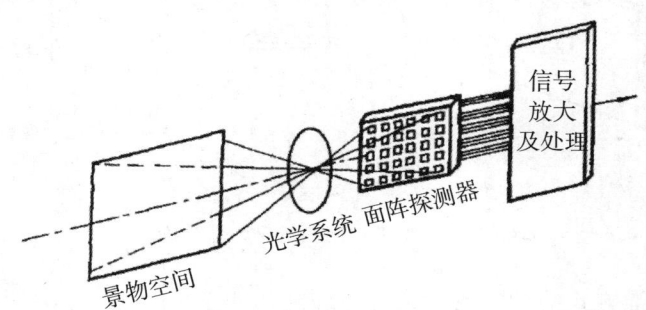

图 5.16　固体自扫描热像仪原理图

固体自扫描热像仪原理结构如图 5.16 所示。如果面阵探测器是电荷耦合器件（CCD）形式的，探测器上各单元的信号电荷在转移脉冲的作用下迅速依次转移，直到输出主器件外部。

凝视型红外成像系统利用焦平面探测器阵列面阵，使探测器中的每个单元与景物中的一个微面元对应，整个探测器面阵对应整个观察区空间。凝视系统也称为固体自扫描系统。由于探测器在空间上的分布覆盖了整个图像，所以无须使用扫描器来获取图像"帧"（如图 5.17 所示），凝视阵列的优点是灵敏度得以提高，阵列中的探测元可以对图像中相应的点进行很长时间的积分（甚至达到遥感器的帧周期）。图 5.19 所示为凝视型热成像系统的方框图，与图 5.18 比较，取消了光机扫描系统，同时探测器前置放大电路与探测器合一,集成在位于光学系统焦平面的探测器阵列上,这也是"焦平面"的含义所在。近年来,凝视型焦平面热成像技术发展迅速,PtSi 焦平面探测器、制冷型 InSb、HgCdTe 探测器以及非制冷焦平面探测器均取得了很大发展。目前,扫描型焦平面探测器的发展和应用也非常迅速,与图 5.18 的差别主要是探测器前置放大与探测器的一体化集成。

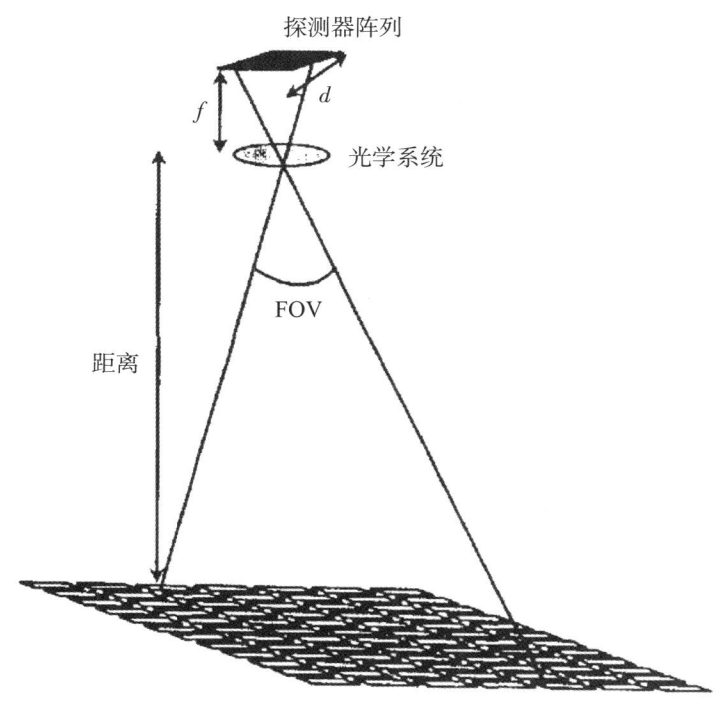

图 5.17　凝视阵列成像仪示意图

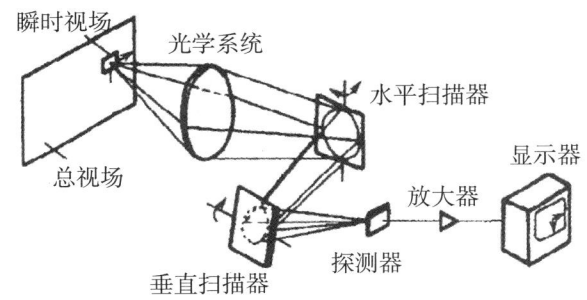

图 5.18　单元光机扫描热成像系统工作原理

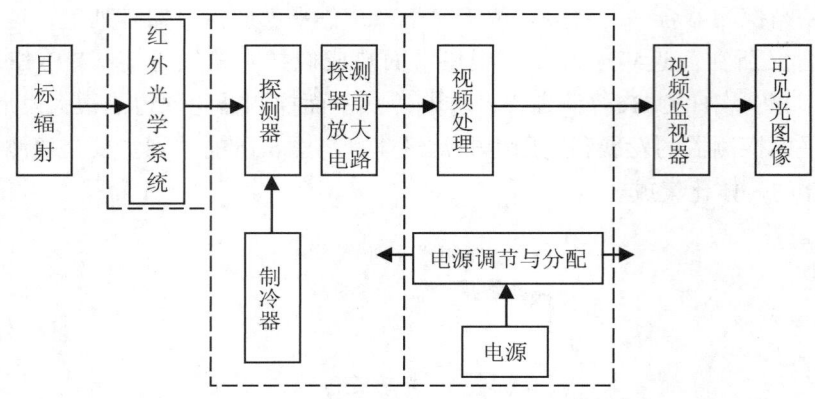

图 5.19 凝视焦平面热成像系统方框图

5.5 前视红外仪

军用红外成像系统有两大分支：一是行扫描仪；另一种是前视红外装置。行扫描仪只对航线垂直方向进行一维扫描，而依靠飞行器（飞机、卫星等）的自身运行来完成第二维扫描。这种装置于 20 世纪 60 年代初就已装备到高空侦察机上，现在已广泛用于飞机和卫星，而且已发展成多波段也称多光谱扫描仪。红外前视仪（FLIR）是一种快速帧扫描系统，它采用二维扫描，提供类似电视的图像，实时显示，可用于观察和瞄准。由于最早出现的红外成像装置是用于有人驾驶飞机摄取前下方地面景物的热图像，供机上人员实时观察。因为要在飞机到达之前对地物进行实时观察，因此无法利用飞机的运动代替帧方向的一维扫描，这样就必须作二维扫描。因此"前视红外"逐渐成为红外热像仪的代名词。有时，不用于飞机的热像仪也被称为"前视红外"或"红外前视"（Forward Looping Infrared System，简写为 FLIS）。

前视红外仪是随着红外探测器技术的不断发展而发展的，按照红外探测器的发展过程，前视红外仪的发展可分为四代。第一代使用单元或多元器件，通过光机扫描成像。国外于 20 世纪 70 年代形成稳定产品并开始装备。第二代前视红外仪于 80 年代后期出现，采用 $4 \times N$ 线列扫描焦平面探测器（如 4×288），不仅在体积上较第一代大大缩小，性能也提高 2 倍以上，国外从 90 年代开始装备，是目前国际主流装备。现正广泛用于各种装备，如美军的 M1A2 主战坦克、阿帕奇武装直升机等。

某型无人机光电吊舱内装载的前视红外仪是基于 288×4 MCT 长波红外焦平面线列器件的一维扫描型第二代前视红外仪，其主要的战术技术性能为：

工作波段　　　　　　8mm ~ 12mm；
视场　　　　　　　　宽：24°′18°　窄：4°′3°；

两视场切换	2倍电子变倍；
系统焦距	长焦154mm，短焦约25.7mm；
空间分辨率	0.16 mrad´ 0.18 mrad；
制冷方式	STIRLING闭合循环制冷；
工作准备时间	< 6 min；
连续工作时间	> 10h；
输出信号制式	CCIR全电视模拟信号；
功耗	< 80W；
工作电压	22 V ~ 29 V DC；
重量	< 6 kg；
MTBF	³ 2000 h；
MTTR	£ 0.5 h；
工作温度	−40°C ~ +55°C；
储存温度	−40°C ~ +65°C；
振动	振动频率：20 Hz ~ 500Hz，振动量值：2g；
冲击	垂直轴向20g，横轴向15g，纵轴向15g。

前视红外仪的原理框图如图5.20所示，主要由光学系统、红外探测器组件及其驱动、信号处理、微机控制、电源等几个模块组成。从目标和背景传来的红外辐射经红外望远镜光学放大、水平摆镜扫描、中继镜及目镜（反射镜）成像进入探测器。由于水平摆镜的水平摆动，在一场成像周期，依次把垂直方向的整个视场，按水平从左到右的顺序成像在红外探测器线列上。水平扫描有效期间，在驱动电路控制下，探测器输出的多通道模拟信号送数据采集和制式转换电路，变为数字信号，并转变成标准电视视频制式输出到数字修正和处理电路，最后再转换成标准视频模拟信号输出，供进一步处理和显示。

本系统采用288´4长波线列碲镉汞焦平面探测器组件，该组件将红外探测器、杜瓦和制冷机集成为一个整体。制冷机为斯特林制冷机，+24 V电源驱动，可在5 min左右制冷到80K。探测器芯片在制冷的状态下，接收目标红外辐射，并完成光电转换，输出相应的电信号。

探测器驱动电路为器件正常工作提供必需的偏置电压和脉冲信号。器件在20 ms内扫描整个视场，在每一个水平视场像素位置对红外辐射积分，输出若干通道的模拟信号，经信号输出匹配电路，传送到数据采集单元。驱动电路作为热成像系统电路部分的最前级，直接与红外探测器组件连接，其性能的优劣直接影响并决定了系统的整体性能指标，同时也决定着探测器使用的安全性。

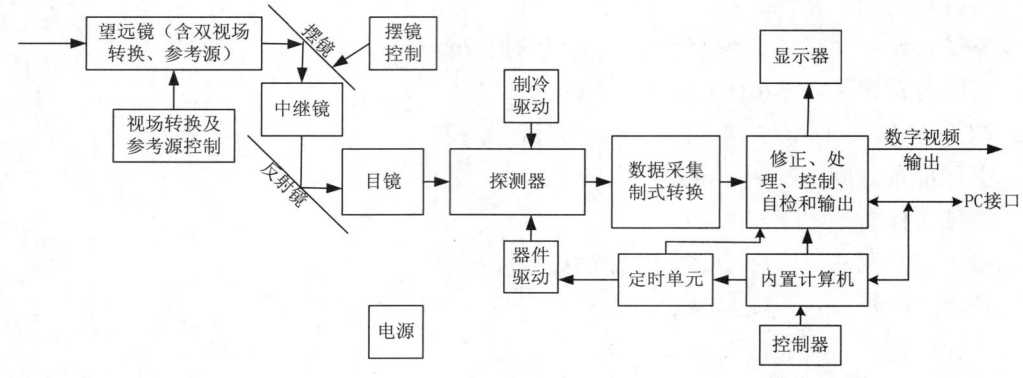

图 5.20　前视红外仪组成框图

某型前视红外仪的外观如图 5.21 所示，各部件的功能为：

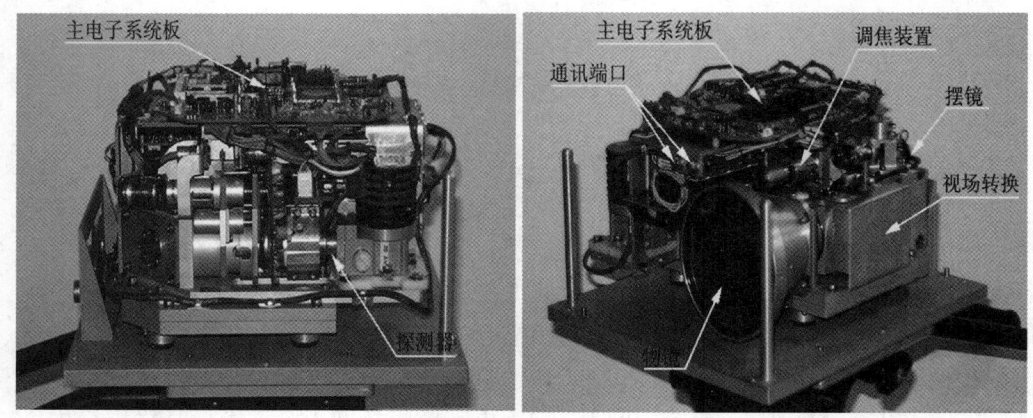

图 5.21　某型前视红外仪实物图

5.5.1　光学系统

光学系统包括望远镜、水平摆镜、中继镜、反射镜、目镜等部件。光学系统满足重量轻、透过率高的要求，并能结合探测器特性，保证全视场光学像质，降低光学畸变和干扰。双视场设计在保证光轴一致性的同时，还保证了转换时间指标。采用材料和标定补偿等方法，实现光学系统工作温度范围内的自动补偿。

光学系统的主要指标包括：

通光孔径　　　92mm（窄视场）；

F 数　　　　　1.7。

1. 望远镜（含双视场转换、参考源）

望远镜组件进行视场角放大以满足视场、摆镜和器件相互匹配的要求，从而提高系统空间分辨率。望远镜中有双视场转换组件以及相应的驱动机构和电路,还有为进行自动校准用的参考源及其控制电路和机构。双视场的切换也含在望远镜组中,切换镜组在电机驱动下切入光路或移出光路,从而实现不同的角放大倍率,即实现不同的视场。参考源是用于辅助进行探测器校正的部件,本系统将参考源置于望远镜中,需要校正时使探测器对准参考源,利用参考源的均匀性对器件的非均匀性进行校正。

2. 摆镜

水平摆镜由基准发生和驱动电路控制实现摆动扫描。摆镜的作用是实现水平视场。因为采用的探测器是线列器件,其瞬时的水平视场近似为0,需要摆镜辅助才能实现对视场水平方向的扩展。

3. 中继镜

中继镜的作用是进行光栏匹配,使扫描摆镜的尺寸和目镜的尺寸都能尽量小。

4. 反射镜

反射镜的作用是改变光路的传播方向。由于前视红外装在光电吊舱内,空间非常紧凑,需要对光路进行转折才能在结构上实现。

5. 目镜

目镜的作用是将目标光会聚到探测器上。

5.5.2 红外探测器、杜瓦、制冷机组件

探测器是前视红外的核心部件,其作用是完成光信号和电信号的转换。为了降低热噪声的影响,探测器工作在80K左右(开尔文温度与摄氏度之间的变换关系为 $T(K)=t(\text{℃})+273$),因而需要一个制冷机来保证探测器的工作温度。制冷机为斯特林制冷机,+24V电源驱动,可在5min左右制冷到80K。探测器芯片在制冷的状态下,接收目标红外辐射,完成光电转换,输出相应的电信号。

探测器驱动电路为器件正常工作提供必需的偏置电压和脉冲信号。器件在20ms内扫描整个视场,在每一个水平视场像素位置对红外辐射积分,输出若干通道的模拟信号,经信号输出匹配电路,传送到数据采集单元。驱动电路作为热成像系统电路部分,直接与红外探测器组件接口,其性能的优劣直接影响并决定了系统的整体性能指标。同时,也决定着探测器使用的安全性。

5.5.3 信号处理

由器件输出的各通道模拟信号在本单元变换为数字信号,并转换为符合电视帧、场、行频要求的数据格式,送入修正电路以对器件的电平、响应率不均匀性进行修正,并对盲元进行插值填充。修正后,经过亮度、对比度及其他变换转换成CCIR制式的图像信号。为适应各种观察要求,系统能实时实现动目标提取、动态范围自适应、边缘增强、空间滤波等图像处理功能,以增强前视红外仪的可操作性和可观察

性，最后提供模拟视频输出到监视器，供观察用或提供15bits数字视频信号供后级图像处理。定时电路以晶振产生主频，然后形成像素行、场、帧同步及其他必需的定时信号，实现设备的有序运行。对于整机工作控制的I/O接口均设在本单元中，通过这些I/O口，不仅实现对整机的控制，而且可实现对整机的自检和提供必需的维护信息。

5.5.4 扫描器及其他部分

（1）扫描器

扫描器为一维线性摆动扫描型成像机制，扫描器主要技术指标如下：

扫描效率	³75%；
线性度	³99%；
扫描精度	£0.5像素；
扫描频率	50 Hz。

扫描器以信号处理电路提供的系统时钟生成扫描器位置基准锯齿波，基准信号经与摆镜的实际位置信号合成，产生位置误差信号，误差信号经PID运算产生驱动控制，经驱动放大后，带动电机摆动至要求位置，内置于扫描电机内部的电容式位置传感器实时把摆镜的准确位置反馈到控制板，形成闭环精密控制。

（2）修正、处理、控制和自检输出

对数字图像进行校正、增强、灰度变换等各种处理，或按外部指令要求进行处理。

（3）内置计算机

接收外部指令转发给执行部件，或接收各部件的状态信息向外传输。

（4）定时单元

定时单元主要是在制冷机工作后延时开启探测器。

（5）控制器

控制器为调试用的附件，用于调试过程中模拟系统控制器发送指令。

第6章 激光侦察技术

激光侦察技术是利用激光束照射目标并接收目标反射回波的方法来获取目标信息的技术，是光电侦察技术的一种。它以激光辐射为研究对象，研究其产生、变换、传输、探测及与物质相互作用的规律，探索以激光作为信息载体在军事侦察中的具体应用。该技术已广泛用于测距、照相、夜间观察等，如激光测距机、激光测速仪、激光雷达、激光通信、激光目标指示器、激光制导、激光陀螺、激光对抗等。激光测距与坦克、火炮相结合构成的火控系统，首发命中率大大提高，已成为军队必备的武器装备，被誉为常规兵器的威力倍增器。激光测距与红外、可见光相结合构成的光电侦察系统，大大提高了系统的跟踪定位精度，无人机光电吊舱利用该系统，可以为激光末制导炮弹提供目标指示，攻击重要的点状目标，其命中率远高于常规的炮击，实现无人机的察打一体化。激光雷达与微波雷达相比，由于激光束方向性好，测量精度远优于微波雷达，距离精度可达厘米量级，角度精度可达万分之一度，甚至更小。正是因为激光具有亮度高、方向性好、单色性好、相干性强等特点，所以激光侦察技术具有侦察速度快、抗干扰能力强、获得的目标信息丰富、精度高等特点。缺点是作用距离受大气纯度和气象条件，如尘、烟、雾、雨、雪、云层等影响较大。

本节重点介绍有关激光的基本特性、激光的产生、激光器的有关知识、激光测距及在军事侦察中的应用。

6.1 激光的特性

激光与普通光没有本质上的区别，但是激光又是一种特殊的光，具有许多独特而优异的性能。普通光（太阳光或灯光等）是物质随机发出的光，通常包含多种波长，向四面八方辐射，从光源发出的不同波列之间不具有相干性。而激光是可控的电磁波，具有普通光源望尘莫及的显著特性，可概括为：高方向性、单色性、相干性和高亮度。

1. 高方向性

光束的方向性用平面发散角 θ 评价，平面发散角的含义如图 6.1 所示。θ 角越小，光束发散越小，方向性越好，若θ角趋于零，就可以近似地称为"平行光"。

各种普通光源发出的光都是非定向的，向空间四面八方辐射，即发散角约达360°（或者说，分布在4π立体角内），无所谓方向性，不能集中在确定的方向上发射到较远的地方。为了改善光束的方向性，需要借助于光学系统，如探照灯、汽车前灯等，采用定向聚光反射镜的探照灯，其光束的平面发散角约为10rad。

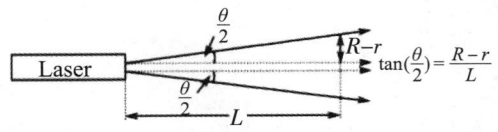

图6.1　平面发散角示意图

由于谐振腔对光振荡方向的限制，激光只有沿腔轴方向受激辐射才能振荡放大，所以，激光束具有很高的方向性。激光所能达到的最小光束发散角要受到衍射效应的限制，即它不能小于激光通过输出孔径时的衍射角θ_m，通常称为衍射极限。

激光的发散角一般在毫弧度数量级。不同类型的激光器方向性差别很大，通常，气体激光器方向性最好，发散角较小，很接近衍射极限；固体激光介质的不均匀性比气体差，因此，固体激光器的发射角比衍射极限θ_m大些；半导体激光器的方向性最差，发散角偏大。此外，光束发散角还随激光功率的增加而增大。借助于光学系统，可使激光器的方向性进一步提高，接近于平行光束。

由于激光的高方向性，使其能有效地传输较长的距离。1969年的阿波罗计划，人们将激光束投射到距地球38.6万千米的月球上，光斑直径也只有约1000m，通过宇航员设置在月球上的反射镜，利用激光首次精确地测量了地球到月球之间的距离，精度约±15cm。

激光的高方向性还能够保证聚焦后得到极高的功率密度。可以证明，当一束发散角为θ的单色光被焦距为F的透镜聚焦时，焦面光斑直径为$D=F\theta$，在θ等于衍射极限θ_m的情况下，则有$D_m \approx \dfrac{F}{2a}\lambda$，式中，λ为波长，D为光束直径。这说明，在理想情况下可将激光的能量聚焦到直径为光波波长量级的光斑上，形成极高的能量密度。

2. 单色性

在可见光范围内，光波的颜色与"频率"有关，一个光源发射的光所包含的波长范围越窄，它的颜色就越单纯，即光源的单色性越好。单色性常用$\Delta\lambda/\lambda$（或$\Delta v/v$）来衡量，其中λ和ν分别为辐射波的中心波长和频率，Δλ和Δν是谱线的宽度。

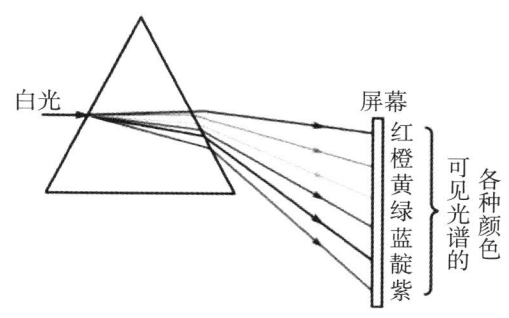

图6.2 白光通过棱镜分光示意图

自然光是由波长范围较宽的光构成的，比如太阳光经棱镜分光后，可以观察到由多种颜色组成的光谱带，如图6.2所示。激光是由原子受激辐射而产生，因而谱线极窄。

单色光又叫"光谱线"，理论上来说，单色意味着光波中只含有一个波长。实际上，激光的谱线也不是理想的光谱线，而是在中心波长附近有一定的宽度，即具有有限的谱线宽度 $\Delta\lambda$，如图6.3所示。

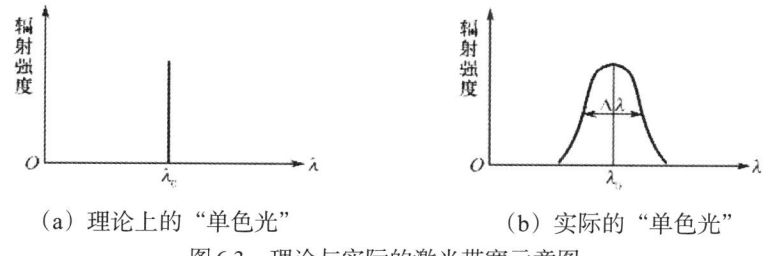

(a) 理论上的"单色光"   (b) 实际的"单色光"

图6.3 理论与实际的激光带宽示意图

在普通光源中，单色性最好的是氪同位素86（Kr86）灯发出的波长 $\lambda=605.7\text{nm}$ 的光谱线，在低温下，其谱线半宽度 $\Delta\lambda=0.47\times10^{-6}\mu\text{m}$，单色性程度为 $\Delta\lambda/\lambda=10^{-6}$ 量级。而单模稳频的氦氖激光器发出的波长 $\lambda=632.8\text{nm}$ 的光谱线，其谱线半宽度 $\Delta\lambda<10^{-12}\mu\text{m}$，输出激光的单色性可达 $\Delta\lambda/\lambda=10^{-12}\sim10^{-13}$ 量级。可以说，激光是世界上发光颜色最单纯的光源。一般来讲，单模稳频气体激光器的单色性最好，固体激光器的单色性较差，主要是因为工作物质增益曲线很宽，难以保证单模工作，而半导体激光器的单色性最差。

利用激光的高单色性，可以极大地提高各种光学干涉测量方向的精度和测量长度。如果测量长度的精密度要求很高，用米尺、游标卡尺、千分尺等都无法满足要求时，就需要用光波的波长作单位来测量长度，由于光波波长很短，精密测量就很准确。这种"光尺"能够准确测量的最大长度取决于光的单色性，单色性越好，准确测量的最大长度就越大。用激光作为标准的长度、时间和频率标准的稳定性也大大提高。在激光单色性基础上发展起来的"拍频技术"可以极精密地测定各种移动、转动和振动速度。

3. 相干性

电磁辐射具有波动性，任何电磁波都可以看作是正弦波的叠加。根据波动理论，每列波都可以用一个波动方程来描述，即

$$y = A\cos(\omega t + \varphi)$$

式中，A 为振幅，$\omega = 2\pi\nu$ 为角频率；φ 为初始相位；$\omega t + \varphi$ 为波的相位。

相干波意味着各子波之间有确定的相位关系。如果两列波满足振动方向相同、频率相同、相位差恒定的相干条件，它们就是相干的。图6.4给出了三列波 y_1，y_2，y_3 及它们相干叠加的结果，在图6.4（a）中，三列波相位完全相同；在图6.4（b）中，三列波具有不同的相位。

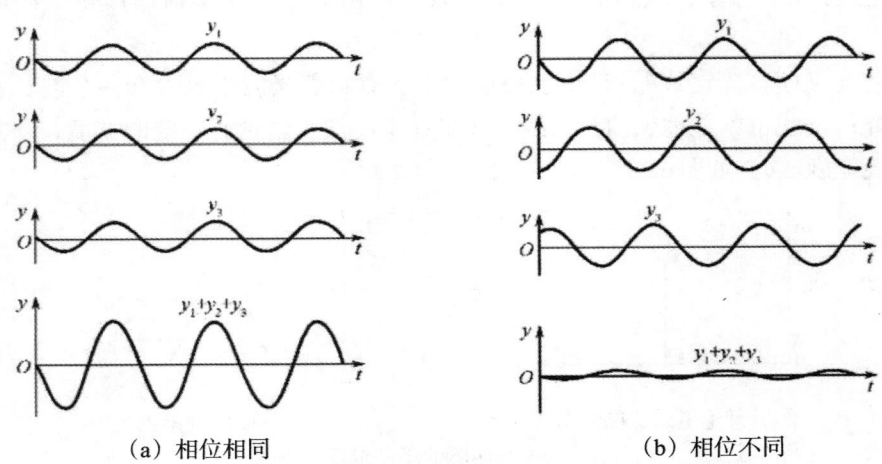

（a）相位相同　　　　　　　　　　（b）相位不同

图6.4　光的相干叠加示意图

对于普通光源而言，其发光机制是发光中心（原子、分子或电子）的自发辐射过程，不同发光中心发出的波列，或同一发光中心在不同时刻发出的波列相位都是随机的，因此光的相干性极差，或者说是非相干光。而激光是通过受激辐射过程形成的，其中每个光子的运动状态（频率、相位、偏振态、传播方向）都相同，因而是最好的相干光源。激光是一种相干光，这是激光与普通光源最重要的区别。对普通光源采用单色仪分光，通过狭缝后可得到单色性很好的光，其相干性也很好，但是这样获得的相干光强度非常弱，实际上无法应用。

相干性包括时间相干性和空间相干性，时间相干性描述沿光束传播方向上各点的相位关系，指光场中同空间点在不同时刻光波场之间的相干性。空间相干性描述垂直于光束传播方向的波面上各点之间的相位关系，指光场中不同的空间点在同一时刻光场的相干性，可以用相干面积来描述。激光的相干性有很多重要应用，如使用激光干

涉仪进行检测，比普通干涉仪速度快、精度高。全息照相也正是成功地应用了激光相干性。

4. 高亮度

亮度表征光源的明亮程度。光源的单色亮度定义为光源在单位面积、单位频带宽度和单位立体角内发射的光功率，即

$$V_\nu = \frac{P}{\Delta S \Delta \nu \Delta \Omega}$$

式中，P 为光功率；ΔS 为发光表面的面积；$\Delta \nu$ 为频带宽度；$\Delta \Omega$ 为立体角；B_ν 的单位为 $W/(cm^2 \cdot sr \cdot Hz)$。普通光源如太阳、日光灯等的发散角都很大，光谱范围很宽，能量分散，所以，尽管某些光源如太阳发出的光总功率很高，但单色亮度仍很小，太阳辐射在波长 500nm 附近的单色亮度 $B_\nu \approx 2.6 \times 10^{-12} W/(cm^2 \cdot sr \cdot Hz)$。

一般气体激光器的单色亮度 $B_\nu \approx 10^{-12} \sim 10^2 W/(cm^2 \cdot sr \cdot Hz)$，固体激光器的单色亮度 $B_\nu \approx 10 \sim 10^3 W/(cm^2 \cdot sr \cdot Hz)$，调 Q 大功率激光器的单色亮度 $B_\nu \approx 10^4 \sim 10^7 W/(cm^2 \cdot sr \cdot Hz)$，都比太阳表面的单色亮度高出几亿倍。激光的高方向性、单色性等特点，决定了它具有极高的单色定向亮度。具有高亮度的激光束经透镜聚焦后，能产生数千度乃至上万度的高温，这就使其可能加工几乎所有的材料，甚至可以用来引发热核聚变。

从以上讨论可以看出，激光的 4 大特性之间不是相互独立的，而是相互联系的。此外，由以上 4 种特性也决定了激光具有其他许多显著特点。如激光是超稳定的光，频率稳定度比电波高出 15 个数量级，激光可以产生超短光脉冲，超短光脉冲持续的时间最短可达 4.5fs（$1fs = 10^{-15}s$）；激光是超高强度的光，通过激光放大器放大超短脉冲光，能够产生太瓦 $1TW = (10^{12}W)$ 级的激光，原子在这样的高强度光的作用下，很容易激发、加热、加速，因此可以作为激光核聚变、等离子体物理、高能物理等领域的新的研究手段。在实际应用中，无须对所有特性都提出很高的要求，应根据不同的应用目的，选用或研制不同特点的激光器。

6.2 激光器的构成

根据激光产生的条件，通常激光器通常由三部分组成：激光工作物质、泵浦源和光学谐振腔，如图 6.5 所示。

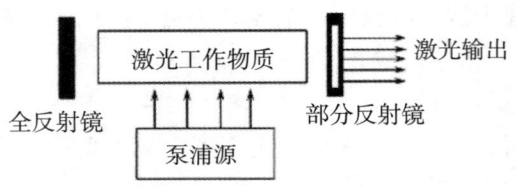

图 6.5　激光器的组成示意图

激光器的结构与电子振荡器类似，包括放大元件、正反馈系统、谐振系统和输出系统。在激光器中，可以实现粒子数反转的工作物质就是放大元件，而光学谐振腔就起着正反馈、谐振和输出的作用。

6.2.1　激光工作物质

激光工作物质可以是固体（晶体、玻璃）、气体（原子气体、离子气体、分子气体）、半导体和液体等介质。不同的激光器中，激活的粒子可能是原子、分子或离子，各种物质产生激光的基本原理都是类似的。

激光工作物质决定了激光器能够辐射的激光波长，激光波长由物质中形成激光辐射的两个能级间的跃迁确定。当前，实验室条件下能够产生激光的物质已有上千种，可产生的激光波长包括从真空紫外到远红外，X射线波段的激光器也正在研究中。

6.2.2　泵浦源

泵浦源的作用是对激光工作物质进行激励，将激活粒子从基态抽运到高能级，以实现粒子数反转。根据工作物质和激光器运转条件的不同，可以采取不同的激励方式和激励装置，常见的有以下 4 种。

1. 光学激励（光泵浦）。光泵浦是利用外界光源发出的光来辐照激光工作物质以实现粒子数反转的，整个激励装置，通常是由气体放电光源（如氙灯、氪灯）和聚光器组成。固体激光器一般采用普通光源（如脉冲氙灯）或是半导体激光器光源作为泵浦源，对激光工作物质进行光照。

2. 气体放电激励。对于气体激光工作物质，通常是将气体密封在细玻璃管内，在其两端加电压，通过气体放电的方法来进行激励，整个激励装置通常由放电电极和放电电源组成。如图 6.6 所示为气体放电激励的示意图。

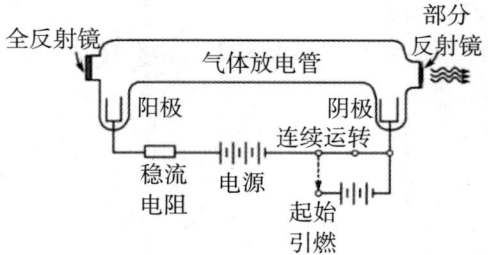

图 6.6　气体激光器气体放电激励的示意图

3. 化学激励。化学激励是利用在激光工作物质内部发生的化学反应过程来实现粒子数反转的，通常要求有适当的化学反应物和相应的引发措施。

4. 核能激励。核能激励是利用小型核裂变反应所产生的裂变碎片、高能粒子或放射线来激励激光工作物质并实现粒子数反转的。

半导体激光器虽说属于一种固体激光器，但它是使用注入电流的方法，依靠电流流经介质产生电子和空穴的复合过程形成光辐射，因此不需要外部的泵浦源。

从能量角度看，泵浦过程就是外界提供能量给粒子体系的过程。激光器中激光能量的来源，是由激励装置从其他形式的能量（诸如光、电、化学、热能等）转化而来。为了得到连续的激光输出，必然不断地进行泵浦以维持处于上能级的粒子数比下能级多。

6.2.3 光学谐振腔

光学谐振腔主要有以下两个方面的作用。

1. 产生与维持激光振荡

光学谐振腔的作用首先是增加激光工作介质的有效长度，使得受激辐射过程有可能超过自发辐射而成为主导；同时提供光学正反馈，使激活介质中产生的辐射能够多次通过介质，并且使光束在腔内往返一次过程中由受激辐射所提供的增益超过光束所受的损耗，从而使光束在腔内得到放大并维持自激振荡。

2. 控制输出激光束的质量

激光束的特性与谐振腔结构有着不可分割的联系，谐振腔可以对腔内振荡光束的方向和频率进行限制，以保证输出激光的高单色性和高方向性。通过调节光学谐振腔的几何参数，还可以直接控制光束的横向分布特性、光斑大小、振荡频率及光束发散角等。

除了三个基本组成部分之外，激光器还可以根据不同的使用目的，在谐振腔内或腔外加入对输出激光或光学谐振腔进行调节的光学元件。实际上，激光发射的谱线并不是严格的单色光，而是具有一定的频率宽度，若要选取某一特定波长的光作为激光输出，可以在谐振腔中插入一对 F-P 标准具；为改变透过的光强，选择波长或光的偏振方向，可在谐振腔中加入滤光器；为降低反射损耗，可在谐振腔中加入布儒斯特窗；还可以在谐振腔中加入锁模装置或 Q 开关，对输出激光的能量进行控制；此外，还有棱镜、偏振器、波片、光隔离器等光学元件，可根据不同的使用目的进行添加。

6.3 激光器的分类

激光器种类较多，主要按照两种方式分类：一种是按照激光工作物质来分类，另一种是按照激光器工作方式来分类。

6.3.1 按照激光工作物质分类

根据激光工作物质的不同，激光器可分为以下几类：

1. 气体激光器

气体激光器以气体和金属蒸汽作为工作物质。根据气体中产生受激辐射作用的工作粒子性质的不同，气体激光器又可进一步分为原子气体激光器、离子气体激光器、分子气体激光器、准分子气体激光器等。气体激光器波长覆盖范围主要位于真空紫外—远红外波段。气体激光器具有结构简单、造价低、光束质量高（方向性及单色性好）、连续输出功率大（如 CO_2 激光器）等优点，是目前品种最多、应用最广泛的一类激光器。

2. 固体激光器

固体激光器以固体激活介质作为工作物质。固体激光工作物质通常是在基质材料如晶体或玻璃中掺入少量的金属离子（称为激活离子），粒子跃迁发生在激活离子的不同工作能级之间。用作激活离子的元素可分为四类：三价稀土金属离子、二价稀土金属离子、过渡金属离子和锕系金属离子。固体激光器的典型代表是红宝石激光器、掺钕钇铝石榴石激光器、钕玻璃激光器和掺钛蓝宝石激光器。

固体激光器的波长覆盖范围主要位于可见光到近红外波段，具有输出能量大（多级钕玻璃脉冲激光器单脉冲输出能量可达数万焦）、运转方式多样等特点。器件结构紧凑、牢固耐用。

3. 液体激光器

液体激光器的工作物质分为两类：一类为有机化合物液体（染料），另一类为无机化合物液体。其中，染料激光器是液体激光器的典型代表。无机化合物液体通常是含有稀土金属离子的无机化合物溶液，其中金属离子（如 Nd）起工作物质作用，而无机化合物液体则起基质的作用。

4. 自由电子激光器

自由电子激光器是一种特殊类型的新型激光器，工作物质为在空间周期变化磁场中高速运动的定向自由电子束。

自由电子激光器的工作物质是相对论电子束。所谓相对论电子束是指通过电子加速器加速的高能电子。自由电子激光器将相对论电子束的动能转变为激光辐射能。其泵浦源为空间周期磁场或电磁场。只要改变自由电子束的速度就可产生可调谐的相干电磁辐射，原则上其相干辐射谱可从 X 射线波段过渡到微波区域，因此具有很好的前景。

自由电子激光器具有非常高的能量转换效率，其输出激光波长连续可调。

5. 半导体激光器

半导体激光器也称为半导体激光二极管，或简称激光二极管。半导体激光器以半导体材料为工作物质。其原理是通过电注入进行激励,在半导体物质的能带之间或能带与杂质能级之间,通过激发非平衡载流子而实现粒子数反转,从而产生光的受激辐射放大。

半导体激光器具有能量转换效率高、超小型化、结构简单、使用寿命长(一般可达数十万至百万小时以上)等优点。广泛应用于光纤通信、光存储、光信息处理、科研、医疗等领域。

6.3.2 按激光器工作方式分类

由于激光器所采用的工作物质、激励方式以及应用目的不同,其运转方式和工作状态亦相应有所不同。按照工作方式,激光器可分为连续输出和脉冲输出两种方式,分别称为连续激光器和脉冲激光器。

连续激光器的工作特点是工作物质的激励和相应的激光输出,可以在一段较长的时间范围内以连续方式持续进行。以连续光源激励的固体激光器和以连续电激励方式工作的气体激光器,以及半导体激光器均属此类。由于连续运转过程中往往不可避免地产生器件的过热效应,因此多数需采取适当的冷却措施。另外,还有一种准连续激光器,这种激光器在工作过程中,每隔一段时间会关断泵浦源以减小热效应,避免过热损坏激光器,但是其泵浦持续的时间仍足以维持激光器的稳定工作状态,工作特性类似于连续激光器,所以称为准连续激光器。

脉冲激光器又包括单次脉冲激光器和重复脉冲激光器。单次脉冲激光器的泵浦时间和相应的激光发射时间,都是一个单次脉冲过程。一般的固体激光器、液体激光器以及某些特殊的气体激光器,均采用此方式。此时器件的热效应可以忽略,故可以不采取特殊的冷却措施。

重复脉冲激光器的输出为一系列的重复激光脉冲,因此器件相应地以重复脉冲的方式激励,或以连续方式进行激励但以一定方式调制激光振荡过程,以获得重复脉冲激光输出,通常也要求对器件采取有效的冷却措施。

除上述两种常用的分类方式外,还可以按照激光技术的应用分为调Q激光器、锁模激光器、稳频激光器、可调谐激光器等。也可以按照谐振腔腔型的不同分为平面腔激光器、球面腔激光器、非稳腔激光器等类型。

6.4 激光侦察原理

6.4.1 激光测距特点

由于激光的亮度高、单色性和方向性好,是理想测距光源,因此,在其出现后不到一年的时间就被用于测距。与传统的光学和微波测距相比,激光测距具有许多优越之处。

1. 测距精度高

一般光学测距机的测距误差取决于操作手的目视误差和观察条件,而目视误差与操作手的经验有关。观察5km的目标,误差往往超过50m。激光测距的精度则与操作者的经验和被测距离无关,误差取决于仪器的精度。一般战术激光测距机的误差在±5m以内,科学实验的测距机精度更高。例如,由于月球上安放有角反射器(合作目标),最好的测距纪录是38 4401km,误差仅10cm。用激光测距对卫星进行精密测轨,精度已达1cm。日本用于预防地震的长距离监测系统,全程84km,误差小于1mm。

2. 操作简便、速度快

只要对准目标,按下按钮,几秒钟数据便可显示出来,而一般光学测距机测量一个数据需要几分钟的时间。

3. 体积小、质量轻,便于机动

已装备部队的激光测距机,质量一般在10kg左右,最小只有0.36kg,体积只有香烟盒大小。由于激光方向性好,因此不用巨大的天线就可以发射出极窄的光束。如束散角为1/20mrad的激光束,只需直径7.62cm的光学天线;而对微波来说要想得到同样的束散角,其天线直径需305m以上。

4. 分辨力高,抗干扰能力强

由于激光测距机发射的激光束发散角小,因此在测量某一物体时就不受附近其他物体的影响,较之微波测距横向目标分辨力有很大提高。而且,其发射的激光脉冲持续时间非常短,因而能精确地测定物体的距离,纵向目标分辨力也比微波测距高。

此外,激光测距机的抗干扰能力相对比较强。当目标很远,或处于暗处或夜晚时,普通光学测距仪很难测出目标距离;而激光由于其亮度高、方向性好,可以比较好地解决这一问题。由于微波的波长比激光的长千倍以上,波束也宽,因而,微波测距比激光测距更容易受电磁干扰和地波干扰。

由于激光测距具有许多其他测距方法无法替代的优点,因此,已逐渐取代普通光学测距和微波测距,在战场上得到广泛使用。

6.4.2 激光测距分类

激光测距按原理大致可分为三类:

1. 脉冲激光测距法

测距精度大多为米量级,在军事及工程测量中精度要求不高的场合使用。

2. 相位测距法

通过测量连续激光的调制波在待测距离上往返传播所发生的相位变化,间接测量时间,达到测距目的。这种方法测量精度高,通常在毫米量级。

3. 干涉测距法

干涉测距法也是一种相位法测距，但不是通过测量激光调制信号的相位来测定距离，而是通过测量激光光波本身的干涉条纹变化来测定距离，所以距离分辨率可达到半个激光波长，通常达到微米量级。

6.4.3 激光测距原理

下面以脉冲激光测距为例来具体介绍激光测距的原理。

脉冲测距的原理是对准目标发射激光脉冲，激光遇目标后反射，由于光的传播速度为常数，只要测出激光脉冲从发射至收到回波的时间，即可计算出目标距离，如图6.7所示。由于激光输出可产生极窄的脉冲，因此测距可达到很高的精度。另外，窄激光脉冲的能量在时间上高度集中，可达10^{10}W以上的瞬时功率，可用于漫反射的非合作目标测距。

由图6.7可以看出，若测出脉冲往返时间T，则目标距离为$R=(1/2)cT$。

其中c是光速。为了准确测量往返时间T，必须精确地确定发射和接收时刻t_1、t_2。这是通过发射、接收脉冲触发电子门来实现的。由于电子门存在固有模糊区，所以激光脉冲越陡峭，确定t_1、t_2的精度就越高。由于激光可以比较容易地产生ns级甚至ps级脉冲，因此，激光测距比无线电测距有更高的精度。

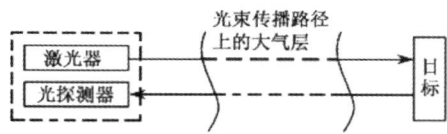

图6.7 激光测距原理示意图

在脉冲激光测距机中，T是通过计数器计数从光脉冲发射到目标以及从目标返回到接收机期间，进入计数器的脉冲个数来测量的。如图6.8所示，激光测距机产生时钟脉冲，激光发射时刻决定了电子门上升沿，计数器开始对时钟脉冲计数；激光回波脉冲决定电子门下降沿，计数器停止计数。设在这段时间里，有n个脉冲进入计数器，脉冲之间的时间间隔为τ，脉冲的振荡频率为$f=1/\tau$，则

$$R = \frac{1}{2}cn\tau = \frac{c}{2f}n = ln$$

公式中的$l = c/2f$表示每一个钟频脉冲所代表的距离增量，计数n个钟频脉冲，就得到距离R，l的数值确定了计数器的计数精度，例如取$f=30$MHz，$c \approx 3 \times 10^8$m/s，则$l=\pm 5$m；若取$f=15$MHz，则$l=\pm 10$m。

可见，激光脉冲测距的原理十分简单，激光脉冲只起开、关计数门的作用，而距

离由计数器决定。军用激光测距仪的计数频率一般为15MHz、30 MHz、75 MHz、150 MHz等，相应的测距精度为10m、5m、2m、1m等。计数器频率越高，测距精度就越高，但这样不仅使计数器的技术难度增加，同时要求激光脉冲的宽度越窄，激光器的技术难度也增加。

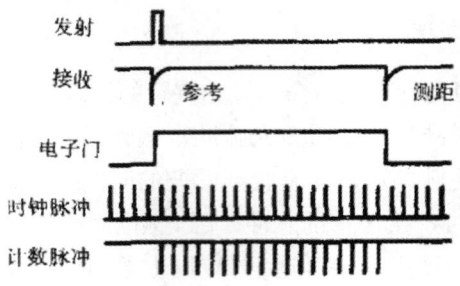

图6.8　脉冲测距时间图

目前，脉冲法测距在大气层内的最大测距距离约30km，精度可达几十厘米，但受环境影响很大，主要是大气吸收、雾、雨、烟尘等散射限制了作用距离。在外层空间，不存在大气吸收和各种散射因素，激光测距在卫星定位、天体测量中有十分重要的应用价值。

6.4.4　激光测距机

脉冲激光测距机由激光发射机、激光接收机和激光电源组成。激光发射机由Q开关脉冲激光器、发射光学系统、取样器以及瞄准光学系统组成。激光接收机由接收光学系统、光电探测器、放大器（包括低噪声前置放大器和视频放大器）、接收电路（包括阈值电路、脉冲成形电路、门控电路、逻辑电路、复位电路等）和计数显示器（包括石英晶体振荡器）组成。激光电源由高压电源和低压电源组成。脉冲激光测距机的组成如图6.9所示。

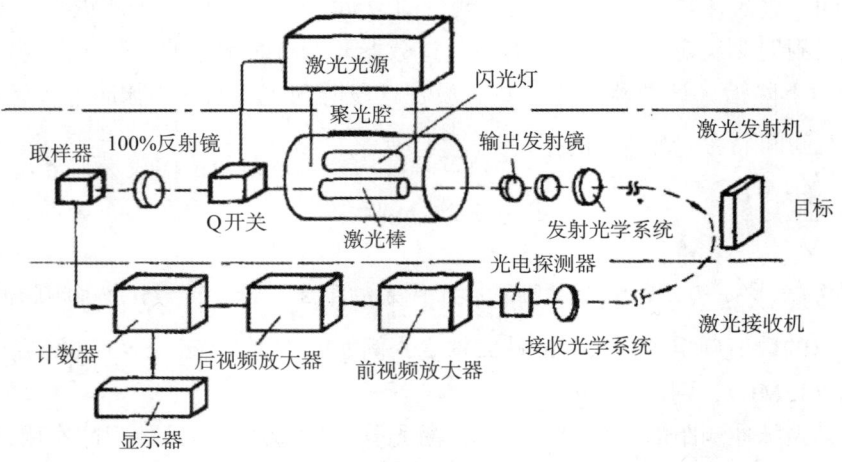

图6.9　脉冲激光测距机原理方框图

脉冲激光测距机的工作过程如下：首先用瞄准光学系统瞄准目标，然后接通激光电源，储能电容器充电，产生触发闪光灯的触发脉冲，闪光灯点亮，激光器受激辐射，从输出反射镜发射出一个前沿陡峭、峰值功率高的激光脉冲，通过发射光学系统压缩光束发散角后射向目标。同时从激光器全反射镜透射出来的极少量激光能量，作为起始脉冲，通过取样输送给激光接收机，经光电探测器转变为电信号，并通过放大器放大和脉冲成形电路整形后，进入门控电路，作为门控电路的开门脉冲信号。门控电路在开门脉冲信号的控制下开门，石英振荡器产生的钟频脉冲进入计数器，计数器开始计数。由目标漫反射回来的激光回波脉冲经接收光学系统接收后，通过光电探测器转变为电信号，经放大器放大后，输送到阈值电路。超过阈值电平的信号送至脉冲成形电路整形，使之与起始脉冲信号的形状（脉冲宽度和幅度）相同，然后输入门控电路，作为门控电路的关门脉冲信号。门控电路在关门脉冲信号的控制下关门，钟频脉冲停止进入计数器。通过计数器计数出从激光发射至接收到目标回波期间所进入的钟频脉冲个数，而得到目标距离，并通过显示器显示出距离数据。一般，整个测距过程仅需1~2s。为了使激光束对准目标发射，接收机对准目标接收，要求瞄准光学系统、发射光学系统和接收光学系统的三条光轴严格平行。

从激光测距机的发展来看，第一代激光测距机是红宝石激光测距。但由于它发红光，隐蔽性差，对人眼有损伤，且能量转换效率低，不能以高重复频率运转，已被淘汰。第二代测距机是Nd：YAG激光测距机，其主要优点是具有较高的能量转换效率，能以高重复频率运转。而后一特性对防空应用以及主战坦克和步兵战车的火控系统等是至关重要的。因此，它很快就被广泛使用，在测距机系统中占据了主导地位，是目前军用激光测距机的主流。Nd：YAG激光测距机的主要缺点是对人眼不安全，在烟雾中的传输性能差。这些限制推动了第三代人眼安全激光测距机的研究与发展。

目前，研制的人眼安全激光测距机有两类。一类是工作波长为10.6μm的CO_2激光测距机。由于眼球对10.6μm波长的激光不透射，故不易损伤视网膜。人眼允许接受10.6μm波长激光的最大曝光量为1.06μm波长激光的$2×10^3$倍。在测距所要求的功率水平上，该波长的激光对人眼是相对安全的。而且10.6μm的激光对战场烟雾有较好的穿透能力，传输特性好，特别适用于战场环境测量。此外，还可与现有的8~14μm波长的热像仪兼容，便于组合使用。其主要缺点是结构相对复杂，价格较贵，与其相关的某些技术尚不成熟，还有待进一步的研究。第二类人眼安全激光测距机的工作波长在1.5μm~2.1μm范围内。此频段既对人眼安全，又正好是大气窗口，也有较为合适的探测器，相应的激光器有工作波长为1.54μm的Er：YAG激光器。

目标距离是影响武器首发命中率的首要因素。在激光测距机出现以前，航炮、坦克炮、地炮、高炮和舰炮通常用光学测距机测距。光学测距机测距精度随距离而变化，测程越远，精度越差，并且仪器的体积受基线长短的限制，操作也比较复杂。而激光测距的突出优点是测距精度高，并且与测程的远近无关，仪器体积小。激光测距与微波测距相比具有波束窄，角分辨力高，抗干扰能力强，可以避免微波雷达在贴近地面和海面上应用的多路径效应和地物干扰问题，以及天线尺寸小和重量轻等优点。因此，激光测距机一出现很快就代替了光学测距机成为战场测距的主要仪器，并且还成为数字式火控系统目前较为理想的一种距离传感器。

1961年称为柯利达I型的世界上第一台红宝石激光测距机在美国诞生之后，1962年第一台军用激光测距机便成功地进行了示范表演；1963~1967年美国休斯飞机公司相继研制成几种实验型军用激光测距机，并在军队中进行了试验。1969年军用激光测距机首先装备了美国陆军。经过30多年研制发展工作的经验和20多年装备部队野外使用的经验，激光测距机已大量应用到坦克、地炮、高炮、导弹、飞机、军舰、潜艇以及各种步兵武器，如枪榴弹发射器、步枪、迫击炮、火箭筒、反坦克导弹等。到目前为止，军用激光测距机的发展已更新了两代。第一代是发射 $0.6943\mu m$ 红光的红宝石激光测距机；第二代是发射 $1.06\mu m$ 近红外光的钕激光测距机（少数用钕玻璃激光器，多数用Nd：YAG激光器）。目前Nd：YAG激光测距机的技术已经完全成熟，并大量装备部队。同时，在实战和训练中Nd：YAG激光测距机暴露出的一些缺点也逐渐被人们所认识。因此，研制取代Nd：YAG激光测距机的新一代激光测距机的问题已提到了日程。

在20世纪80年代初期到中期的战场上，广泛装备应用的军用激光测距机大多是测程在10km以内的中程Nd：YAG激光测距机，而测程在1 km以内的近程激光测距机仅有少量装备应用。在已装备的中程Nd：YAG激光测距机中，接收元件多用硅雪崩光电二极管，最大测程在8000~10000m，最小测程在150 m ~500m，测距精度为±10m或±5m，光束发散角为1mrad左右。坦克、地炮和步兵使用的激光测距机，重复频率一般为几次/分~1次/秒，Q开关大多采用可饱和吸收染料片。高炮、机载和舰载激光测距机，重复频率较高，通常为10pps~20pps，Q开关大多采用电光Q开关。

6.5　激光雷达侦察技术

激光的产生与雷达有着非常密切的联系。20世纪发明了雷达之后，雷达及其成像技术就得到了迅速的发展和广泛的应用。随着应用的深入，雷达的缺点也越来越引起人们的注意，其主要表现在：波长较长，相应的能量很小；一般不足以与目标发生生化作用，无法探测目标的生化特征；在传播过程中，遇到尺寸小于波长的物体时，更易于发生衍射，即绕过物体继续传播。因此，雷达工程师努力探索更短波长的辐射源，在微波振荡器的基础上发明了激光器，将其与雷达技术相结合，产生了激光雷达技术。

激光雷达（Light Detection And Ranging，LiDAR）技术是一种工作在从红外线到

紫外光谱段的雷达系统，以激光作为载频，是光、机、电结合的产物，也是雷达频率延伸到更高频段的结果。其原理和构造与激光测距仪极为相似。激光雷达能够精确测量目标位置（距离和角度）、运动状态（速度、振动和姿态）和形状，探测、识别、分辨和跟踪目标。

机载激光雷达系统是一种集激光测距、全球定位系统（GPS）和惯性导航系统（INS）三种技术于一体的系统，用于获得数据并生成精确三维地形（DEM）。这三种技术的结合，可以高度准确地定位激光束打在物体上的光斑。激光本身具有非常精确的测距能力，其测距精度可达毫米级。机载激光雷达系统包括一个单束窄带激光器和一个接收系统。激光器产生并发射一束光脉冲，打在物体上并反射回来，最终被接收器所接收。接收器准确地测量光脉冲从发射到被反射回的传播时间。光速是已知的，传播时间即可以被转换为对距离的测量。结合激光器的高度，激光扫描角度，从 GPS 得到的激光器的位置和从 INS 惯性导航仪得到的激光发射方向，就可以准确地计算出每一个地面光斑的 X、Y、Z 坐标。

自 1964 年美国率先研制成功用于导弹靶场的激光跟踪测量雷达以来，美、英、法、德、日等国家先后研制了多种军用激光雷达，分别用于导弹试验鉴定、航天器交会对接、精确制导、火力控制、直升机防撞、水雷探测、战场侦察、预警探测、化学试剂探测以及局部风场测量等，其中大部分已完成外场试验，有的已投入生产和使用。军用激光雷达已走出实验室，逐步成长壮大。

6.5.1　激光雷达的特点

激光雷达是现代激光技术与传统雷达技术相结合的产物。一方面它像传统的微波雷达一样，通过向目标发射波束，然后接收目标回波并进行处理来获得目标的距离、速度以及姿态等信息。另一方面由于它发射的是激光束，因此又具有不同于普通微波雷达的特点。

1. 分辨力高

相对于工作在米波至毫米波波段的微波雷达而言，激光雷达的工作波长短，只有微波雷达的万分之一到千分之一，同时其方向性好，波束发散角很小。因此，利用激光雷达可以获得极高的角分辨力和距离分辨力。激光雷达使用脉冲测距，可以实现超窄脉冲，大大提高了测距精度，使用连续波测距，副载波频率可以做得很高。采用距离-多普勒成像技术可以得到运动目标高分辨率的清晰图像，而且测量没有盲区。因为使用多普勒频率测速的频率比微波高很多，因此速度分辨率极高。

激光雷达通常情况下，角分辨力不低于 0.1mrad，距离分辨力可达 0.1m，利用多普勒效应可以获得 10m/s 以内的速度分辨力。这些指标是一般微波雷达难以达到的，因此，利用激光雷达可获得比微波雷达清晰得多的目标图像。

2. 抗干扰性能好

一方面，由于激光束的方向性好、能量集中，因此，不容易被敌方截获。同时，激光束的抗电磁干扰能力强，也不容易受到敌方有源干扰的影响。

另一方面，从对地面和超低空目标的探测性能来比较。由于各种地物杂波的影响，微波雷达在低空存在无法探测的盲区。而对于激光雷达来说，只有被激光照射的目标才能产生反射。由于其单色性好、波束窄、分辨力高，因此，可以排除背景或地面杂波的干扰，实现对超低空目标的探测。这对于导弹发射初始阶段的观测和掠地面或水面飞行巡航导弹的跟踪极为重要。

此外，激光雷达波长短，可以对极小的目标进行探测，这也是微波雷达无能为力的。

3. 体积小、重量轻

雷达使用的频率愈高，所需发射天线的尺寸也就愈小。如从地面照射到月球上形成1km^{2}的光斑，激光发射天线的直径达到39cm就够了。而微波雷达天线要达到这个水平，其直径需达几公里才行。因此，激光雷达具有体积小、重量轻的优点，更适合机载或在其他对空间和重量有较多限制的场合使用。例如，为了适应海军陆战队的需要，美国桑迪亚国家实验室和伯恩斯公司都提出了手持激光雷达的设计方案。相对于重达数吨乃至数十吨的微波雷达而言，激光雷达的机动性能显然要好得多。

然而，激光雷达也有自身的缺陷。激光光束窄、方向性好，虽然表现出能量集中的优点，但不宜用作对大的空域进行搜索的战场监视雷达。而且激光的传输性能比微波差，大气对光波的吸收和散射作用远比对毫米波的要强。因此，激光传输受环境影响大，尤其是在雨、雪、雾、霾的天气，其在传输过程中的衰减更大。为了扬长避短，在实际应用中，常常将激光雷达和微波雷达结合起来使用。先用微波雷达进行警戒扫描，一旦发现目标，立即引导激光雷达实施精密跟踪，这样即可获得较满意的效果。

6.5.2 激光雷达的种类

激光雷达在很多领域具有广泛的应用，开发出很多种类和用途的设备。激光雷达的分类方式很多，可以按照所用激光器、探测技术及雷达功能等的不同来进行分类。

1. 按使用目的分类

依照检测目的的不同，激光雷达可以分为观测环境状态和测量距离两大类。

探测环境状态 { 大气：气溶胶分布、云、气象因素、污染物质……
水体：浮游生物、水温、海洋污染……
陆地：植物生长、热岛效应、污染状况…… }

测量距离 { 太空：星球间距离、星球地形……
海洋：水体深度、水下地形……
陆地：地形图、数字高程模型、植被提取…… }

观测环境状态的激光雷达以远距离测量环境状态为目的，可以对大气、水域、陆地的各种状态进行测量。在大气检测方面，以物质类别、游离粒子和气象因素等作为观测对象。在水域检测方面，可以测量水中以浮游生物、透明度、水温和油污染等为特征的海洋污染。陆地检测可以进行植物存活率等方面的研究。测量距离类主要是空间信息科学所关注的应用，例如星载的激光雷达可以通过测距来获取地球的形状、大陆的位置及地球的自转周期等，机载的激光雷达则可以通过测距来得到地表的三维信息。

2. 按激光和物质的相互作用分类

激光雷达是利用激光和目标之间发生相互作用而进行检测的。由于激光与目标的相互作用不同，可以进行不同应用目的的检测，也可以据此进行分类。

例如，激光测距就是利用镜面反射的原理，激光束照射到目标，由于反射作用，反射激光束回到接收器，就可以得到激光器与目标物体间的距离。气溶胶与云等发生的散射属于米氏散射，通过探测散射状况，就能够得到气溶胶的状态。此外，还有利用瑞利散射、拉曼散射以及荧光等方法来监测目标的物质组成和升华状态。

3. 按使用的激光器分类

目前，激光雷达主要使用的激光器种类有：长波段的激光器，Nd：YAG，半导体，红宝石，以燃料为激励物质的燃料激光器，准分子激光器，各种高频率激光器等等。

4. 按脉冲方式或连续波方式分类

利用激光脉冲进行探测的雷达称为脉冲激光雷达，利用连续波激光束进行探测的雷达称为连续波激光雷达。

5. 按光波检测的方法分类

光波检测有直接检测光强度的直接检测法和同时检测频率的相干法。直接法又分为光子计数器法和直流法。

6. 按工作台分类

根据装在平台的不同，可以分为固定平台和移动平台。固定平台可以在附属于建筑物的棚架或者圆顶建筑内部，也有在雷达站安装的。移动平台可以分为星载、机载和车载等。

6.5.3 激光雷达组成

机载激光雷达测量系统（如图6.10所示）的主要组成部分包括：①用于确定激光雷达信号发射参考点空间位置的动态差分GPS接收机；②用于测定扫描装置的主光轴姿态参数的姿态测量装置，一般采用惯性导航系统或多天线陈列GPS系统；③用于测定激光雷达信号发射参考点到地面激光脚点间距离的激光测距仪；④成像装置，一般为CCD相机，用于记录地面实况，为后续的数据处理提供参考。将该系统安置于直升机或飞机上，就构成一个机载激光雷达测量系统。整个机载激光雷达测量系统比较复杂，它要求GPS接收机、姿态测量系统（IMU）和激光扫描测距系统（Laser Range Finder）三者协调工作，彼此间要保持精确的时间同步。

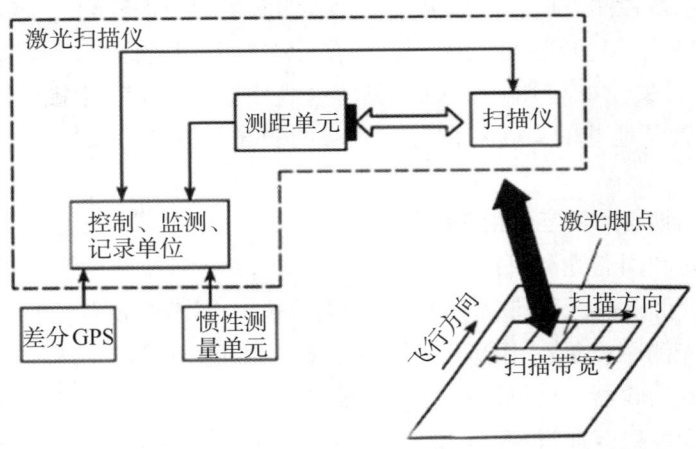

图6.10　典型机载激光雷达测量系统的组成示意图

几乎所有的机载激光雷达系统都是集成GPS系统和INS系统为激光扫描传感器提供位置和姿态信息。机载激光雷达系统的激光脉冲信号的波长一般为500nm～1500nm，典型值为1040nm～1060nm。激光脉宽窄，一般为10ns。有些系统可记录同一束激光脉冲的多次回波信号，如首次和尾次回波（first pulse or last pulse）；有些系统不仅能提供测距信息，还能提供回波信号的强度信息，不过大部分的激光强度信息还比较模糊，其直接用途不大；还有些系统集成了录像机或数字相机等多种传感器。然而，这些传感器同机载激光雷达、INS、GPS的集成度并不高。目前，同摄影相机、多光谱传感器或SAR等设备集成在一起的系统还非常有限。激光雷达测量系统可安装到飞机或直升机上，飞行高度一般为20m～6000m不等，典型飞行高度为200m～1000m。

6.5.4　激光雷达原理

激光雷达最基本的工作原理与普通雷达没有区别，即雷达发射系统发送一个信号，经目标反射后被雷达接收系统收集，通过测量反射光的传输时间而确定目标的距离。至于目标的径向速度，可以由反射光的多普勒频移来确定，也可以测量两个（或多个）距离，通过计算其变化率而求得速度。由此可以看出，直接探测型激光雷达的基本结构与激光测距机十分相近，其原理框图如图6.11所示，所不同的是具有扫描系统，因而具有搜索和跟踪目标的功能。

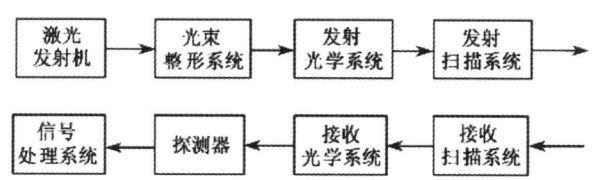

图6.11 直接探测型激光雷达原理框图

相干探测型激光雷达根据发射与接收是否共用一个光学系统，可分为单稳系统和双稳系统。其中，单稳系统的原理框图如图6.12所示。激光器发射的激光信号，经光束整形系统使其发散度及光束直径与系统的其他部分匹配。单稳系统中发射与接收共用一个光学孔径，并由发射/接收（T/R）开关隔离。T/R开关将发射信号送往输出望远镜和光学扫描系统进行发射。信号经目标反射后进入光学扫描系统和望远镜，这时它们起光学接收的作用。T/R开关将接收到的辐射送入光学混频器，与来自本机振荡器的参考信号进行混频。所得混频信号由成像光学系统聚焦到光电探测器的光敏面上，探测器将光信号变为电信号，再经过放大和滤波，最后由信号和数据处理系统检出所包含的测量信息。

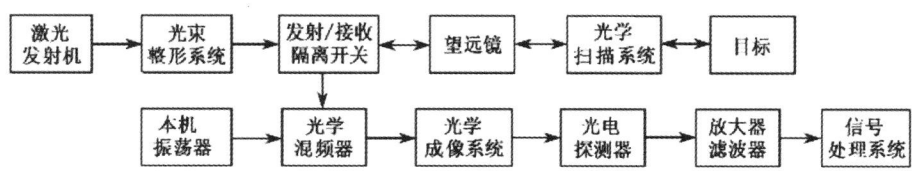

图6.12 单稳相干探测型激光雷达原理框图

机载激光雷达测量系统的技术参数主要包括使用的扫描方式、激光脉冲的脉宽、激光发射脉冲频率、扫描频率、扫描角、飞行高度、姿态测量精度指标等。不同的系统采用的扫描装置有时也不同，有的使用旋转的棱镜，有的使用振动反射镜等，不同的扫描方式决定了激光脚点在地面上的几何分布规律。激光脉冲的频率、扫描频率、飞行高度、飞行速度及扫描角，共同决定激光脚点的间距和采样密度；扫描角和飞行高度决定扫描带宽。有些系统不仅能记录激光脉冲的测距信息，而且还能同时记录激光脉冲回波的强度信息。有些系统能记录同一束发射激光脉冲的多次回波信号，有些系统也能通过切换开关控制记录首次回波信号或尾次回波信号，并能提供更为丰富的数据。不同的系统所使用的惯性测量装置也会有所不同，惯性测量装置的精度指标差异会导致不同的系统提供的数据精度有较大的差异。

6.5.5 激光雷达的应用

机载激光雷达测量系统设计最初是为了获取数字地面模型等地形信息，即快速生成DEM，这也是机载激光雷达测量技术的主要用途之一。从航空遥感影像自动提取建筑物不仅是摄影测量与遥感领域的难题，也是计算机视觉与图像理解的难点之一。同航空影像提取建筑物相比，基于机载激光雷达测量数据的建筑物识别和提取更富有挑战性。基于机载激光雷达测量数据的建筑物识别和提取同传统的航空影像处理具有一定的差异，主要表现在机载激光雷达测量数据是不规则的离散数据阵列，数据所提供的是每个激光脚点的高程数据，而不是光强信息或灰度信息，机载激光雷达测量数据的采集带有一定的盲目性或不确定性，不一定能采集到地物及地形特征点上的数据，从而为地物的自动提取增加了困难。如果能增加激光脚点的密度，部分激光脚点位于特征点上的可能性就越大。机载激光雷达技术是一种主动式测量技术，能获取每个激光脚点的三维坐标，对扫描区域的灰度变化没有要求，可节省大量的图像匹配时间，能避免匹配误差等，这又给三维重建提供了方便。因此，三维机载激光雷达测量数据在地物提取和三维重建方面具有广阔的应用前景。

机载激光雷达技术与传统的航空摄影测量技术在某些方面具有一定的相同点：

①机载激光雷达和航空摄影测量都配备有 GPS/INS 系统和数字摄影测量传感器。

②两者都是不直接接触目标地物点而去感知目标区情况，需要进行一系列的数据处理后才能得到所需信息。

③航空摄影测量处理的数据是灰度影像，而机载激光雷达测量系统获得的数据经过处理后也能形成纹理图像，进行相关图像分析和数据处理。传感器的集成以及图像（数字信号）的处理和分析是两者共同研究的问题。

④两者的目标一样，都是为了得到人们所需研究区域地表信息的地形图及正射影像图等区域地理信息，并进行目标识别和分类。

虽然机载激光雷达技术与航空摄影测量技术具有上述相似性，但两者的差异也是显而易见的，具体可分为以下几点：

①航空摄影测量技术依据透视几何的原理成像，获取的数据是目标地物点的航空像片，是灰度影像。后处理需要采用模拟、解析或数字解算的方法恢复摄影时的姿态，得到立体影像，再进一步处理得到 DEM、正射影像，还可应用于 2D 或 3D 重构，地物分类以及可视化（地图、3D 景观、动画和仿真）等产品。LiDAR 依据的是极坐标几何定位原理，其获得的原始数据是离散的地面点的三维坐标。现在的 LiDAR 系统往往同时提供回波强度信息和其他波段的一些数据，这些数据也是离散记录的，噪声也比较大，需要进行比较复杂的处理和变换。

②传感器方面：目前 LiDAR 系统功率大，操作较复杂，系统成本造价高。而摄影测量系统操作起来相对容易，系统成本造价相对便宜。LiDAR 系统中激光器的使用寿命较短（主要取决于工作温度的高低），一般的 Nd：YAG 激光器的使用寿命为 10000 小时，而有些系统会随着长时间的使用，其性能指标迅速变差。相反，质量可靠的摄影相机通常能长期使用。从光谱角度来看，激光器可用谱段范围比可见光和红外传感器要宽的多，但是用于 LiDAR 系统的激光器仅限于近红外，目前 LiDAR 系统还无法与

可以提供多光谱信息的一些摄影测量系统相比。

③平台和飞行计划：摄影测量光学传感器几乎可以装载到任何可能的飞行平台，包括气球到空间站；LiDAR系统只能装载到直升机或其他飞机上。摄影测量系统，飞行计划比较简单，易于很好的制定出来；而LiDAR系统，则是十分复杂的事情。由于LiDAR系统要求的飞行高度、飞行速度都低于摄影测量系统，而且视场角都比较小，扫描角通常在20°～40°，而摄影测量系统的视场角较大，如航摄像机视场可达75°，所以一般来说LiDAR系统在相同时间内的探测成像范围是比较小的。

④数据精度的评价：航空摄影测量已经有作业规范，针对用于进行正射影像等产品质量控制与评价的像控点（和检查点）的布设、测量等，都有明确的规定。也因为影像数据是相对连续的，易于对产品进行精度评定。机载激光数据是离散的点，且点的平面与高程精度不独立，其精度的评价相对较难进行。有的学者也仿照航空摄影布设地面控制点的方法，布设一些用于LiDAR数据质量控制与评价的地面控制点（或检查点），但是布设控制点的成本较高。

⑤数据精度：机载激光扫描同摄影测量相比，所受的误差影响的因素更多，误差传播模型也更为复杂；摄影测量数据的平面和高程相互独立，平面精度要高出高程精度1/3；LiDAR数据的平面和高程精度相关，尤其是在坡度较大的地方平面位置的精度也会影响高程方向的精度，高程方向的精度要高出平面精度2～5倍。同时，LiDAR系统的误差源较多，误差传播模型更为复杂。航空影像提供的平面精度要优于LiDAR点云数据提供的平面精度，而LiDAR数据高程精度相对较高。

⑥数据质量：尽管机载激光雷达获取的原始数据精度较高，密度也较大，但由于其采样点是离散的，具有一定的盲目性，数据采样时并不能保证在关键地形点采样，因此，无法精确获得地形地物的边界等特征。

⑦生产周期与生产成本：LiDAR系统直接获取距离观测值，其生产DEM周期相比摄影测量技术较短；总体而言，除去硬件成本，仅就获取DEM和三维模型而言，LiDAR的成本要低于航空摄影。

现代侦察系统经常将激光测距机与侦察和监视系统，如电视摄像机或夜视装置结合起来，同时具备侦察、跟踪与测距功能。此外，对于高速运动的目标，如战斗机、导弹或直升机等，它们与武器发射系统的距离在快速变化着，这就需要以至少每秒10～20次的速率不断地给出有关目标距离的信息，以便对其进行跟踪。正因如此，要求在这些场合使用的激光器能以高重复频率工作。

第7章 合成孔径雷达(SAR)侦察技术

合成孔径雷达（Synthetic Aperture Radar，SAR）自20世纪50年代诞生以来，在军事和民用领域得到了较为广泛的应用，进入21世纪以来，SAR的发展更是突飞猛进，2000年美国SRTM成功获取了地面80%的地面高程测量数据，2006年日本的PAL-SAR、后来的意大利COSMO-SkyMed星座、德国的TecSAR等都相继发射入轨并顺利运行，使得目前可用的商业SAR卫星达到了10颗以上，而且聚焦模式下的分辨率普遍达到了1m左右，基本具备多极化甚至全极化能力。我国也相继发射了用于国土测绘、资源调查、农业估产的中国遥感卫星1号和9号，这为高分辨率SAR的应用提供了更为便利的图像获取方式。

机载SAR更是向着高分辨率、多波段、干涉等新技术方面快速进步，国家863计划"十五"期间支持了0.5m高分辨率SAR系统和机载干涉SAR系统的原理研究，"十一五"期间又支持了高效能航空SAR遥感应用系统，目标是面向"西部测图""国家自然灾害应急响应"等国家重大工程与应用需求，集成和开发以多波段干涉合成孔径雷达（Interferometric SAR，InSAR）为核心，具有自主知识产权、达到世界先进水平的高效能航空SAR遥感集成应用系统，显著提升我国SAR遥感数据获取与处理能力，促进航空SAR遥感产业化发展。

无论是机载SAR系统还是星载SAR系统，它们获取的回波数据经过成像处理都能得到较高分辨率的SAR图像，由于SAR的成像机理和常规光学遥感成像机理有着本质的差异，因此，SAR图像无论是从视觉感官上还是处理方法上都与光学图像处理有着明显的不同。尽管SAR图像和传统的光学图像在机理上有很大差别，但是目前SAR图像的表现和处理还主要借用常规图像处理方式。SAR系统获取图像的最终的目的是应用，而应用中必然要对SAR图像进行处理，且一般要求SAR图像满足一定精度和准确度。为了能够使SAR图像更好地应用，必须要求处理的SAR图像在定位精度上达到较高的水平，这就涉及SAR图像的几何精校正和正射校正技术；SAR图像具有全天候和全天时的优势，因此常常利用多源数据进行对比和分析，这就需要对多源SAR图像进行精确配准处理；而利用SAR进行地物动态监视和观测，需要对多时相SAR图像进行变化检测。因此，对SAR图像进行精确化的处理系统称为精准处理，精准处理是SAR图像更好应用的关键。

7.1 雷达成像原理

7.1.1 雷达成像特点

雷达成像技术是现代探测科学领域的一项突破性成就。它的出现扩展了传统雷达的概念，使其具有对运动目标、区域目标进行成像和识别的能力，并在微波遥感应用方面表现出越来越大的潜力，为人们提供越来越多的有用信息。雷达成像技术对国防技术现代化和国民经济建设具有重大意义，因此越来越受到国际上技术先进国家的重视，是竞争激烈、发展迅速的技术领域。雷达成像之所以成为国际上侦察监视技术重点发展之一，主要其具有如下特点。

1. 具有全天候、全天时的工作能力

电磁波在大气中传输因大气的吸收和散射作用，会导致电磁波强度的衰减。大气散射将使入射的电磁波能量在空间重新分配。大气吸收将使入射的电磁波能量转换成大气组成分子的运动。大气对入射的电磁波能量的衰减是散射和吸收的总和。当某种波长的电磁波与大气的分子或原子发生共振时，大气对这种波长的电磁波辐射产生了吸收作用，其吸收的强度以特定的波长为中心变化。在大气成分中，对微波段辐射产生吸收作用的主要成分是氧气和水蒸气。由于吸收作用的强弱对波长是有选择性的，因此可以通过选择微波波长，以减小大气吸收而引起的衰减。

大气散射的性质与强度取决于大气分子或微粒的半径与电磁波的波长，由半径大于1/10波长的微粒引起的散射称米氏散射。其散射强度与波长几乎无关。由半径小于1/10波长的微粒引起的散射称瑞利散射，其散射强度与波长的4次方成反比，瑞利散射属选择性散射，即对短波辐射的散射很强，对长波辐射的散射较弱。微波波长是可见光波长的10^6倍，根据瑞利散射公式，可以计算出波长是微波的1/1000的可见光，它的散射强度比微波高10^{12}倍，由此可见，大气中的瑞利散射对可见光影响较大，而对微波的影响可以忽略不计。

云和雾是液态水滴与冰晶粒子群所组成，它们的直径在1μm至100μm，比微波波长要小一个量级以上。它们对微波的散射作用显然满足瑞利散射条件。冰云对微波的传输几乎没有影响。水云仅在波长短于2cm时，才有明显的影响。自然降水的粒子主要由水滴、冰粒、雪花和干湿冰雹所组成。它们的直径都在100μm以上，有的雨滴可达几毫米，冰雹则更大，达几个厘米。故自然降水对微波的散射作用和吸收作用相比，一般不能再忽略，即雨比云对微波传输有更大的影响。但当波长约大于4cm时，这种影响也可以忽略，只有当波长为2cm左右的量级而雨极大时，这种影响才变得严重。

由上述可知，微波能穿透云雾并在一定程度上也能穿透雨区、具有全天候工作能力。成像雷达是一种主动微波系统，雷达天线发射探测用的微波并接收地物目标的回波而不依赖于太阳的辐射和地物目标的辐射来成像，因此雷达遥感可以昼夜工作，具有全天时的特点。

1991年海湾战争中美军利用"长曲棍球"（Lacrosse）获取的高分辨率的SAR图像，准确地测绘出伊拉克的各种军事设施图，特别是当燃烧的石油浓烟密布天空时。长曲棍球卫星获取的SAR图像，成为多国部队收集军事情报信息的主要来源。

2. 雷达波对地物具有一定的穿透能力

雷达波投射到介质表面，一部分能量被表面散射，一部分能量穿透界面进入介质内部，雷达波对介质的穿透的程度，用穿透深度来表征。对于具体的地表面而言，雷达波的穿透深度由它的波长、地物目标的介电质常数、电导率等因素决定。波长较长的雷达系统，不仅能接收地表面的散射信号，而且还能接收地表下层物体的反射信号，其接收信号强度主要取决于地表层土壤的几何形状和电介质特性。雷达波对多种地表土壤的穿透深度有很大的差别。实验结果表明，雷达波的穿透深度随土壤含水的增加而急剧减小，对于潮湿土壤，穿透深度只有几厘米到几米；对于干燥土壤，穿透深度最深可达几十米。雷达波的穿透深度也随波长的增长而增加，在1m波长上，对土壤的穿透深度为(0.14～30)m；在3cm波长上，对土壤的穿透深度为(0.016～4.8)m。

雷达波能穿透天然植被、人工伪装和地表层一定深度的土壤，为揭露军事目标和设施的伪装以及地质分析提供了有效的手段，1981年，美国哥伦比亚航天飞机载的L波段成像雷达，飞过埃及和苏丹西部的沙漠地区，从雷达图像上可以观察到埋在沙土下1m或几米深处的古河道和其他地质特征。

3. 雷达遥感能获取光学遥感以外的信息

光学图像是地物目标对太阳光反射能量的纪录。由于可见光穿透能力较差，基本上不存在散射，故光学图像反映地物目标特征的信息比较单一。雷达图像所记录与表达的是地物目标对某种波长、入射角、极化方式的雷达信号的散射回波在一定极化方向上的能量大小。随着雷达系统的工作参数（如波长、入射角、极化方式）和地域参数（如粗糙度、介电常数、线性地物的排列方向等）的不同，而在雷达图像上产生不同的色调和纹理。同时雷达波具有较强的穿透能力，因而会产生体散射效应。例如，雷达波束照射森林，就会经多个平面多路径反射产生最后的雷达回波。森林回波的一部分就是波束从叶子到细枝，可能再到树干，然后返回雷达的能量所构成，因此，雷达遥感可以获取不同于光学遥感获取的地物目标信息。

雷达图像与光学图像相比较也有不足之处。从几何特征来说，由于雷达成像属斜距投影类型，当地面有起伏时，会产生透视收缩和叠掩（顶底位移，多点成像于一点）引起的畸变，因此，对雷达图像进行几何处理，要比对光学图像进行几何处理更困难。从辐射特性而言，由于部分雷达发射相干电磁波，故分辨单元内许多小散射体所产生的回波相互也是相干的，因此，在雷达图像上就必然产生雷达光斑效应。当斑点噪声严重时，甚至可能淹没地物目标特征。故对雷达图像进行辐射校正也比光学影像难度更大。

7.1.2 雷达成像的种类

早期雷达的分辨能力很低，其分辨单元通常远大于目标，因而雷达是将观测对象（如飞机、车辆等）视为"点"目标来测定它的位置和运动参数。为了获取目标更多的信息，设法从回波中提取目标特性。实际上，雷达成像经历了一维成像、二维成像甚至目前的三维成像的过程。

1. 一维距离像

雷达采用了宽频带信号后，距离向分辨率可大大提高。其距离向分辨单元长度可小到亚米级，距离向分辨率远小于目标尺寸，这时从一般目标接收到的已不再是"点"回波，而是沿距离分布开的一维距离像。实际上，一维距离像并不是目标的外形的成像，只是在目标距离方向上的回波不止一个，这样雷达接收到的是各个子回波的矢量和，通常将该回波的幅度分布称为一维实距离像，简称一维距离像，如图7.1所示为飞机的一维距离像。

一维距离像只能根据目标的回波幅度形状来判断目标的种类，同时虽然是同一个目标，但当目标相对于雷达的视角相差较大时，不仅投影的射线有变化，且目标上散射点的分布也会有所不同，从而导致目标回波的形状有所不同，没有二维成像方便和直观。

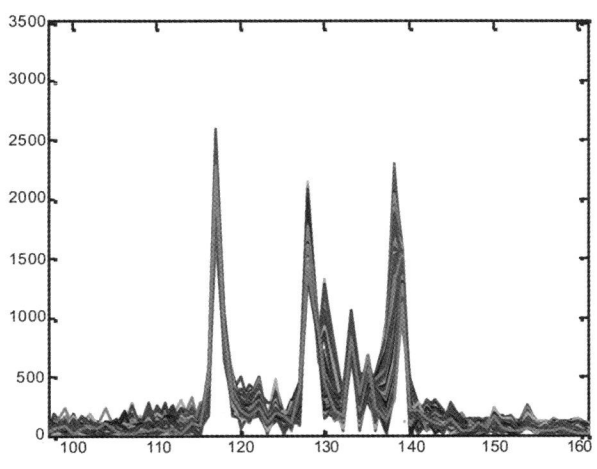

图7.1 飞机的一维距离像示意图

2. 真实孔径雷达成像

50年代初期，美国研制成功了工作在微波频率的能够产生地面图像的机载真实孔径雷达（Real Aperture Radar简称RAR）。随后相继研制了许多不同类型的机载真实孔径雷达，真实孔径雷达通过脉冲压缩技术获取距离向的高分辨率，但方位向分辨率与波长和观测距离成正比，与天线孔径成反比。若要提高方位向分辨率，则飞行平台必须携带一个孔径很大的天线或缩短雷达工作波长。显然前者在雷达结构上会受到限制，后者会削弱雷达全天候工作能力。即使用加大天线孔径和缩短波长来改善图像方位向分辨率，但观测距离仍要受到限制，因此，真实孔径侧视雷达在遥感中的应用就有极大的局限性。

3. 多普勒波束锐化成像

为了解决真实孔径雷达设计中高分辨率要求与大天线、短波长之间的矛盾，1951年6月美国古德依尔（Goodyear）宇航公司的卡尔·威莱（Kail Wiley）首先提出并于1952年研制了一种称之为"多普勒波束锐化"的系统（DBS），这就是合成孔径雷达的初型。当雷达载机以一定速度水平飞行时，地面的固定目标方位不同，其视线与雷达（载机）的速度向量的夹角也不相同，即它们有不同的相对径向速度和多普勒频移，如图7.2所示。因此，对同一波束里的固定目标回波序列作多普勒分析，只要多普勒分辨率足够高，仍然可将波束无法分辨的目标加以分辨，若图中三个目标同时出现在天线波束之内，且在相同的距离单元中。在通常情况下，它们表现为雷达的单个不可分辨的目标。假设天线的方位波束宽度为2°，而且该波束指向飞机地面航迹右边15°，又假设观测的地域与雷达的距离为10km，载机以205.78m/s的速度运动，雷达发射机的频率为10GHz。在这个距离上，常规的分辨技术要求目标的方位向间隔大约为350m，然而，在这种情况下，注意到，雷达航迹与三个目标的角度是有稍微不同的，这样，它们相对于雷达的径向速度也稍有不同，相对应的多普勒频移也是不同的。如表7.1所示概括了三个目标的数据。

表7.1 多普勒波束锐化数据表

目标	离地面航迹的角度/(°)	径向速度/(m/s)	多普勒频移/Hz
1	15.875	197.93	13195.4
2	14.875	198.88	13258.9
3	14.125	199.59	13303.9

目标之间的多普勒频差分别为45Hz和64Hz，若系统有足够的多普勒分辨率，通过分析就能分辨出目标。在这个例子中，2°的波束被分成8个部分，每个多普勒分辨单元的角宽度为0.25°，相邻的单元间隔为0.25°，大约为15Hz的多普勒频移，多普勒波束锐化是将多普勒频偏转化为角度的偏移，知道目标之间的多普勒频率差后就能得到目标相差的多普勒单元个数，从而也能区分出目标之间方位向上相差的距离，实现方位向的高分辨率。

如图7.3所示是多普勒波束锐化的地面场景图,纵向分辨率约为30m,横向分辨率为20m,可见通过多普勒波束锐化成像的分辨率是较低的,只能得到地面场景的轮廓图。

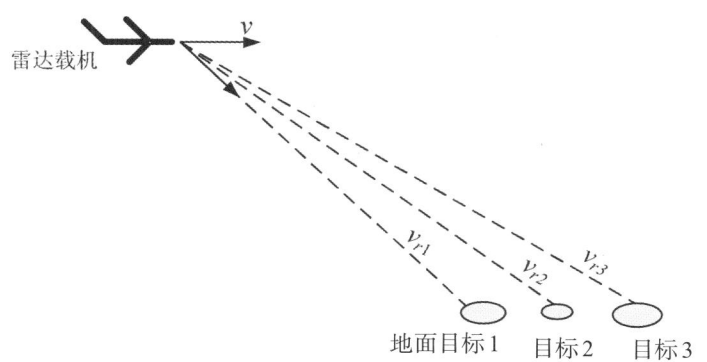

图7.2　多普勒锐化示意图

图7.3　多普勒波束锐化成像的地面场景图

4. 合成孔径雷达成像

通常对于真实孔径天线雷达,如果要求方位向分辨率越高,则要求的天线长度就越长,对于无人机载平台,由于受实际条件的限制,天线尺寸不可能很长,因而很难实现高分辨率。设想能不能用一个小的真实天线的运动来等效地构成一个长天线。可以证明,若能满足一定的条件,就可以在运动方向上获得一个等效的大的天线孔径,这个孔径称为合成孔径,雷达对目标的分辨率将会提高,这种雷达称为合成孔径雷达。

合成孔径雷达能够达到的分辨率是逐年提高的,早期的分辨率可达(10~20)m,不久就到了米数量级,现分辨率已达到0.1m,甚至更高。当然,在应用中并不都要求最高的分辨率,而是根据实际要求确定,图7.4为合成孔径雷达图像,与图7.3为同一地区图像,图中合成孔径雷达分辨率为3m,可见用作广域的普查,3m分辨率已可满足要求。如果要求观察清楚其中一小部分特定区域,则要求更高的分辨率。

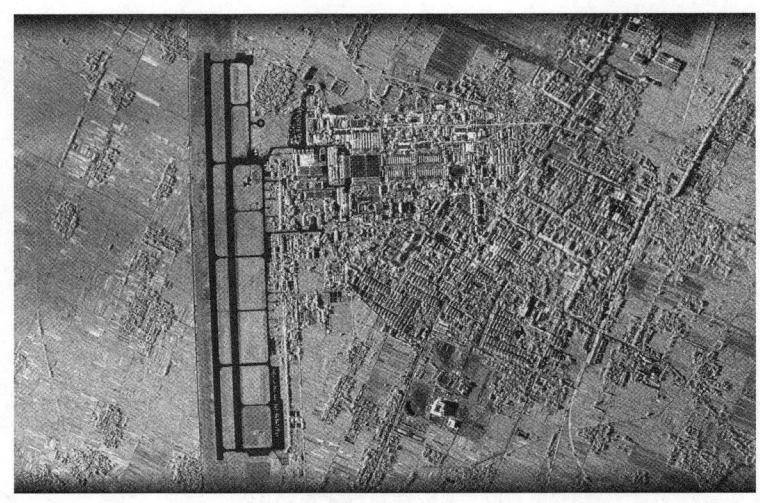

图 7.4 分辨率为 3m 的合成孔径雷达场景图像

合成孔径雷达是相对于真实孔径雷达而言的,是目前应用最为广泛的成像雷达,为了学习其成像原理,首先来学习真实孔径雷达是如何成像的,在比较的基础上学习合成孔径雷达成像原理。

7.1.3 真实孔径雷达成像原理

雷达如果要实现成像,必须要求雷达分辨相邻地形特征的能力,即分辨率,足够小于所需成像目标的尺寸,如果分辨率大于目标尺寸,则雷达只能呈现一维像或者是"点"目标,这就好像 CCD 成像一样,CCD 要想对目标成光学图像,则必须保证 CCD 所包含的像素尺寸远小于目标外形尺寸,否则 CCD 成像的只是一些亮点,无法记录目标的外形,如图 7.5 所示。可见,雷达实现成像就是要提高雷达的分辨率。

一、雷达分辨率

雷达分辨率是指雷达对两个相邻目标的分辨能力,对于成像雷达来说,主要包括距离向分辨率和方位向分辨率。距离向分辨率是在脉冲发射的方向上(距离向)能分辨两个目标的最小距离。方位向分辨率是在与辐射波束垂直方向(方位向)上相邻的两束脉冲之间,能分辨两个目标的最小距离,如图 7.6 所示。在雷达成像中,目标的位置在距离向是按反射脉冲返回先后排列来记录成像,而在方位向是通过平台的前进,扫描面在地表上移动,按平台行进的时序成像,由距离向扫描和方位向扫描而构成一幅雷达图像。

第 7 章 合成孔径雷达(SAR)侦察技术

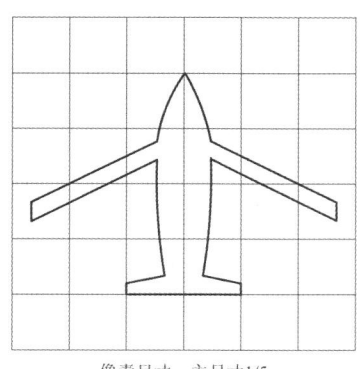 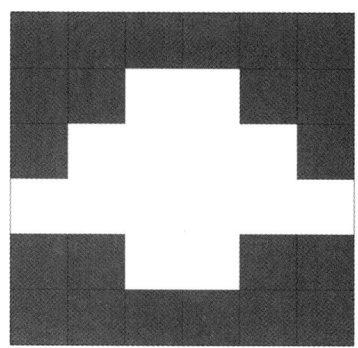

像素尺寸：主尺寸 1/5　　　　　　　　　成像图形

(a) 像素尺寸为主尺寸 1/5

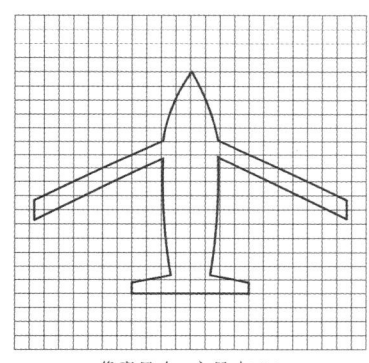 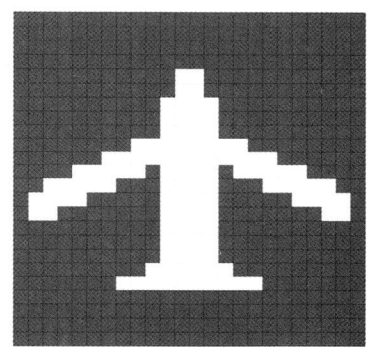

像素尺寸：主尺寸 1/20　　　　　　　　　成像形状

(b) 像素尺寸为主尺寸 1/20

图 7.5　像素大小与成像形状示意图

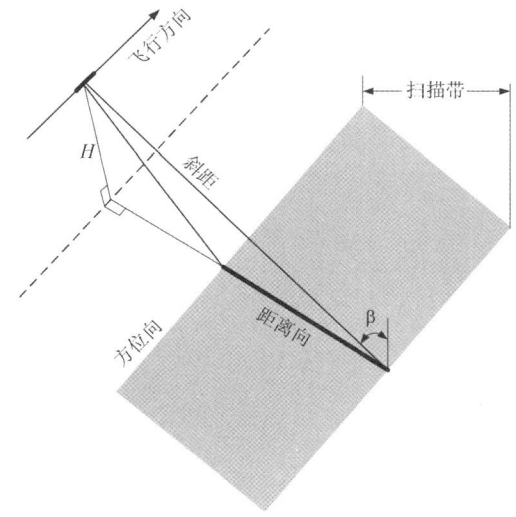

图 7.6　距离向和方位向分辨率示意图

163

1. 距离向分辨率

距离向分辨率可分为斜距分辨率和地距分辨率，两者之间具有关联性，如图7.7所示。所谓斜距分辨率就是区分斜距上两个目标的能力。它取决于雷达接收机在时间上区分两个目标回波的能力。这种分辨能力极限通常定义为：当较近目标回波脉冲的后沿（下降沿）与较远目标回波的前沿（上升沿）刚好重合时，作为可分辨的极限。此时，两目标间的距离就是距离分辨率，如图7.8所示。

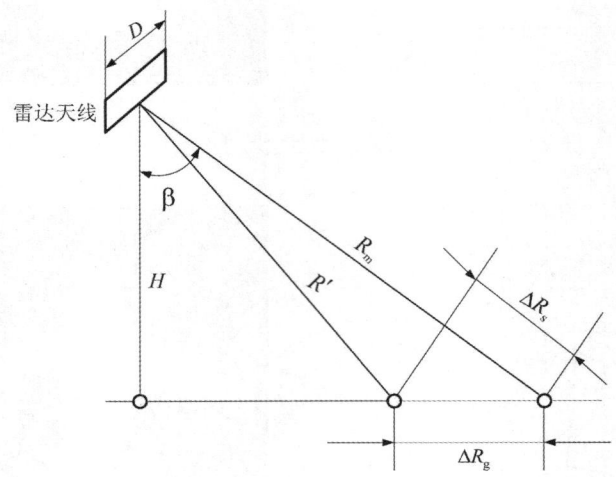

图7.7 斜距和地距分辨率示意图

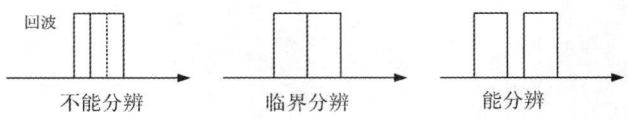

图7.8 距离向分辨率波形示意图

可见，雷达的时间分辨率就是它的发射脉冲宽度τ，设雷达电磁波到地面两目标的距离为R'和R_m，其距离差为ΔR_s，则电磁波到地面两目标点往返所需时间分别为

$$t_1 = 2 \cdot R' / c$$

$$t_2 = 2 \cdot (R' + \Delta R_s) / c$$

式中，c为电磁波传播速度，故两目标点回波信号的时差为

$$\Delta t = t_2 - t_1 = \frac{2\Delta R_s}{c}$$

故$\Delta t = \tau$，因此斜距分辨率ρ_s为

$$\rho_s = \frac{1}{2} c \cdot \tau = \frac{c}{2 \cdot B} \tag{7.1}$$

由图 7.7 可知地距分辨率为

$$\rho_g = \frac{c \cdot \tau}{2 \cdot \sin \beta} = \frac{c}{2 \cdot \sin \beta \cdot B} \tag{7.2}$$

式中，β 为雷达侧视角。

由上面两式可知，斜距分辨率由脉冲宽度决定，脉冲宽度越小，斜距分辨率越高；而地距分辨率由脉冲宽度和雷达侧视角所决定，要提高地距分辨率，则必须减小脉冲宽度和增大侧视角，同时地距分辨率是随侧视角的变化而变化的，离地底点越近，分辨能力越低；反之越高。故成像雷达其天线波束指向侧方。总之，要想得到高的距离向分辨率必须是窄脉冲宽度，即要求信号具有大的带宽。

2. 方位向分辨率

在方位向上，若两个目标能被区分，则该两目标就不能处于同一波束内。因此，方位向分辨率系指相邻的两束脉冲之间，能分辨两个目标的最小距离，决定了雷达区分相同距离上多重目标的能力，它由天线的有效波束宽度确定。相同径向距离的目标，若间距大于天线波束宽度，就能被区分；小于波束宽度，则不能被区分，等于天线波束宽度则处于临界区分的状态，如图 7.9 所示。

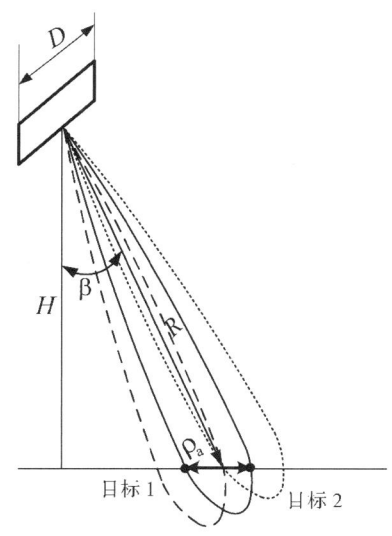

图 7.9 方位向分辨率示意图

从信号显示的角度，方位向分辨率定义为：当一个目标的回波强度到达峰值点时，另一个目标的回波强度开始从零上升，由天线理论，处于这种状态时的两目标之间的角度就是雷达方位分辨的极限，即方位向分辨率，如图 7.10 所示。

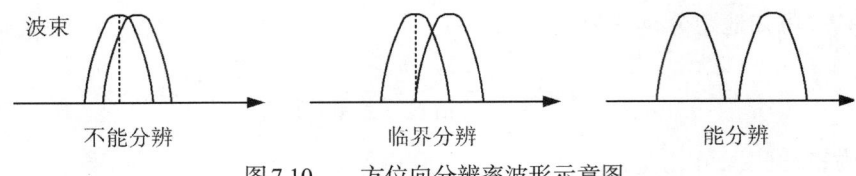

图7.10　方位向分辨率波形示意图

由天线理论可知，波束宽度与电磁波的波长和天线尺寸有关：

$$\theta = \frac{\lambda}{D}$$

式中，λ为电磁波波长，D为天线的有效长度，其典型值为实际长度的0.7倍。

由图7.9可知，方位向分辨率与天线波束宽度的关系为

$$\rho_a = \theta \cdot R = \frac{\lambda}{D} \cdot R \tag{7.3}$$

式中，R为天线至目标的斜距。

可见，雷达方位向分辨率由天线所辐射的电磁波的波长、天线的尺寸以及所探测的距离决定。若电磁波的波长越短、探测距离越近以及天线尺寸越大则雷达的方位向分辨率越高，值得注意的是，对于某一固定的真实孔径成像雷达，它的方位向分辨率是随着其探测距离变化而改变的，并不是一个固定值，探测距离越远，方位向分辨率越低，反之则越高，真实孔径雷达要在远距离上实现较高的方位向分辨率是很难的。

3. 辐射分辨率

也称为灰度级分辨率，是衡量雷达图像质量的重要指标之一，它表示雷达系统区分相近的散射系数的能力。它等效于黑白照片中能够区分的不同的灰度等级，在照片中分辨率由粒径决定，而在雷达图像中，辐射分辨率由目标相干斑（Speckle）和信噪比决定。相干斑是分辨单元内多个散射体回波信号矢量相互叠加所出现的现象。通过多视处理技术可以减轻图像中的相干斑，改善辐射分辨率，但是它以牺牲空间分辨率为代价。辐射分辨率作为相干斑减少的一种度量，定义为均匀场景图像的均方误差与均值之比。

若对不同的目标进行成像则所需要的雷达分辨率的大小是不一样的，如表7.2所示，主要由雷达成像的用途决定分辨率的大小。

表7.2　不同应用场合的雷达分辨率表

要分辨的地形特征	分辨率最大尺寸
海岸线、大型城市和山形外貌	150m
公路主干道、野外地形变化	(18～30)m
"道路图"细节：城市街道、大型建筑、小型飞机场	(9～15)m
车辆、房屋、小型建筑	(1.5～3)m

(二) 真实孔径雷达成像

雷达成像实质就是获得较高的分辨率，对于真实孔径雷达而言，主要是获得距离向和方位向的高分辨率，再通过一定的方法对回波信号进行处理就可以得到雷达图像。

1. 真实孔径雷达距离向的高分辨率

由式（7.1）和（7.2）知道，距离向分辨率中的斜距和地距分辨率都是由信号的脉冲宽度决定的，要想获得高距离向分辨率，必须尽可能地减小信号的脉冲宽度（时宽），但是由雷达方程可以知道，对脉冲雷达而言，发射机的功率通常是有限的，因此脉冲宽度越小，雷达发射的能量就越小，作用距离就越近，即要提高雷达的成像距离必须增加信号的脉冲宽度，从而与提高距离向分辨率之间存在一定的矛盾。

从根本上来讲，决定雷达距离向分辨率的是信号的频带宽度（带宽，即信号所拥有的频率范围）。雷达发射信号的带宽越大，距离向分辨率越高。普通的脉冲雷达发射的脉冲信号是单一载频的，这种信号的时宽与带宽的乘积为一个定值（约为1），不能同时增大时宽和带宽，即不能同时改善雷达的作用距离和距离向分辨率，所以需要考虑其他的具有大时宽带宽积的更复杂的信号形式，即在雷达发射端发射具有较大时宽的信号增加雷达作用距离，而在雷达接收端通过一定技术将雷达回波信号的时宽压缩，也就是增加带宽，这样增加了雷达的距离向分辨率，这种技术称为脉冲压缩技术。

脉冲压缩技术能够解决脉冲雷达在作用距离和分辨率上的矛盾。使用脉冲压缩的雷达发射具有大时宽带宽积的信号，这种信号不再是简单的单一载频脉冲，而是经过了某种调制。"调制"是在宽脉冲情况下增大信号带宽的典型途径。根据雷达信号理论，调制可以分为两种即幅度调制和相位调制。

幅度调制会降低发射信号的平均功率，不能最大程度地利用发射管的效能，使雷达性能下降，因此通常采用相位调制。

相位调制的信号通常分为三种即线性调频信号（LFM）、非线性调频信号（NLFM）、相位编码信号（PCM、PSK）。

一些文献里将调制也称为编码。目前在雷达脉冲压缩领域应用较广的是LFM（线性调频）、NLFM（非线性调频）、二相编码和四相编码。其中，LFM信号的产生和处理都比较简单，是最早获得应用的脉冲压缩雷达信号，并且在当前仍然普遍使用，因此，下面主要讲解以LFM信号为发射信号的脉冲压缩体制。

LFM信号也叫chirp信号。这种信号调制方法由于与鸟的啁啾声相似，所以被其发明者称为chirp。

LFM信号的基本原理是雷达在发射端发射的脉冲频率不再是单一的，而是发射频率线性变化的脉冲，这样发射信号的脉冲宽度没有减小，即雷达作用距离没有改变，在接收端设置压缩网络，引入与发射信号频率变化相反的时间延迟，这样在接收端信号被压缩，脉冲宽度减少，雷达距离向分辨率得到提高，其过程如图7.11所示。

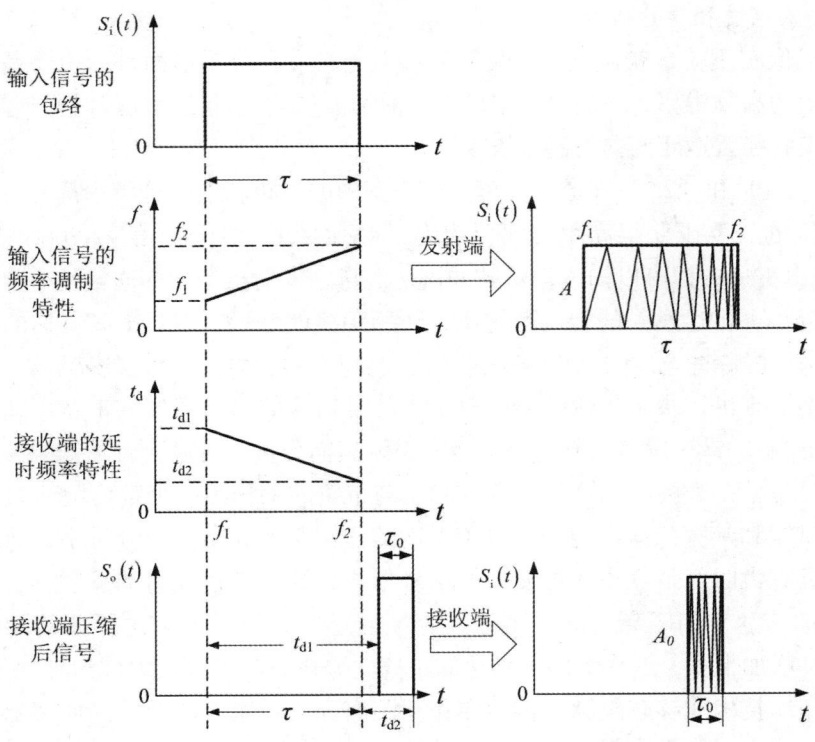

图 7.11　LFM 信号脉冲压缩基本原理示意图

可以这样理解 LFM 信号的脉冲压缩原理：将信号看作由许多频率步进的等长的时间段组成，如图 7.12 所示，第一个片段的频率最低，通过压缩网络的时间最长，其余各片段的频率递增，通过的时间递减。通过的时间差为片段长度，即压缩后脉冲的宽度，这样脉冲宽度得到压缩。

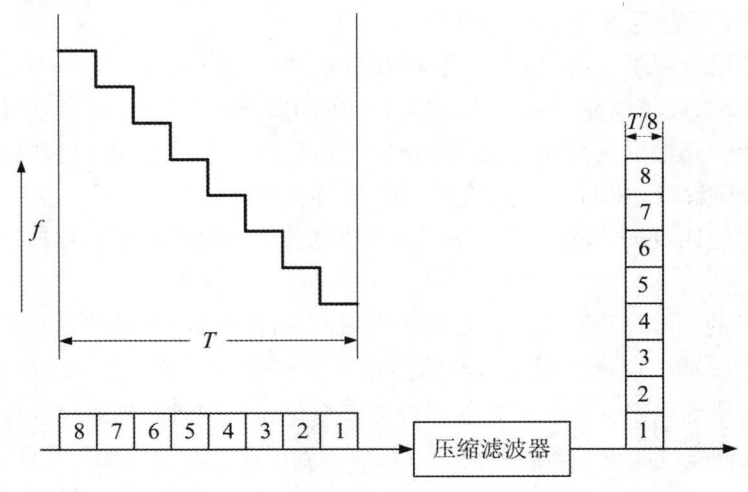

图 7.12　LFM 信号脉冲压缩的解释示意图

脉冲压缩改进距离向分辨率可以从三个方面进行解释：

（1）雷达的距离分辨率与发射信号的带宽有关。LFM信号的带宽很大，因此具有很高的距离分辨率。

（2）LFM信号具有非线性相位谱，可以被压缩。压缩后的脉冲信号时宽很窄，因而具有很高的距离分辨率。

（3）下面用一种很直观的方法来解释脉冲压缩对雷达距离分辨率的改善。

如图7.13所示，A和B是两个间距很近的目标的回波，在进入压缩滤波器以前，两回波部分重合在一起，不能分辨。经过滤波器处理以后，A、B两信号均"叠加"在各自的第一片段上，从图上看就很容易区分了。只要两回波信号的时间差大于压缩后的脉冲宽度，两个间距很近的目标就能区分开来，这个要求远低于未采用脉冲压缩的系统，因为如果没有采用脉冲压缩的话，两个回波信号的时间差必须大于发射的脉冲宽度才能区分目标。因此，脉冲压缩使距离分辨率提高了D倍（D为时宽带宽积，普通雷达的D为1）。

可见，真实孔径雷达的距离向主要通过脉冲压缩技术提高分辨率。例如，在脉冲宽度为1μs时，距离上可能达到的分辨率大约为150m，则脉冲压缩到0.1μs的时宽能得到约15m的分辨率，而压缩到0.01μs的脉冲能达到约1.5m的分辨率。脉冲时宽到底能做多窄，这主要取决于发射机和接收机可能的频带宽度，脉冲时宽越窄则硬件就变得更加难以设计和制造，因而费用更加昂贵。

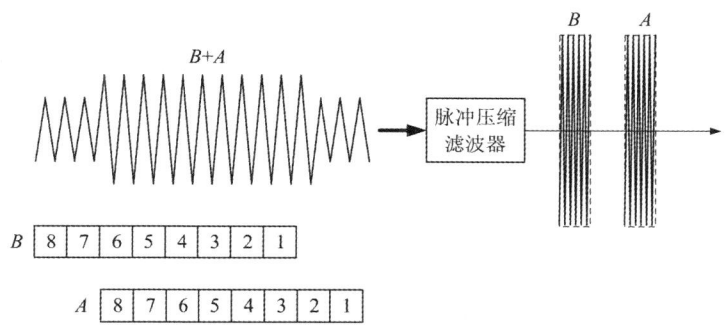

图7.13 部分重叠的目标回波在压缩滤波器输出端被分开示意图

2. 真实孔径雷达方位向的高分辨率

由式（7.3）可知，真实孔径雷达的方位向分辨率主要由电磁波波长、天线尺寸以及侦察距离决定，要获得方位向的高分辨率，必须发射波长较短的电磁波、增加天线尺寸，同时减小雷达的侦察距离。但是，在频率很高时，会出现很多问题，而采用大尺寸天线或天线阵列又受到雷达体积和质量的限制，通过真实孔径天线获得方位向高分辨率是很困难的，当波段（波长λ=25cm）观测距离为20km时，若要得到25m的方位向分辨率，则D=200m，显然，要将这样大的孔径天线搭载在航天或航空平台上是根本不可能实现的。

可见，对于真实孔径雷达利用脉冲压缩技术提高距离向分辨率是容易实现的，但是通过增大天线尺寸来提高方位向分辨率比较困难，20世纪50年代的成像雷达主要采用真实孔径雷达，一般把成像天线安装在运输机上，用于地质探测和遥感，但由于机载天线不可能很大，因此，真实孔径雷达的分辨率一般为百米量级，只能对地貌进行成像，而不能对地面小目标成像，要想彻底提高雷达分辨率只能采用新型的天线体制——合成孔径天线。

7.2 合成孔径雷达成像原理

20世纪50年代，真实孔径雷达的成像精度已经不能满足地形测绘的需要，为了克服真实孔径雷达的低分辨率，人们对高分辨率图像，即高距离分辨率和高方位分辨率（即角分辨率）的追求也愈加强烈。高距离分辨率可通过宽带脉冲压缩技术来实现，这在常规的雷达系统中已经被广泛应用。为了实现高的方位分辨率，在常规雷达中，只能通过增大天线口径，减小方位波束宽度的方法来实现。然而太大的天线口径在加工、制作及安装运输等方面都会有很多的困难，另外，在同样的方位波束宽度情况下，不同距离处的方位分辨率是不同的，且随着距离的增加而变差。因此，在常规雷达体制下很难实现高的方位分辨率。多普勒效应的应用彻底改变了传统雷达的成像方式，1951年美国首先提出合成孔径雷达的概念，并在1953年制造出世界上第一台合成孔径雷达，经过60多年的发展，合成孔径雷达得到了广泛的应用，之所以如此受到世界各国的欢迎，主要是合成孔径能够在不增加天线尺寸的条件下，提高雷达的分辨率，实现精细成像，是目前应用最多的成像雷达。

7.2.1 合成孔径雷达成像原理

一、合成孔径天线原理

20世纪50年代初期，美国密西根大学有一批科学家设想：一根长的线阵天线所以能产生波束宽度窄的电磁波，是由于天线发射电磁波时线阵的每个小单元同时发射相关信号，接收时由于每个阵元同时接收信号然后在接收系统中叠加形成很窄的接收波束。他们认为多个小单元同时发射接收并非必需，可以先在第一个单元发射和接收，然后依次在其他阵元发射和接收，并把在每个阵元上接收的回波信号全部存储起来，然后进行叠加处理，形成足够大的虚拟天线口径，其效果类似于长线阵同时发、收。因此，只要用一个小天线沿着长线阵的轨迹等速移动并辐射相位相同的信号，记录下接收信号并进行适当处理，就能获得一个相当于很长线阵的方位向高分辨率，人们称这种天线阵列概念为合成孔径天线。采用这种合成孔径雷达技术的机载雷达称为合成孔径雷达（SAR）。

这种合成孔径天线是怎么合成的，合成孔径天线如何提高雷达的分辨率的，下面通过一个简单的SAR系统来分析合成孔径天线原理。

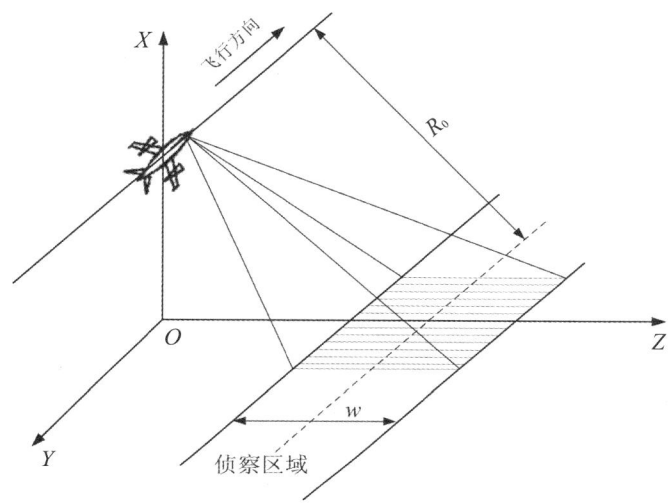

图7.14　SAR假想工作状态示意图

1. 非聚焦孔径

假设载有一部X波段（$\lambda = 3 \text{cm}$）雷达的飞机以固定速度和高度沿直线飞行。雷达天线稍稍指向下方，其指向与飞行路线成90°的固定角度，如图7.14所示，在飞机向前飞行时，波束扫过与飞行路线平行的一个宽的地面区域。然而，在该区域中只有一个较窄的部分才是真正目标区域。比如说，它是离飞行路线约R_0、宽w的条形区域。

如图7.15所示，飞机的对地速度为v，小单元天线尺寸为d，发射机频率为f，那么，雷达每发射一个脉冲，雷达天线中心就沿飞行路线前进v/f，于是，合成阵列可以认为是由相隔v/f的辐射单元组成的线阵，图中P点为一点目标。当雷达天线位于1位置时，此时雷达发射的第一个脉冲遇到目标P，目标P产生散射，一部分能量被天线接收，送往接收机进行处理和存贮。雷达天线到达2位置时，发射第二个脉冲，同样P目标对此脉冲产生散射回波，并被送往接收机进行处理和存贮。如此重复，直至天线运动到N位置时为止，假若目标P离天线的距离比阵列长度大得多，则由P点到每个阵列单元的回波为平面波。

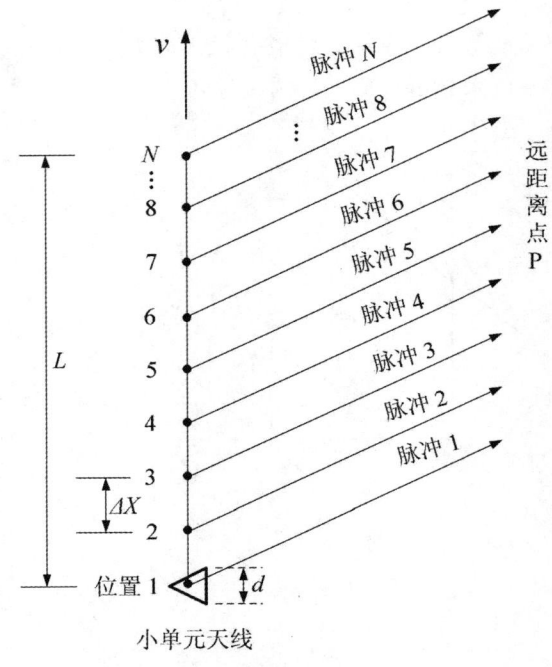

图 7.15 辐射单元线阵示意图

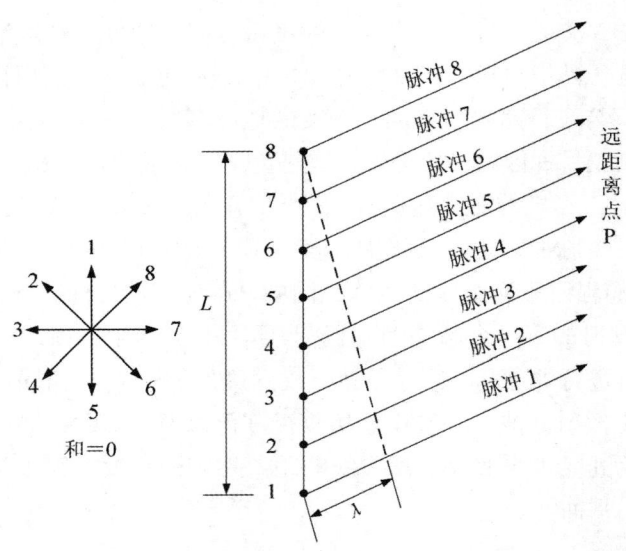

图 7.16 部分单元阵列接收的回波对消示意图

假设 P 点偏离天线轴线方向,其到各阵列单元的距离逐渐出现差异。因此,由各单元接收到的来自这块地面的回波逐渐出现相位差异,由于回波均为平面波并且相位差出现周期性变化,在相位差的一个整周期内,相应阵列单元的回波矢量和为 0,如

图 7.16 所示,当 $N=8$ 时的示意图,这样只有那些没有被对消的阵列回波相加,这样的相干回波(即相位差保持固定的回波信号)的叠加导致天线波束变窄,即波束宽度变小,也就是说这样阵列天线的波束比单个单元的波束要窄,即起到了提高方位向分辨率的作用。

那么是不是合成阵列中单元数越大合成波束宽度越窄呢?实际工作情况下,上面假设的目标 P 与天线之间的距离为无穷大一般是很难实现的,也就是说回波并不是严格的平面波,合成孔径边缘处收到的点目标 P 的回波存在相位差,如图 7.17 所示,这样边缘的接收单元是不能使波束宽度变窄的,合成孔径天线尺寸 L 受到限制,合成孔径边缘到达目标的距离变化为 ΔR,即

$$R_0^2 + \left(\frac{L}{2}\right)^2 = (R_0 + \Delta R)^2$$

$$\Delta R \approx \left(\frac{L}{2}\right)^2 \cdot \frac{1}{2R_0}$$

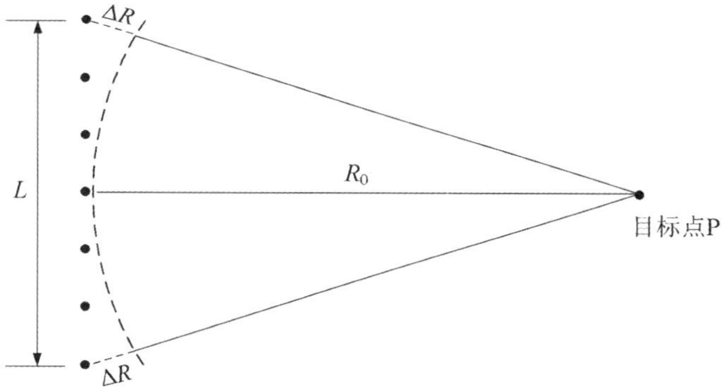

图 7.17 不聚焦孔径几何关系示意图

由于相位差超过 $\pi/2$ 后,回波的一部分将抵消原来的积累信号,因此一般不允许合成孔径边缘处往返相位差不超过 $\pi/2$,则 $\Delta R \leqslant \lambda/8$。

于是得到非聚焦型合成孔径的尺寸的最大值为

$$L_{\max} = \sqrt{R_0 \cdot \lambda} \tag{7.4}$$

式中,λ 为阵列单元发射机发射的电磁波波长。可见,非聚焦孔径天线尺寸由雷达成像距离和电磁波波长决定,如果 $R_0=20$km,则合成孔径的最大尺寸为 24m,这是机载真实孔径天线无法达到的尺寸。

2. 聚焦孔径

由上述分析可以知道非聚焦孔径限制了合成孔径天线的尺寸,而阵列聚焦在很大程度上可以消除对阵列长度的限制。于是,适当加长阵列的长度,实际上在任何所需距离上可达到相同的分辨率。

原理上，使阵列聚焦所要完成的全部工作就是根据目标与阵列单元的距离对每个阵列单元接收到的回波加以适当的相位修正，使到达所有接收单元的目标回波具有相同的相位，如图7.18所示。

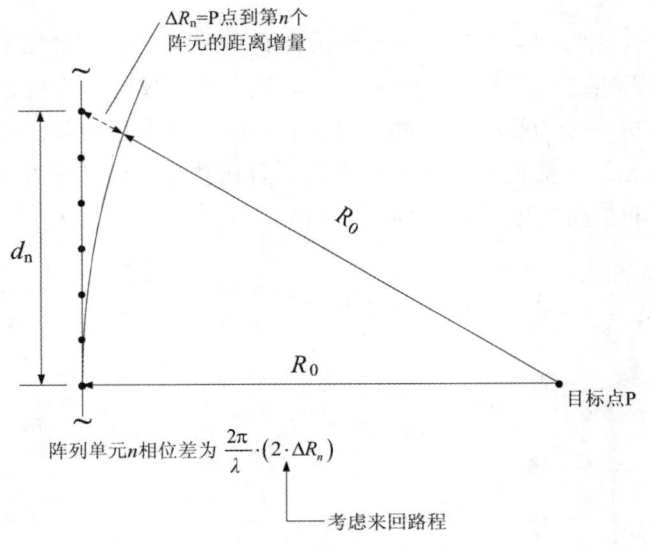

图7.18　阵列聚焦原理示意图

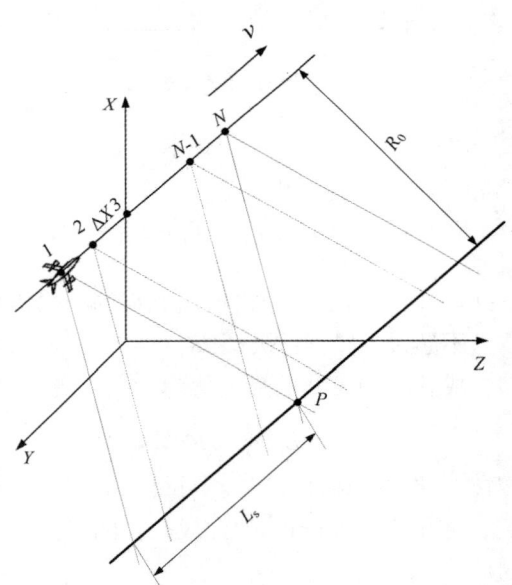

图7.19　聚焦孔径波束与目标P的几何关系图

由于目标至阵列单元的距离有限，则由单个尺寸为d的天线覆盖的范围是有限的，主要与单个天线单元的波束宽度有关。如图7.19中所示，当雷达天线位于1位置时，P点恰好处于雷达波束的前沿，此时雷达发射的第一个脉冲遇到目标P，目标P产生散射，一部分能量被天线接收，送往接收机进行处理和存贮。雷达天线到达2位置时，发射第二个脉冲，同样P目标对此脉冲产生散射回波，并被送往接收机进行处理和存贮。如此重复，直至天线运动到N位置时为止。雷达天线在N位置时，天线波束的后沿刚好扫到目标P，天线发射的第N个脉冲也是目标P所散射的最后一个脉冲。当飞机再向前运动时，天线波束就完全离开了目标P，这时再发射的第$N+1$个脉冲就不会收到目标P的回波。

因而，能从目标散射回来的回波脉冲数N与发射脉冲的频率f、飞机的速度v以及阵列单元在目标P处的波束宽度L_s有关，N可表示为

$$N = \frac{L_s}{\Delta X} + 1$$

式中，ΔX为一个脉冲重复周期内飞机运动的距离，这里的N相当于合成的大尺寸线阵天线中天线单元的个数，也就是说此时合成孔径的天线尺寸为L_s，即

$$L_s = \frac{\lambda}{d} \cdot R_0 \tag{7.5}$$

可见，聚焦孔径天线尺寸由雷达成像距离、电磁波波长和阵列单元的尺寸决定，如果$R_0=20$km，一般d为厘米级，假设为30cm，则合成孔径的尺寸为2000m，比相同情况下非聚焦孔径尺寸扩大了将近百倍，也就是方位向的分辨率提高了近百倍。

二、合成孔径雷达分辨率

合成孔径雷达的分辨率主要包括距离向分辨率和方位向分辨率，合成孔径主要提高方位向的分辨率，而对距离向分辨率影响基本无变化，为了获得距离向高分辨率，合成孔径雷达采用的方法与真实孔径雷达一样，主要采用脉冲压缩技术，在此不再累述。这里主要介绍合成孔径雷达的方位向分辨率。

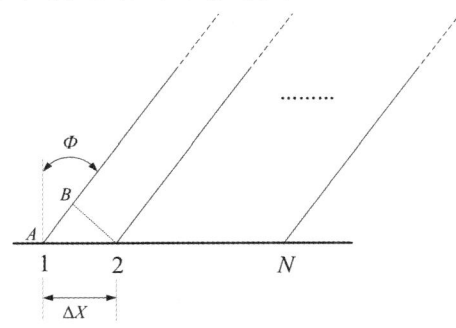

图7.20　反射信号到达线阵天线单元的波程差示意图

首先来分析真实孔径雷达与合成孔径雷达的不同，真实孔径雷达是依次发射电磁波，由于天线上的小单元与目标的距离不同，从而导致目标散射的电磁波回到天线上各个小单元的时间不同，如图7.20所示，图中AB为天线上两相邻单元的行程差，这

种只有回波传输的距离不同导致的行程差称为单程差,真实孔径雷达的回波一般都是由单程差引起的相位差。而合成孔径雷达则不同,它在每个阵列单元处将会重新发射脉冲和接受脉冲,那么相邻阵列单元的行程差已经不是 AB 了,而是两个 AB 组成,这种称为双程差。这个双程差显然是单程差的两倍,因而两个波之间的相位差也是加倍的,对合成天线波束宽度的影响相当于把天线的尺寸增加为原来的两倍。

1. 非聚焦孔径方位向分辨率

根据式(7.4)得到方位向分辨率为

$$\rho_s = \frac{\lambda}{2 \cdot L_{max}} \cdot R_0 = \frac{\lambda}{2 \cdot \sqrt{R_0 \cdot \lambda}} \cdot R_0 = \frac{1}{2}\sqrt{R_0 \cdot \lambda} \tag{7.6}$$

如果 $R_0=20km$,$\lambda=3cm$,则非聚焦合成孔径雷达的分辨率达到 12m,基本上可以对城市街道、大型建筑、小型飞机场等地面区域进行成像,可以满足战术侦察的需要,但不能进行对小型军事目标的成像,要想对细小目标成像只能减小侦察距离或者是采用波长较短的电磁波进行侦察。

2. 聚焦孔径方位向分辨率

根据式(7.5)得到方位向分辨率为

$$\rho_s = \frac{\lambda}{2 \cdot L_s} \cdot R_0 = \frac{\lambda \cdot d}{2 \cdot \lambda \cdot R_0} \cdot R_0 = \frac{d}{2} \tag{7.7}$$

可见,聚焦合成孔径雷达的方位向分辨率与目标距离 R_0 无关而只正比于雷达实际天线的孔径 d。这个结论和真实孔径天线方向图的方位向分辨率完全不同。这主要是由于合成孔径天线的长度 L_s 是和距离 R_0 成正比增长的,两者对方位向分辨率的影响抵消,而当 d 减小时,L_s 也将相应增大,最终导致分辨率提高,同时要想进一步提高分辨率只用减小阵列单元的天线尺寸,相比减小发射电磁波的波长来说,这是很容易实现的。如果 $d=30cm$,则合成孔径雷达的方位向分辨率可以达到 15cm,这样的分辨率足够对地面军事目标成像。

通过上述分析可知,聚焦合成孔径雷达比非聚焦合成孔径雷达的方位向分辨率要高,非聚焦合成孔径雷达适合对大范围成像普查,而聚焦合成孔径雷达适合对目标的精细侦察。

三、合成孔径雷达成像过程

合成孔径雷达接收到回波后大致分为两步完成成像的过程,第一步是把每个阵列单元的回波信号按照一定的规律存储起来,称为存储过程。第二步是当到达一个合成孔径长度后,将存储的所有回波信号取出,进行迭加,称为迭加过程,通过上述两个过程即可得到雷达图像,由于非聚焦孔径和聚焦孔径的回波相位处理不一样,它们的成像过程也不尽相同。

1. 非聚焦合成孔径雷达成像过程

为了使合成孔径雷达的成像过程更加形象和具体化,选用具体的数字化参数来分析。假设载有一部X波段（λ=3cm）雷达的飞机以固定速度和高度沿直线飞行。雷达天线稍稍指向下方，并调整到与飞行路线成90°的固定角度，在飞机向前飞行时，波束扫过与飞行路线平行的一个宽的地面区域。它是离飞行路线约16km、宽1.5km的条形区域，则此时的合成孔径长度为22m，方位向的分辨率为11m。

假设飞机地速为333m/s，雷达脉冲重复频率为1000Hz，则雷达发射一个脉冲，雷达天线中心就沿飞行路线前进0.333m。于是合成孔径可以认为是由相隔0.333m的单元辐射器线阵组成。为了合成所需的22m长孔径，就需要有66个这样的单元。换言之，来自66个相继发射脉冲的回波应加在一起。

为了让66个脉冲的回波存储方便，一般合成孔径雷达的内部给出一组距离单元，宽度刚好是要侦察的1.5km距离区间，假若雷达距离向分辨率为1m，则此时的存储位置应该为1500个，这就好像把地面上一个方位向分辨单元内的一行地面均分为1500块，每块的长度为雷达方位向分辨率为11m，宽度为距离向分辨率1m，如图7.21所示。每个阵列单元发射完脉冲以后，来自地面P1区域内的散射回波存放在距离单元C1内，来自地名P2区域内的散射回波存放在距离单元C2内，以此类推，直至地面1500个区域的回波接收完。这样，当一个合成孔径长度后在距离单元C1上存放了66个脉冲回波，由于是非聚集孔径，即同一个地面区域到阵列单元的距离相同，于是地面区域回波造成的相位差为0，因此，距离单元C1内存储的回波和值就代表了区域P1的总回波，距离单元C2内存储的回波和值就代表了区域P2的总回波，以此推理，于是距离单元存储的内容就代表了来自幅宽为11m×1.5km条形区域的回波幅度数据。

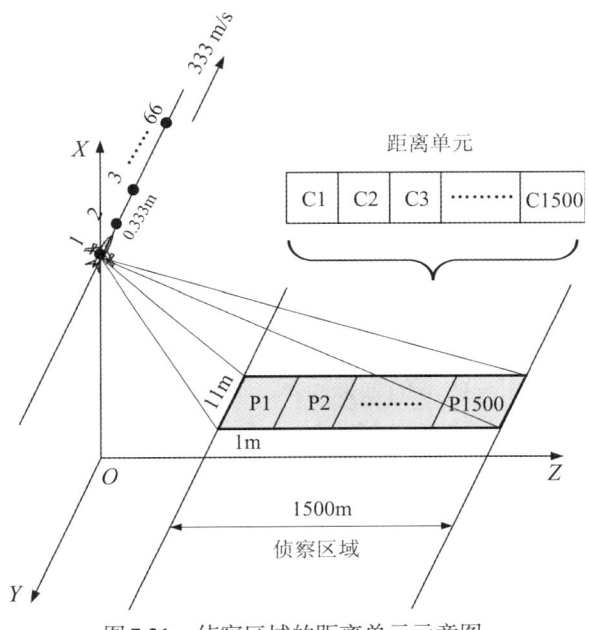

图7.21　侦察区域的距离单元示意图

距离单元迭加结束后，距离单元的内容被传输至显示存储器的各相应位置，如图7.22所示。于是，信号处理机开始形成一个新阵列单元，新阵列的轴线紧跟在刚合成过的方位向分辨单元之后的一个分辨单元，因此，一次形成一行分辨单元的图像。显示存储器同时显示多行方位分辨单元的积累数据，当接收到来自新的一个分辨单元的回波幅度数据时，所有已存储的回波幅度数据就向下移一行，以便为新数据空出位置，而底行数据丢弃。显示存储器中存储的数据，被显示器高速重复扫描，并转换为视频图像信号，在显示器上显示出侦察地面的连续条形图像。

2. 聚焦合成孔径雷达成像过程

从原理上讲，聚焦型合成孔径的信号处理是对每个阵列单元接收的回波加以适当的相位修正后，再进行积累。与非聚焦合成阵列相比，增加了对回波信号的相位修正处理过程，当合成孔径长度增加为1600m（d=30cm），方位向的距离分辨率为0.15m，为了合成所需的1600m长阵列，就需要有4800个这样的阵列单元。

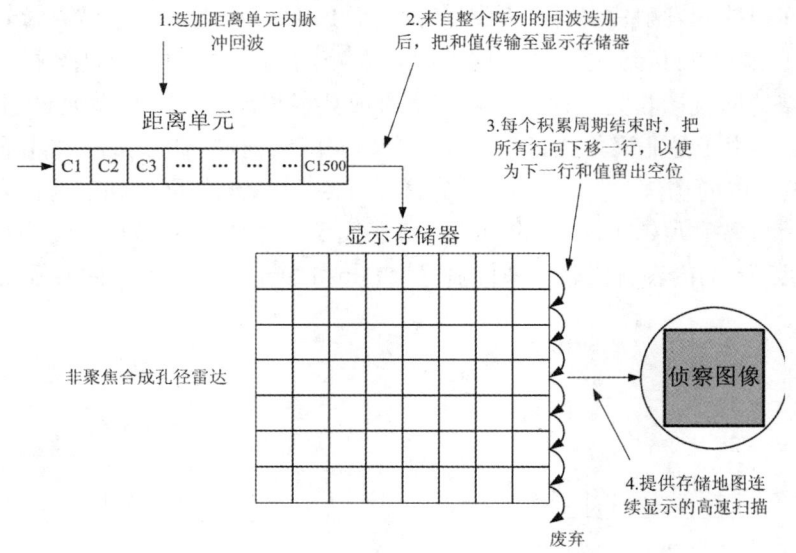

图7.22 非聚焦合成孔径雷达成像过程示意图

与非聚焦合成孔径雷达不同的是，聚焦合成孔径雷达为了使阵列单元聚焦，距离单元必须提供与阵列单元一样多的存储行数，而每行的存储单元数与非聚焦合成孔径雷达同为1500个，同样由距离向分辨单元和侦察区间宽度决定，即聚焦合成孔径雷达提供的距离单元是一个方形矩阵的形式，如图7.23所示，主要是在每个脉冲的回波进行相位修正之前存储起来，其每一行的存储对应关系与非聚焦孔径雷达相似，在此不再累述。当由任何一个发射脉冲来的回波进入距离单元时，它们就存储在最上面一行。当接收到下一个脉冲来的回波时，各行的内容就向下移一行，以便给下一个发射脉冲来的输入回波数据留出空位置。最下面一行的内容就被废弃。

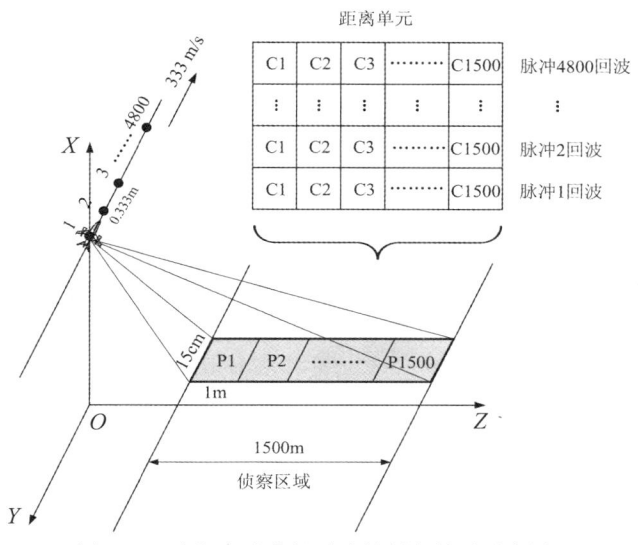

图7.23 聚焦合成孔径雷达的距离单元示意图

在各次移位之间,顺序读出距离单元每行中的列编号,并按这些编号作适当相移后再迭加。把距离单元每个列的和值的幅值送入显示存储器最上面一行中的对应列的位置。因此,每次接收到来自另一个合成孔径发射脉冲的回波就合成新的一个阵列。该阵列的中心与待测绘地面的一行目标处在直线上,整个成像过程如图7.24所示。

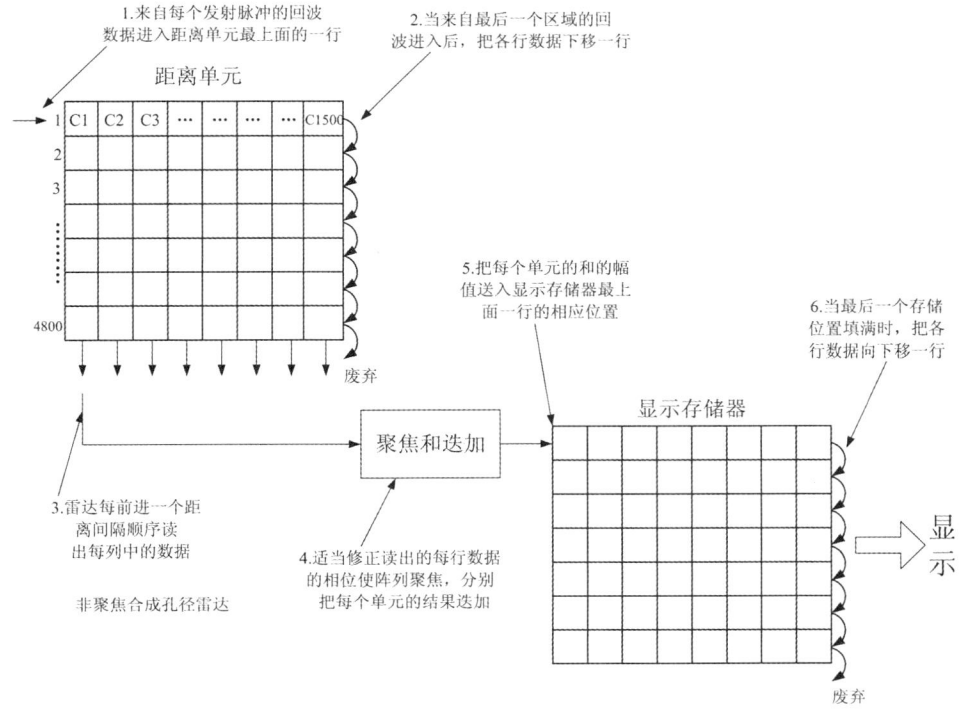

图7.24 聚焦合成孔径雷达成像过程示意图

这种成像过程与非聚焦孔径雷达的基本相似，显示存储器上显示的也是连续条形图像。对聚焦型合成孔径来说，由于阵列长，处理需要巨大的计算量。雷达每发射一个脉冲，就必须对整个合成孔径长度上接收到的每个脉冲的回波的全部相位进行修正，并将结果迭加。如本例中必须对距离单元的 4800×1500 个回波作相位修正和迭加。因此，聚焦合成孔径雷达的成像处理在实际系统中不是逐行处理，而采用并行处理方法，即同时对侦察地域的许多行数据进行并行处理，这样就可使计算量大幅度减小。

通过合成孔径雷达的成像原理可以发现，聚焦合成孔径雷达比非聚焦合成孔径雷达的分辨率要高很多，但是聚焦合成孔径雷达的信息处理量也比非聚焦合成孔径雷达高出几百倍。在早期合成孔径雷达，或在某些应用场合对方位分辨率要求不高的情况下，常采用非聚焦型合成孔径技术，降低了对信号处理部分的要求，也降低了设计和制造费用。

7.2.2 合成孔径雷达工作模式

上面介绍的条形状侦察区域的合成孔径雷达十分有用，随着合成孔径雷达技术的迅猛发展，这种模式得到了许多改进以适应各种模式的特殊要求，各种不同功能、不同形式和不同用途的新模式合成孔径雷达层出不穷，主要包括条带模式、聚束模式以及扫描模式。

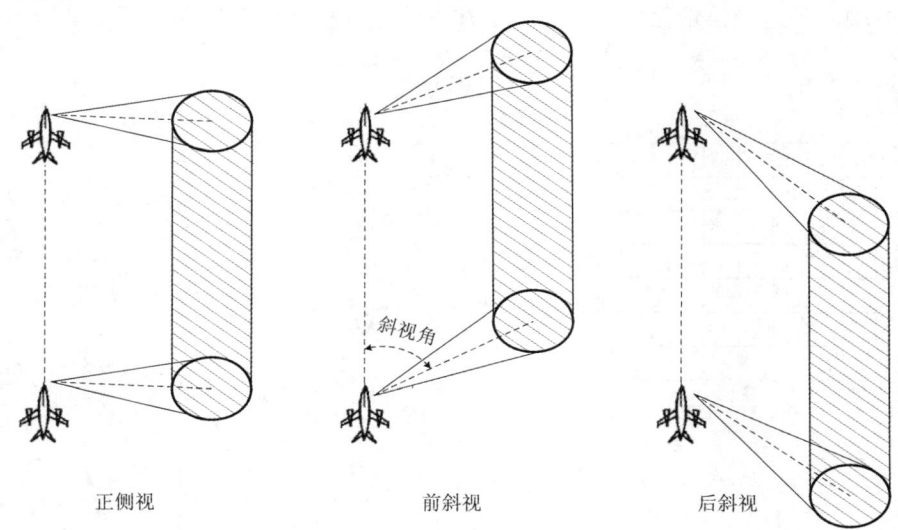

图 7.25　正侧视和斜侧视 SAR 示意图

一、条带模式

条带合成孔径雷达（Strip-SAR）是目前应用最广泛的合成孔径雷达模式，波束以不变的斜视角度对一条平行于飞行路径的带状区域进行连续观测。根据其天线波束指向与飞行航线的角度关系可以把条带合成孔径雷达分为正侧视和斜侧视两种，正侧视是雷达天线法线方向垂直于运载平台的飞行方向,也就是上面所介绍的类型;而斜侧视中雷达天线的法线与飞行方向的夹角不等于90°,天线法线若指向飞行方向为前斜视,反之则为后斜视,这样合成阵列就能通过斜视超前或滞后飞机一侧相当大的区域,如图7.25所示。

当然,由于波束出现的斜视角度,合成阵列会缩短。从载机看过去,合成阵列有效长度按斜视角的正弦值成比例缩短 $L_{eff}=L_s\sin\gamma$,如图7.26所示,合成孔径雷达的方位向分辨率也相应降低。

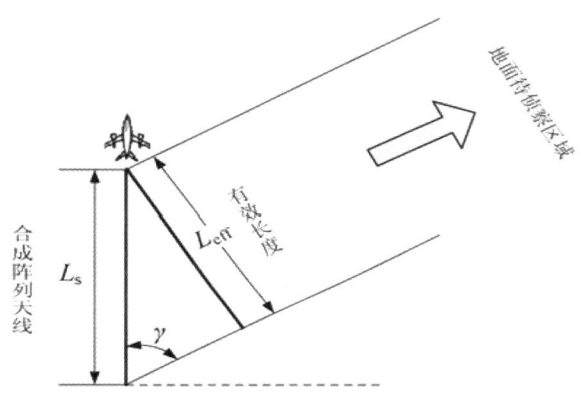

图7.26　斜侧视合成孔径示意图

二、聚束模式

雷达在前进中通过逐渐改变天线指向角度,就可使波束始终照射某一感兴趣的目标或区域,实现重复侦察,称为聚束合成孔径雷达,示意图如图7.27所示。聚束合成孔径雷达不仅能长时间地监视某一区域,而且还能产生比条带模式质量高的图像。这是由于波长通常比较短,所以当从几个相差不大的角度观察同一区域时,到各散射点的相对距离(以波长的几分之一表示)可能有明显改变。因此,沿着飞行路线在前进

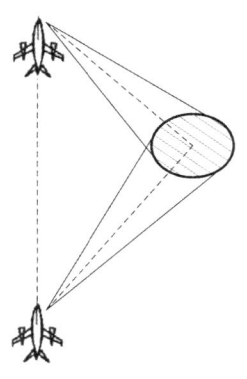

图7.27　聚束合成孔径雷达示意图

中对同一区域重复照射，并对来自各分辨单元的连续回波求平均，就可能大大减少颗粒现象，使图像更加细腻，提高图像质量。同时由于聚束合成孔径雷达合成阵列的长度不受阵列单元的波束宽度的限制，因此，方位向分辨率可进一步提高，合成阵列长度示意图如图7.28所示。聚束合成孔径雷达的成像过程是非聚焦和聚焦SAR的组合，其前一部分为非聚焦SAR的成像过程，后一部分为聚焦SAR的成像过程。

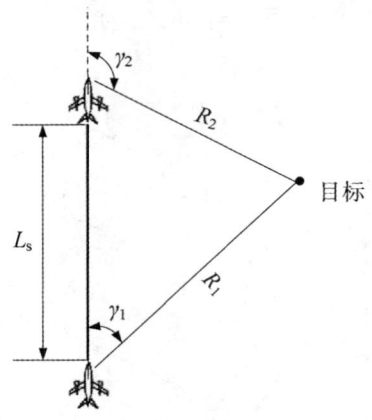

图7.28　聚束合成孔径雷达合成阵列长度示意图

三、扫描模式

扫描合成孔径雷达是指波束连续观测的是一个不平行于飞行轨迹的笔直条带，与条带SAR不同的是，目标区域与雷达的距离处于不断变化当中，如图7.29所示。由于距离不断增加，导致方位向分辨率逐渐降低，为了得到清晰的图像，一般通过减少条带宽度来实现，由于扫描SAR波束照射较为复杂，目前应用较少。

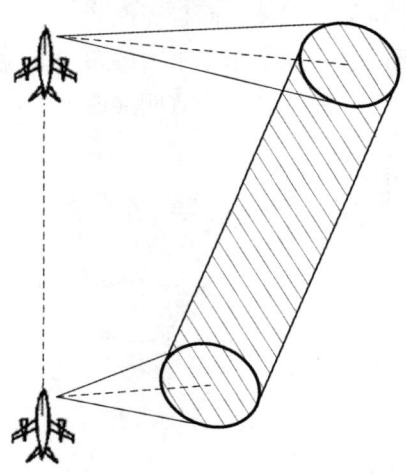

图7.29　扫描合成孔径雷达示意图

目前应用较多的是条带模式和聚束模式，条带模式由于侦察区域宽而分辨率不高，主要用于普通侦察，而聚束模式分辨率高，主要对具体目标或区域的细节进行侦察。早期的SAR只具有一种工作模式，现在的SAR一般会同时有条带模式和聚束模式，根据不同侦察要求相互切换工作。

7.2.3 合成孔径雷达分类

根据不同的分类方法，合成孔径雷达出现不同体制，这些体制存在一定的交错，下面主要介绍其中常见的分类方法。

一、按雷达与目标的相对运动分

根据雷达与目标之间的相对运动情况可以把合成孔径雷达分为常规意义的合成孔径雷达、逆合成孔径雷达（Inverse Synthetic Aperture Radar，ISAR）和SAR-ISAR混合型合成孔径雷达。其中常规意义的合成孔径雷达指雷达运动，目标不动的情况；逆合成孔径雷达则相反，是雷达不动，目标相对雷达运动；混合型SAR-ISAR指雷达与目标均运动的情况（常规意义的合成孔径雷达对动目标成像即属于这种情况）。

SAR与ISAR虽然在原理上相通（依靠发射大时宽带宽信号获得距离向的高分辨率，方位向通过孔径合成原理获取高的方位向分辨率），但由于ISAR形成合成阵列的主动权在目标，因此ISAR比SAR更复杂。

SAR跟随飞行载体运动，主要针对的是固定地物，参数分析相对容易，但由于其成像面积大，数据量较大，因此信号处理比较复杂；ISAR一般固定在地面，主要针对的是非合作的飞行目标（包括飞机、卫星、导弹等），尽管处理数据量小（如果进行多目标成像，则ISAR也存在运算量大的问题），但要实现目标的成像较为困难，图7.30所示为地基ISAR和其模拟的飞机图像。

二、按信号处理分

根据信号处理的方式不同，可以把合成孔径雷达分为聚焦式和非聚焦式。在前面的章节中介绍过，合成孔径雷达在飞行过程中，同一目标的回波信号在相位上存在一定的差异，如果不对相位差补偿就进行回波迭加，则处理增益较低，从而方位分辨率也较低，这便是非聚焦处理；如果对相位差补偿后进行处理则处理增益较高，分辨率也较高，被称作聚焦处理。

三、按工作模式分

根据工作模式不同，合成孔径雷达分为条带模式、聚束模式以及扫描模式，目前多数合成孔径雷达具有多种工作模式，因此根据工作模式的数量不同，又可分为单模、双模以及多模，现役的SAR主要为双模，多模的较少，而单模SAR已基本不再使用。

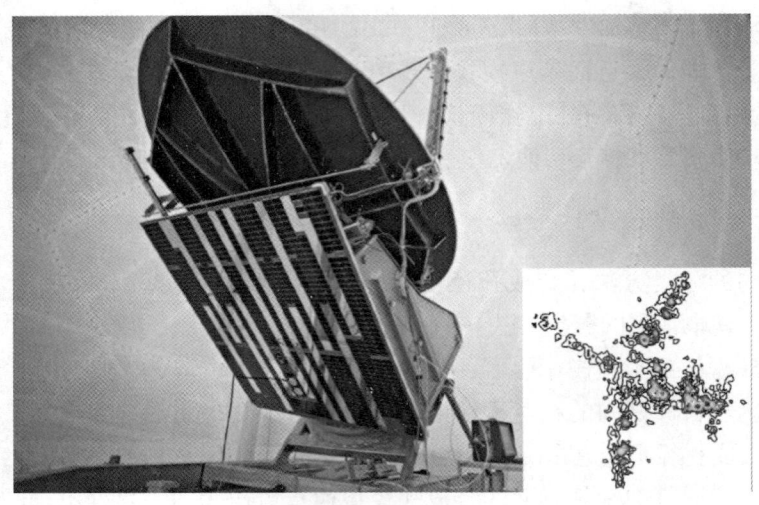

图 7.30 地基 ISAR 及其图像

四、按成像维度分

根据成像的维度可以把合成孔径雷达分为一维像、二维像和三维像雷达。一维像指雷达距离上通过脉冲压缩得到的高分辨率距离像（一般用在 ISAR 中）；常规意义上的合成孔径雷达为二维像雷达，除了宽带高分辨率距离像外，还在方位上通过孔径合成原理获取高的方位分辨率；三维像则是在常规二维像的基础上，利用两套俯仰布设天线获取目标的高度信息，也就是经常提到的干涉 SAR。

五、其他

除上述的分类外，还存在以下的分类方法：

根据波段把合成孔径雷达分为 L、S、C、X、Ku、Ka、毫米波波段以及多波段合成孔径雷达等。

根据飞行平台可以分为弹载合成孔径雷达、机载合成孔径雷达（包括无人机载、直升机载、运输机载和航天机载等）和星载合成孔径雷达，如图 7.31 所示。

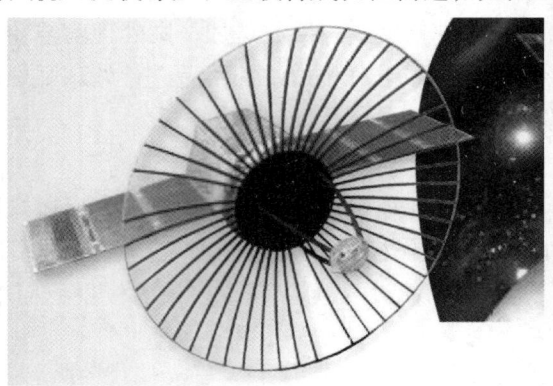

图 7.31 星载合成孔径雷达图

7.2.4 合成孔径雷达性能参数

合理地选择SAR系统的性能参数，以满足不同应用领域的需求。而SAR系统性能参数的选择又受诸多条件的限制，其中有些参数是为了应用目的需要，而另一些参数，则由于技术上的原因或相互间的制约而不得不进行折中的选择，现将SAR特有的性能参数（工作波段、脉冲重复频率、天线宽度、侦察宽度以及距离方程）进行介绍。

一、工作波段

在SAR系统工作性能参数中，工作波段的选择主要根据不同的用途决定，不同波段的选择，将直接影响系统的实现和侦察图像的质量。

不同波段（不同频率）的电磁波与地面目标相互作用的影响主要通过两条途径，即等效表面粗糙度和电磁波穿透目标的能力。前者是因为要按波长来衡量地物表面有效粗糙度，对同一地物表面粗糙度，波长不同，其有效粗糙度也不同，从而地物的散射特性也不同。后者是因为波长不同，目标的复介电常数也不同。而复介电常数不同，则不仅影响到地物目标的反射能力，而且影响到电磁波穿透力，一般来说，复介电常数越大的地物，对电磁波的反射率也越大，而电磁波的穿透力则越小，目前的SAR频率主要集中在X、C、S、L波段，主要用途见表7.3，一般SAR都采用多个波段，特别是卫星上使用的SAR。

表7.3 合成孔径雷达的常用波段表

波段名称	频率范围/GHz	波长/cm	用途
L	1~2	15~30	森林类型普查
S	2~4	7.5~15	地图测绘
C	4~8	3.75~7.5	森林植被普查、海洋检测
X	8~12	2.5~3.75	军事侦察、地形测量
Ku、K、Ka	12~40	1.1~2.5	军事侦察

二、脉冲重复频率

通过合成孔径的原理可以知道，脉冲重复频率 f 的大小决定了阵列单元中各单元之间的距离，不决定其分辨率，但是，如果间距过小将会导致相邻两次脉冲的发射与接收发生混淆，从而图像出现模糊，如图7.32所示，同时间距也不能过大，因为要实现合成孔径，波束要多次照射侦察区域，间距大使脉冲的波束不能覆盖侦察区域，因此间距最大时不能超过方位向分辨单元的大小，示意图如图7.33所示。

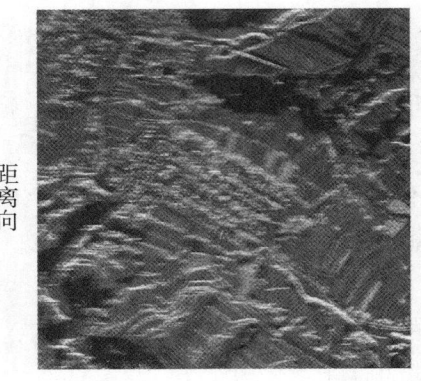

距离向

方位向

模糊图像　　　　　　　　　　　正常图像

图 7.32　发收脉冲混淆造成的图像模糊示意图

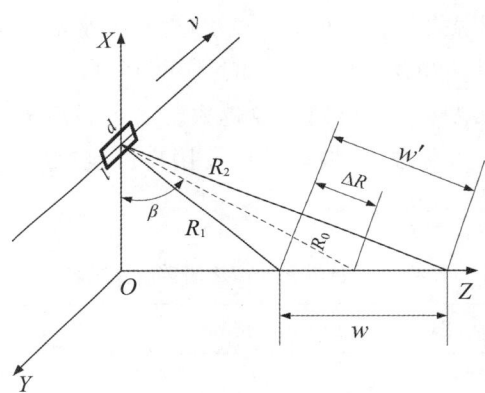

图 7.33　脉冲重复频率计算示意图

如果飞机飞行速度为 v，则间距最大时，脉冲重复频率 f 应该满足下式：

$$\frac{v}{f} \leqslant \rho_s$$

间距最小时，即在下一个脉冲发射之前，本次的脉冲回波必须全部接收，脉冲重复频率 f 应该满足下式：

$$\frac{1}{f} \geqslant \frac{2 \cdot (R_0 - R_1)}{c} = \frac{2 \cdot \Delta R}{c}$$

于是，脉冲重复频率 f 的范围为

$$\frac{2 \cdot v}{d} \leqslant f \leqslant \frac{c}{2 \cdot \Delta R} \tag{7.8}$$

三、天线尺寸

从前面分析可以得到,天线尺寸越小,聚焦合成孔径雷达的分辨率越小,但是由于所发射的脉冲频率的限制,天线尺寸 d 不能过小,由式(7.8)得到

$$d \geqslant \frac{2 \cdot v}{f} \tag{7.9}$$

于是天线尺寸的最小值为

$$d_{\min} = \frac{2 \cdot v}{f}$$

可见:

(1) 如果要求合成孔径雷达的方位向分辨率越高,则脉冲的重复频率就要越大,从而对硬件的要求增加;

(2) 由于飞机的 v 很大,故天线尺寸不可能很小,一般为 30cm~50cm。

四、侦察宽度

合成孔径雷达的侦察宽度是波束辐照的地面宽度,宽度越大则一次飞行侦察的区域就越广,由于波束是倾斜照射地面的,所以其侦察宽度一般要小于波束宽度,由图 7.33 可得到侦察宽度如下:

$$w = \frac{w'}{\sin \beta}, \quad w' \leqslant \Delta R = \frac{c}{2 \cdot f}$$

得到侦察宽度的最大值为

$$w_{\max} = \frac{c}{2 \cdot f \cdot \sin \beta} \tag{7.10}$$

式中,β 为雷达侧视角。

可以看出:

(1) 侦察宽度限制了最大可能的脉冲重复频率,即要获取较大的侦察宽度,脉冲重复频率不能太高;

(2) 侦察宽度受到方位向分辨率的限制。方位向分辨率越高,则允许的最大侦察宽度也越小,反之,若要增大侦察宽度,就必须降低方位向的分辨率,也就是说要侦察范围广必须降低分辨率,要获得高分辨率必须牺牲侦察范围,这和光学镜头的视场原理有些类似。

五、合成孔径雷达方程

合成孔径雷达相对常规体制雷达而言,最主要的特点是考虑面目标和增加了二维脉冲压缩(方位向波束锐化相当于脉冲压缩的结果),因此,其作用距离方程只需要在基本雷达方程的基础上增加二维脉冲压缩增益,并代入面目标等效散射截面积即可,即

$$\left(\frac{S}{N}\right)_{\text{SAR}} = k_r n_r k_a n_a \left(\frac{S}{N}\right)_0$$

式中，$(S/N)_0$为雷达检测的信噪比，n_r、n_a为距离向和方位向压缩比，k_r、k_a为常量。

把方位向、距离向时宽带宽积代入上式得到：

$$\left(\frac{S}{N}\right)_{\text{SAR}} = \frac{k_r k_a P_{\text{av}} G^2 \lambda^3 \sigma}{2 \cdot (4\pi)^3 k T_0 F_n R^3 L \rho_s v}$$

式中，P_{av}为发射平均功率，G为天线增益，k为玻尔兹曼常数，$T_0=290\text{K}$，F_n为接收系统噪声系数，R为雷达至目标的距离，L为系统损耗，ρ_s合成孔径雷达方位向分辨率，v为载机的速度。

式中σ为孤立型目标的雷达横截面积，对于条带型成像雷达而言，分布式目标模型更适合成像区域的实际情况。对于分布式目标，其分辨单元的雷达散射截面积可表示为

$$\sigma = k_1 k_2 \sigma_0 \rho_g \rho_s \csc(\beta)$$

式中，ρ_g为雷达距离向分辨率，ρ_s为雷达方位向分辨率，β为雷达侧视角，σ_0为侦察区后向散射系数，k_1、k_2为常数。

于是得到分布式目标的雷达方程为

$$\left(\frac{S}{N}\right)_{\text{SAR}} = \frac{k_1 k_2 k_\tau k_a C P_{\text{av}} G^2 \lambda^3 \sigma_0 \csc(\beta)}{4 \cdot (4\pi)^3 R^3 k T_0 B_n F_n v} \tag{7.11}$$

式中，B_n为系统带宽。

通过式(7.11)的比较，得到普通雷达与合成孔径雷达的不同之处：

（1）由于合成孔径雷达在方位和距离上都进行了压缩，则其输出信噪比相对同样雷达反射截面积的地物而言将增大B_n倍；

（2）合成孔径雷达的成像过程是对地面雷达后向散射系数的一种映射，与成像面积无关；

（3）信噪比与雷达波长的三次方成正比，而常规雷达与波长平方成正比；

（4）信噪比与目标距离三次方成反比，而常规雷达是与目标距离四次方成反比。

7.2.5 合成孔径雷达的应用

合成孔径雷达根据应用领域可分为军用和民用两种。

军用方面，合成孔径雷达主要用于战场侦察监视，主要表现在：①战略应用，全天候全球战略侦察、全天候海洋军事动态监视、战略导弹终端要点防御的目标识别与拦截、战略导弹多弹头分导自动导引、地下坑道平台开口的识别、战略地下军事设施的探测等。②战术应用，全天候重点战区军事动态监视、大型坦克群的成像监视、敌方较前沿机场以及机场内飞机类型的侦察、敌方交通枢纽的侦察以及反坦克雷达的探

测等。③特种应用，强杂波背景下的目标识别、低空与超低空目标的探测与跟踪、精密测向与测高、隐形目标散射特性的静态和动态测量等。随着对合成孔径雷达应用潜力的逐步挖掘，相信SAR在未来战场上的应用将会更为广泛。

民用方面，合成孔径雷达的应用主要包括地质勘测（包括地质普查和矿产资源勘测，主要用于地理、地质和生态方面的研究）、灾害的预防监测、海洋监测（海浪监测和污染情况监测）等。2008年5月12日，中国四川发生了特大地震灾害，事后，相关部门及时组织多架次的机载合成孔径雷达系统实施了救援活动，这为灾情评估和灾后搜救赢得了时间，为灾后重建提供了数据支撑。

7.2.6　合成孔径雷达的发展历程及趋势

自20世纪80年代合成孔径理论提出以来，SAR技术的开发应用得到了迅猛发展。1978年6月，美国成功发射了第一颗载L波段SAR卫星SEASAT-A，在此之前SAR平台仅限于飞机；1988年12月，美国又通过亚特兰蒂号航天飞机发射了第一颗专用于军事侦察的载L、X波段合成孔径雷达卫星"长曲棍球"，显示出了巨大的军事应用潜力。除美国外，其他技术先进的国家从20世纪中、后期也相继研发了自己的SAR产品。目前，SAR平台功能在不断加强和完善并呈多样化趋势发展，包括飞机、导弹、卫星等。

一、合成孔径雷达的发展历程

从20世纪50年代至今，合成孔径雷达分别经历了理论提出、样机研制、机载合成孔径雷达研制及星载合成孔径雷达研制等四个阶段，各阶段的发展都相当迅速，下面给出合成孔径雷达技术发展中的重要事件节点。

1951年，美国Goodyear公司的Carl Wiley首先提出通过频率分析方法改善雷达角分辨率的方法。该方法同时得到了美国伊利诺依大学控制系统实验室的验证。

1952年，C. W. Shervin第一次提出了采用相位校正的全聚焦阵列概念，另外他还提出了运动补偿概念。正是这些新思想最终导致了X波段相干雷达的研制。第一个SAR系统研制成功。

1953年，获得第一幅SAR图像。

1957年，美国密歇根大学雷达和光学实验室研制的SAR系统获得第一张全聚焦的SAR图像。

1958年，美国密执安大学（University of Michigan）的雷达和光学实验室在L.J. Cutrona的领导下，用他们研制的雷达进行飞行试验，用光学相关器件将相干雷达视频信号变成了高分辨的图像。

在1967年Greenberg首先提出在卫星上安装SAR的设想。由于卫星飞行高度高测绘带宽，可以大面积成像等优点，科学家开始着手进行航天飞机、卫星等作为载体的空载SAR的研究，并取得了巨大进展。

1978年6月，美国宇航局（NASA）成功地发射了全球第一颗装载空间合成孔径雷达的人造地球卫星（Seasat-A），对地球表面1亿平方公里的面积进行了测绘。Seasat卫星的高度约800km，工作波段为L波段，测绘带宽为100km。Seasat卫星具有很大的全球覆盖率，转发了不同地形特征的SAR数据，获得了大量过去未曾有过的信息，引起了科学家们的极大重视。标志着星载SAR已成功进入了太空时代。

1988年12月2日，美国航天飞机"亚特兰蒂斯"号将"长曲棍球（Lacrosse）"军事侦察卫星送入预定轨道，这是世界上第一颗高分辨率雷达成像卫星。它可以全天候、全天时监视苏联装甲部队的活动，分辨率以达到1m左右。"长曲棍球"系统共由5颗卫星组成（Lacrosse-1～5），后四颗卫星分别于1991年3月8日、1997年10月24日、2000年8月17日和2005年4月30日发射升空，该系统在海湾战争与伊拉克战争中均发挥了重要作用。

1989年，NASA开展了一项星球雷达任务——Magellan雷达观测金星计划，将SAR拓展到研究其他星球的重要工具之一。

从九十年代起，对能够提供三维信息的干涉式SAR的研究引起了世界各国的格外关注，成为SAR技术发展的新热点。

1991年7月1日，欧空局发射了ERS-1空间合成孔径雷达，运行3年，该雷达系统采用准极地轨道，平均高度为785km，测绘带宽为100km，分辨率为30m，工作于C波段，垂直极化方式。根据ERS-1的特性，获得了大量的星载SAR三维成像试验的数据，许多科学家利用ERS-1的数据进行三维SAR成像研究，得到了较为满意的结果。它可提供全球气候变化情况，并对近海水域和陆地进行观测。

1995年11月4日，加拿大成功发射了地球资源勘测卫星RADAR-SAT-1，该星为商业应用和科学研究提供全球冰情、海洋和地球资源数据。

随着SAR技术的不断发展，在实现多频段、多极化和多视角的同时，为实现更高的全球覆盖率，提供实时准确的数据信息，SAR逐渐向小型化、SAR星座组网及干涉测量等方向发展，且其分辨率已达到1m以内。

2007年6月15日，德国航空航天中心发射了TerraSAR-X雷达卫星。该卫星运行在514km的轨道上，利用有源天线昼夜搜集整个地球的X波段雷达数据，并且无论天气条件、云层覆盖和照明情况如何，其分辨率均可达到1m。

2007年6月8日与2007年12月，意大利发射了前两颗Cosmo-skymed卫星。Cosmo-skymed卫星是一个新的地球观测系统，它是基于4颗雷达卫星的星座，每颗卫星运行在高度为619.6km的太阳同步轨道上。剩余两颗分别于2008年和2009年发射。该星座与成熟的地面设备将全天时、全天候地监测地球表面，最高分辨率为1m，扫描带宽为10km，且可以利用不同入射角的两颗雷达的测量数据干涉形成三维立体图像，具备雷达干涉测量地形的能力。

2006年12月19日、2007年7月3日、2007年11月1日、2008年3月28日，德国分

别发射了前四颗SAR-Lupe军事雷达卫星,最后一颗于2008年发射。该系统独特的设计理念是包括五颗卫星的星座,分布在三个不同轨道上。在轨道上只要有2颗卫星就能保证系统的正常工作,发射5颗卫星主要是预防卫星在轨道上发生故障。卫星每颗重770kg,搭载的雷达成像设备可以在任何照明和气象条件下对地面设施进行观测和拍照,分辨率约为0.7m。卫星还可以分辨运动中的汽车及飞机型号,并能识别地面"特殊设施"。

2008年1月21日,以色列的TecSAR间谍卫星发射升空,2008年1月31日得到了第一幅SAR图像。该卫星重300kg,其中包括100kg的合成孔径雷达有效载荷,它能够全天时、全天候提供高分辨率雷达图像(分辨率可达0.1m)拥有多种工作模式,并能在24h内提供双倍数量的可用情报。

目前合成孔径雷达分辨率已经达到0.1m数量级。可见,从1978年美国发射第一颗星载合成孔径雷达卫星SEASAT后,合成孔径雷达技术进入高速发展时期。尤其是随着高速数字器件的发展,合成孔径雷达的处理逐渐由光学处理转向数字处理,同时数字技术的高度灵活性和精确性也拓宽了成像的方法,合成孔径雷达的应用价值也随之不断提高。根据不完全统计,世界上拥有或即将拥有星载SAR的国家包括美国、俄罗斯、日本、加拿大、中国、印度、以色列、韩国、阿根廷等。

二、我国合成孔径雷达发展概况

目前,SAR发展水平的高低已经成为衡量一个国家军事力量与综合国力水平的标志之一,其发展受到各国越来越多的重视。根据我国的迫切需要和国际上SAR技术发展趋势,我国还安排了高分辨率机载SAR系统一系列前沿课题和相关的应用研究。

1976年,开始了SAR的研究工作。

1979年,中科院电子所成功地研制出机载SAR样机,并获得我国第一幅合成孔径雷达图像,图像的距离分辨率为180m,方位分辨率为30m,采用光学记录、光学成像。

1980年12月,第二台改进SAR系统进行了实验,分辨率提高到15×15m。

1983年成功研制出单通道、单侧视机载SAR系统,采用声表面波器件进行距离向脉冲展宽与压缩,并增加了地速补偿与惯导系统。首次实现连续大面积成像。

1986年,实现了机载SAR回波信号的非实时数字成像处理。

1987年,我国"863"计划正式提出了星载SAR的研究任务。

1987年,中科院电子所研制了多条带、多极化机载合成孔径雷达系统,雷达工作在X波段,可以从四种极化形式中任选一种工作,具有双侧视功能,图像分辨率为10m×10m,采用光学记录、光学成像。

1990年,成功研制出"机载SAR实时数据传输系统"。

2000年,成功研制出2.5m分辨率机载SAR及其实时数字成像处理器系统,它标志着我国机载SAR及其数字成像处理技术应用研究已达到目前国际同类产品的先进水平。

2003年，中科院电子所与马来西亚签订了机载L-SAR的出口合同，实现了我国合成孔径雷达走向国际舞台这一历史性的跨越。

中科院电子所、电子科技集团14所和38所、航空航天607所等单位分别研制了机载SAR系统，获取了大量的SAR图像，无人机载SAR和星载SAR也相继研制成功。这不仅给SAR图像理解与应用的研究工作创造了很好的条件，也将加快SAR图像的应用进程。目前，正在开展双频、多极化机载SAR和星载SAR的研制工作。

三、合成孔径雷达的发展趋势

随着科学技术的发展，SAR技术正朝着能够为人们提供更广、更丰富的目标信息的方向发展。未来SAR技术发展的趋势主要有：高分辨率和超高分辨率成像；多波段、多极化、可变视角和多模式；能够产生目标三维图像的SAR；动目标成像；实时SAR成像处理器等，其中追求更高分辨率成像是SAR技术发展的核心。

1. 多参数SAR系统

SAR不同的极化方式能使被探测地面目标具有不同的电磁响应，即具有不同的后向散射特性，地物层次变化对比亦不相同。因此，采用多极化方式，可以显著改善信号和图像的详细性和可靠性，再加上在不同频段和不同的视角下对地观测，可以完整地定量分析地面目标的雷达散射特性。正是如此，多参数SAR系统必将会越来越受到重视。

2. 聚束SAR

由于实行了"聚束"手段，增加了SAR在方位向的合成孔径时间，等效地增加了合成孔径的长度，由此可以提高SAR方位向分辨率。显然，SAR以聚束模式工作时不能形成连续的地面观测带，但它获得的高方位分辨率在许多应用场合是非常有价值的。因此，聚束SAR技术应当得到重视。美国密执安环境研究所（ERIM）与空军共同开发的聚束SAR数据采集系统，可以在几百米到几千米区域范围，获得距离和方位分辨率均达到1m的高分辨率图像。

3. 极化干涉SAR

极化干涉SAR通过极化和干涉信息的有效组合，可以同时提取观测对象的空间三维结构特征信息和散射信息合成三维SAR图像，为微波定量遥感、高精度数字高程信息和观测对象细微形变信息的提取提供了可能性。干涉SAR系统研制、数据处理技术和应用研究已成为国外SAR技术研究的热点。

4. 合成孔径激光雷达（Synthetic Aperture Ladar，SAL）

激光雷达作为一种高灵敏度雷达，不仅能探测和跟踪目标、获得目标方位、速度信息及普通雷达不能得到的其他信息，而且还能完成普通雷达不能完成的任务，如探测隐身飞机、潜艇、生化战等，因此它被广泛应用于航空遥感、大气监测、卫星探测、军事侦察等方面。但激光雷达也有波束窄、不适于大面积搜索等缺点，因此研究新体制的激光雷达具有很重要的意义。

利用激光器作辐射源的合成孔径激光雷达使用了合成孔径技术，而且由于工作频率远高于微波，对于相对运动速度相同的目标可产生更大的多普勒频移。因此不仅克服了普通激光雷达波束窄、搜索目标困难等缺点，而且能够提供比SAR更高的方位分辨率，适合大面积的地表成像。

5. 小型化SAR

随着战场环境的日益变化，较大的合成孔径雷达逐步暴露出一些明显的弊端，主要体现于造价高昂、维护不便、应急使用困难、战术保障和快速反应能力有限等等。随着技术的发展，特别是轻型天线技术、集成电路技术和固态电子器件技术等的发展大大降低了合成孔径雷达的质量和体积，使性能高、体积小、质量轻和成本低的小型化合成孔径雷达研制成为可能。

与大的合成孔径雷达相比，小型化的合成孔径雷达的战场生存能力和快速反应能力要强得多，并已经发挥了一些作用。SAR应用的效费比明显提高，SAR的研制费用大幅降低，SAR在军事和经济上的应用越来越重要，越来越普及，研制SAR的国家越来越多，特别是天基SAR已经不再是少数大国的专利。

6. SAR性能技术指标不断提高

高性能指标的图像始终是SAR系统设计和研制的最终目的，高分辨率的SAR图像在军事上具有极其重要的应用价值，更高的分辨率意味着更精确的目标分辨和识别能力、更准确的情报、更精确的地形数据。美国在大力提高SAR的图像分辨率，"长曲棍球1"、"长曲棍球3"和"长曲棍球5"卫星的SAR图像分辨率就分别上了2个台阶，分别达到1m、0.5m和0.3m。

除了分辨率指标外，图像质量指标也同样重要。SAR卫星的图像质量指标在不断提高，SAR图像的目标定位精度越来越高。从SAR图像的定位原理讲，SAR图像的定位精度与载体的飞行姿态无关，从这一点讲，SAR卫星图像的定位精度优于可见光传感器卫星图像的定位精度。随着SAR图像在目标识别和民用应用越来越广，对SAR图像的定量侦察要求也越来越高，如今对SAR图像不仅要求有高的空间分辨率，也要求有高的辐射精度。

7. 多功能、多模式SAR

早期的合成孔径雷达只有单一的工作波段、极化方式以及工作模式，如今的SAR，特别是星载SAR正向着多模式、多频、多极化和可变视角波束，并具有地面运动目标显示和地面高程测量功能方向发展。通过改变雷达收发的极化方式，可获得HH、VV、HV和VH不同极化的图像。不同频率下目标的散射特性不同，同时获取目标的多频信息，有助于目标分类与识别。

8. SAR 与可见光组合的使用模式

采取组队侦察方式可有效提高分辨率，多 SAR 组网可提高侦察情报的时效性，既提高了分辨率，又将侦察的"盲区"降至最低。与可见光传感器配合使用，可弥补可见光成像受气候条件限制的不足，并发挥 SAR 具有一定的穿透能力、揭露伪装的特点，使各种侦察手段优势互补。美国在伊拉克战争中就利用了 3 颗"锁眼"可见光侦察卫星和 2 颗"长曲棍球"SAR 成像侦察卫星组成的航天侦察网，并形象地将所有在轨的"锁眼"和"长曲棍球"雷达成像侦察卫星统称为"卫星舰队"（satellite fleet）。

9. 分布式 SAR

分布 SAR 并不是简单的 SAR 组网，它是利用 2 个或多个载体运动轨迹具有相互关系的 SAR 配合工作，一个 SAR 发射多个 SAR 接收，或多个 SAR 发射多个 SAR 接收，实现单个 SAR 不能实现的功能，或获得单个 SAR 不能达到的技术指标。如实现干涉 SAR 成像、地面运动目标显示、增加成像带宽、提高 SAR 图像分辨率等。

10. 军用和民用的界线越来越模糊

合成孔径雷达对商业民用和军事侦察都具有很大的应用价值，但两者对 SAR 技术指标的要求有所不同。民用 SAR 要具有宽的测绘带宽和高精度的辐射定标，并可产生中等分辨率的图像（一般低于 5m）；军事侦察在强调测绘带宽的同时，更强调有较好的分辨率（一般优于 1m）。随着 SAR 技术的发展，工作模式的增多，卫星的功能和技术指标也在不断提高，有些 SAR 虽然是商业民用卫星，但也具有较大的军事应用价值。

7.3 合成孔径雷达主要组成

机载 SAR 系统主要由天线模块、射频模块、数字模块和辅助模块等构成。具体包括天馈分系统、发射机分系统、波控分系统、接收机分系统、信号处理机分系统、信号源分系统、主控分系统、数据录取分系统、终端分系统、电源分系统、有效载荷计算单元、对外通信分系统和辅助设备等，如图 7.33 所示。其功能如下：

天馈模块：在合成孔径雷达系统中，天线主要用于将放大的射频激励信号按照一定的空间分布与极化方式辐射出去，并按照预定的极化方式接收目标的回波信号。

射频模块：射频模块是合成孔径雷达系统的核心单元，它负责产生雷达基准频率、时钟信号和线性调频信号，完成雷达多极化通道回波接收信号的放大、滤波、幅度调制和正交基带解调；并同时完成雷达测试系统双通道发射和回波接收信号的双工传输。

第7章 合成孔径雷达(SAR)侦察技术

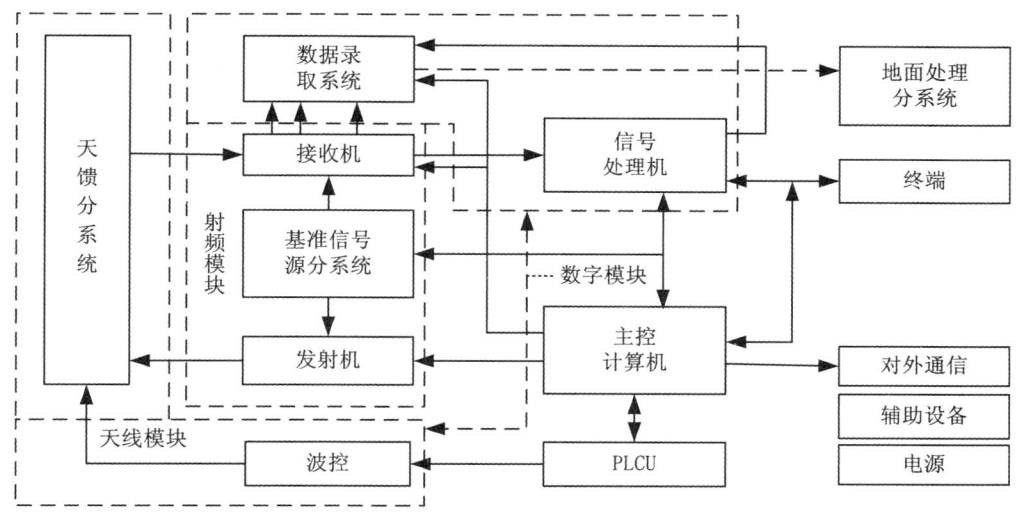

图 7.33 机载 SAR 系统组成框图

数字模块：数字模块是合成孔径雷达系统的重要组成部分，主要由主控计算机、实时成像单元、定时器、数据采集、形成与记录单元、波束控制器等组成，如图 7.34 所示。负责完成对雷达系统的工作模式和工作时序的控制，并对雷达系统的状态进行监测；同时，完成雷达测试系统回波接收信号的 A/D 采样和格式化输出、机上实时成像与原始数据的记录等；波控部分通过二维相扫控制波束指向，完成视角变化及聚束功能，同时通过波束指向变化进行运动补偿。

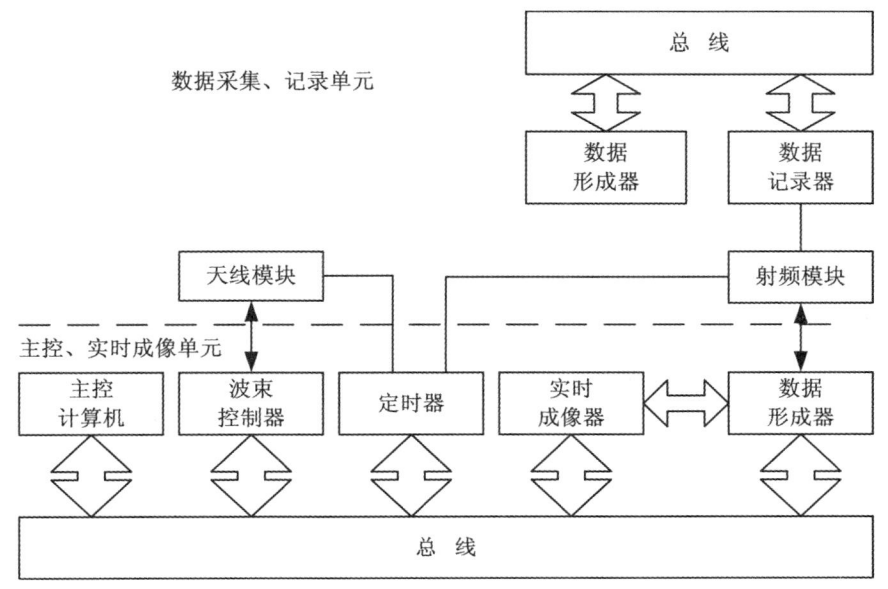

图 7.34 数字模块组成框图

1. 定时器

定时器主要产生雷达系统工作所需要的各种定时基准信号，定时信号的频率要随地速的变化随时更新。

2. 实时成像器

实时成像器，工作原理如图7.35所示，主要由采集卡、信号处理板和主控系统组成，主要完成图像生成与图像存储。

数字模块实质上就是完成信号处理功能，早期的信号处理并不是依靠数字电路来完成的，主要应用光学系统来完成。

PLCU：可编程序逻辑控制单元，具有微处理机的数位电子设备，用于自动化控制的数位逻辑控制器，可以将控制指令随时载入存储器执行。

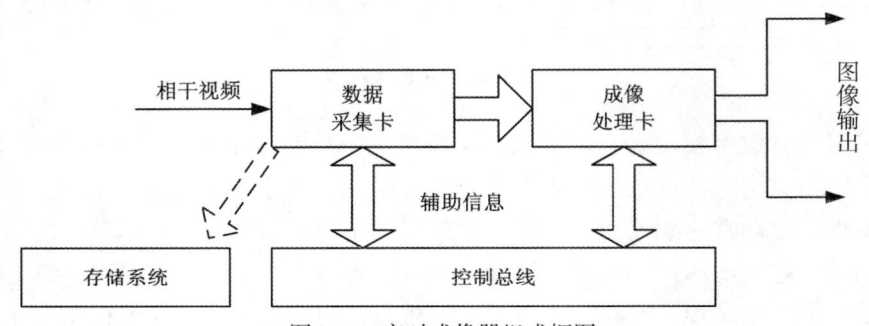

图 7.35　实时成像器组成框图

7.4　航空机载SAR及应用

7.4.1　某型无人机载SAR/GMTI雷达

一、概况

某型无人机载SAR/GMTI雷达（简称为某型雷达）是中国电子科技集团公司第38所研制的新型多模对地侦察雷达，主要装备于中程无人侦察机。

某型雷达属于微波主动侦察设备，采用了先进的合成孔径雷达（SAR）技术，借助于空中装载平台的运动，对飞机前进方向的侧面进行探测，获取地面固定目标的高分辨率二维灰度成像，并可检测出地面慢速运动目标。

某型雷达不受雨雪、烟雾、灰尘和夜幕的环境影响，执行昼夜、全天候战役战术级侦察、监视和目标毁伤效果评估等任务，能够远距离快速扫描较大的区域，提供便于直接判读的固定场景图像，对目标外形特征的获取接近于光学照片质量。雷达具有多种工作模式，可广泛应用于军事侦察、边境控制、地形测绘与制图，以及环境监测等领域。

某型雷达具有完善的自动监控设备，采用了大量先进技术，功能集成设计，结构紧凑，人机操作界面友好，操作维护简便，具有高可靠性和优良的作战性能。

二、主要技术特点

某型雷达采用了多项成熟的先进技术，使得该雷达在探测性能、人机操作性以及可靠性、可维护性等方面表现优异。

主要具有下列主要技术特点：

1. 探测性能优异

（1）在普查条带成像模式下，最大探测距离可达30km，测绘条带宽度可达12km；当飞行速度达150km/h时，可实现1800km^2/h的探测效能，能够对广大区域实现快速搜索探测。

（2）在聚束成像模式下，其成像分辨率可达0.5m×0.5m，可对重点区域进行定点探测，获取的图像足以对大部分军事目标进行识别分辨。

（3）多项先进技术的有机结合，使该雷达具有良好的ECCM（电子反对抗）性能和优良的作战性能。

2. 工作模式多样

具有普查条带成像模式、详查条带成像模式、聚束成像模式，以及GMTI扫描模式，并具有辅助DBS（多普勒波束锐化，用以提高机载雷达辐射图像角度分辨率）成像功能。

3. 机载设备轻小

系统设计采用模块化、一体化设计技术，减小RF（射频）及数字电子设备的体积和质量；充分利用载机任务舱内的风道设计进行散热设计；材料选取上，所有框架及机箱均采用高强度轻质铝合金；通过功能集成与结构的紧凑设计，使得机载设备质量小于44kg，功耗小于500W。

4. 高可靠性

采用标准化、系列化、模块化设计，降低系统复杂度，减少使用器件；采用合理的降额设计，降低系统的基本失效率；进行有效的热设计，选择合适的器件及系统空间分布，优化系统的热设计方案，合理分配元器件的使用环境应力，提高环境适应能力；进行容差设计、电磁兼容设计，保证系统稳定可靠；加强防振、防冲击设计，提高了运输可靠性；简化开机步骤，提高开机成功率，并具有完善的BITE（机内自检设备）功能。

三、系统组成

某型雷达由天线/稳定平台单元、组合单元、连接电缆组成,设备清单如表7-4所示。

某型雷达设备中的天线/稳定平台单元装入飞机的1舱(前舱),组合单元装入飞机的2舱。机载雷达设备两个LRU(外场可更换单元)之间的连线用于对天线/稳定平台的监测控制,并建立射频信号的收发通道,该雷达LRU之间的连接关系如图7.36所示。

该雷达的天线/稳定平台单元包含天线/稳定平台分机与支架;组合单元中包含两个分机,分别为综合分机和发射分机。具体设备结构上的划分如图7.37所示。

表7.4 雷达设备清单表

序号	名称	代号	标记		外形尺寸(mm)	质量(kg)	数量	安装位置
			编号	名称				
1	天线/稳定平台单元	AA2.008.1120MX	I 01	天线/稳定平台单元	357×260×206	≤10	1	飞机一舱
2	组合单元	AA2.088.1585MX	I 02	组合单元	354×382×375	≤32	1	飞机二舱不含减震器
3	射频电缆	AA4.853.10429MX	X-02	电缆	400	≤0.65	1	
4	电缆	AA4.853.10642MX	X-11	电缆	350	≤0.35	1	
5	减震器	JSZ-3-10	–	三维等刚度减震器	–	≤0.25	4	隶属于组合单元
6	离线数据处理软件	AA2.491.10072	–	1.2版本			1	

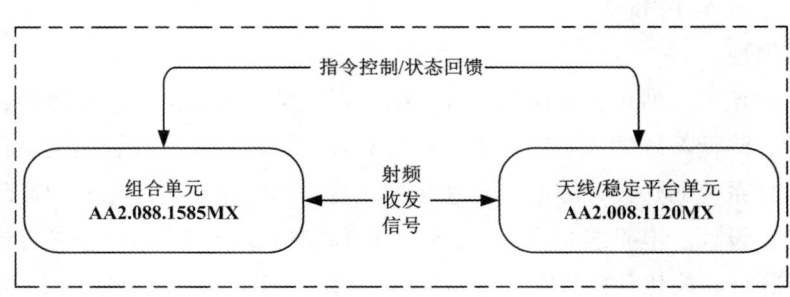

图7.36 某型雷达LRU之间连接关系示意图

第7章 合成孔径雷达(SAR)侦察技术

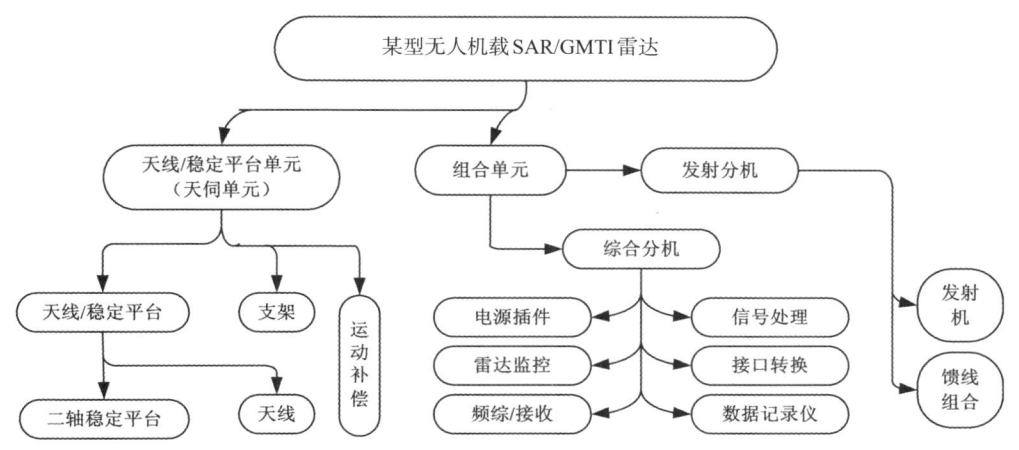

图7.37 某型雷达结构划分示意图

1. 天线/稳定平台单元组成

天线/稳定平台单元设备清单如表7.5所示,其外形图、面板布局如图7.37所示。稳定平台在综合分机的控制下,实现天线方位、俯仰稳定和天线波束指向及扫描。

表7.5 天线/稳定平台单元设备清单表

序号	名称	代号	标记		数量
			编号	名称	
1	天线/稳定平台	AA2.008.11 20MX			1
2	二轴稳定平台	AA2.907.1 033MX	I01-02	稳定平台	1
3	天线	AA2.944.1 054MX	I01-0101	天线阵面	1
4	支架	AA4.114.1689MX			1
5	运动补偿控制器	AA2.503.10132			1

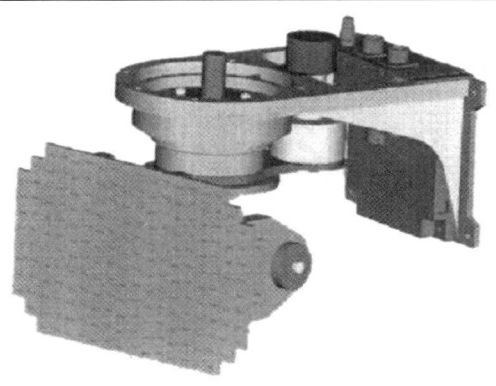

图7.38 天线/稳定平台单元外形图

2. 组合单元组成

组合单元主要设备清单如表 7.6 所示，其外形图、面板布局如图 7.39 所示，内部设备组成如图 7.40 所示。

表 7.6　组合单元主要设备清单表

序号	名称	代号	数量
1	发射分机	AA2.016.10024MX	1
2	频综/接收分机	AA2.026.1346MX	1
3	雷达监控	AA2.503.1179MX	1
4	电源模块	AAF—MKB	1
5	电源插件1	AAF—CJ1B	1
6	电源插件2	AAF—CJ2B	1
7	T2FP6U通用处理板	T2FP6U—2	2
8	接口转换(3U插件)	ADC100—3U—I0	1
9	数据记录(3U插件)	L/S60—001	1

图 7.39　组合单元外观图

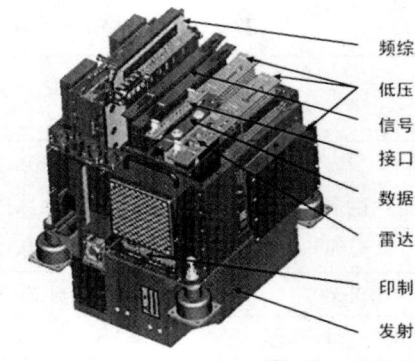

图 7.40　组合单元内部设备示意图

四、主要工作过程

1. 工作流程

该雷达在地面进行开机检测，根据任务进行模式切换，任务执行期间下传侦察数据，并在任务结束后随系统回收，其工作流程如图 7.41 所示。

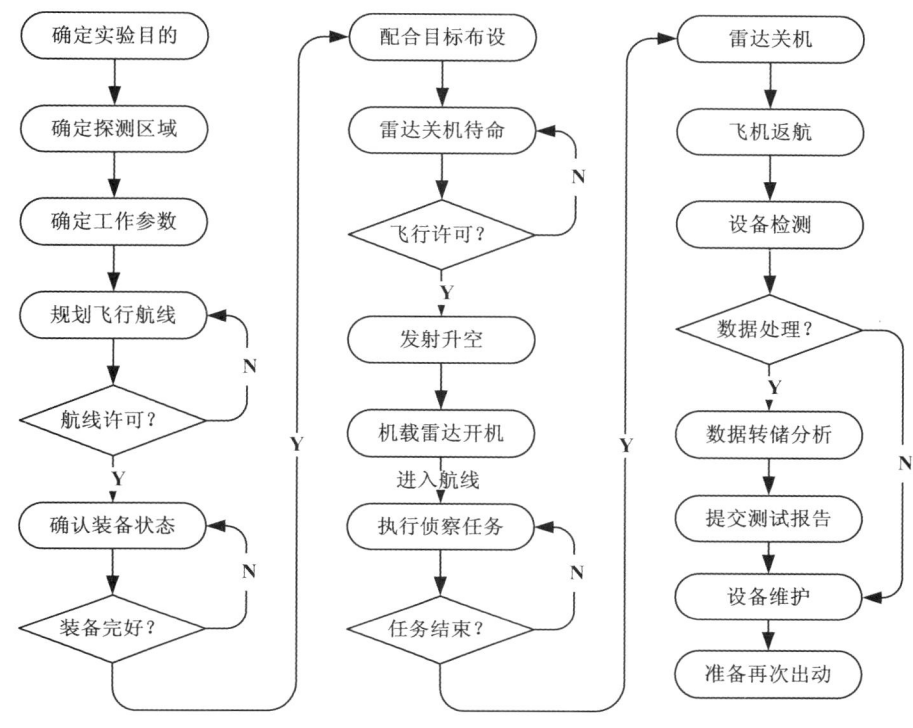

图 7.41　某型雷达工作流程示意框图

2. 信号流程

该雷达接收载机提供的 INS/GPS 数据、磁航向数据等航姿参数，用以控制天线指向稳定与扫描。同时，这些包含载机姿态信息的运动测量数据被送至信号处理插件中，为雷达成像处理提供必要的参数，并作为辅助参数与侦察数据打包下传，进入后端处理。

载机提供 28V 直流电源，雷达对其进行整流稳压，并在电源插件中进行二次电源变换，为雷达整机设备供电。

为使情报处理站适用于多种任务设备，管理多类型多批次任务，将全系统内部的任务数据接口格式进行统一。其中任务控制指令与参数通过窄带链路实现机地连接，任务编号、设备编号、与指令参数通过窄带链路上行后，由雷达监控进行分解处理，并接收运动补偿发送的运动数据进行组包，发送至信号处理；信号处理将任务侦察数据与监控发送的数据包进行合并，格式化后送入数据记录仪进行存储，同时通过宽带下行链路传送至地面控制站；地面控制站中的处理显控终端接收侦察的任务数据，处理后传递至情报处理站。

侦察的任务数据通过宽带下行链路传至地面控制站后，直接通过同步串口发送至雷达显控终端，由于该数据未能接入地面数据网络，仅限于单点接入，从而限制了地面控制站多站灵活组网控制的使用方式，任务数据信息流程示意框图如图 7.42 所示。

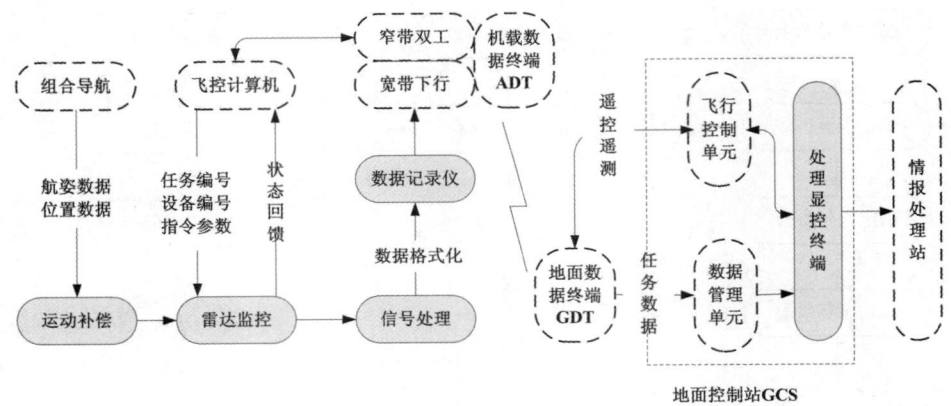

图 7.42 雷达数据信号流程示意图

五、雷达工作模式

该雷达具备四种工作模式，特点各不相同，当探测区域、航线确定之后，对应的工作模式也将基本确定，所有模式下雷达均工作于侧视状态。在不考虑机动作业的情况下，雷达参数须事先设定，以便于任务操作。

1. 普查条带模式

普查条带模式具有探测范围大（12km）、探测距离较远（30km）的特点，将根据航线与目标之间的关系确定探测距离、侧视方向与目标海拔高度。

值得注意的是相对高度与探测距离的设置将会影响12km探测范围的性能，由于雷达天线的垂直向波束宽度有限，因此，场景远近的张角之差应小于6°。若相对高度过高且探测距离过近，则远、近场景将呈现暗区，并影响中间场景的图像质量。因此，根据如图7.43所示的几何关系，在相对高度2km时，中心探测距离建议设置为（20~24）km；相对高度为3km时，中心探测距离建议设置为（24~26）km；相对高度为4km时，中心探测距离建议设置为（25~28）km。如图7.44所示为普查条带模式下获取的SAR图像。

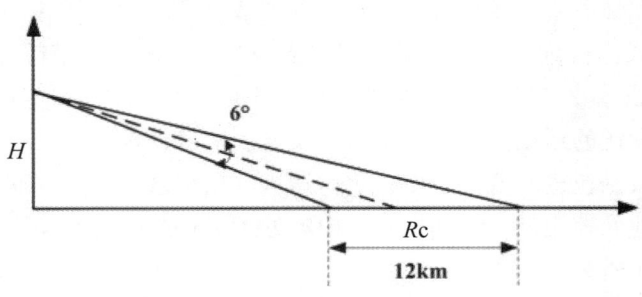

图 7.43 普查条带模式下大带宽导致的高度要求示意图

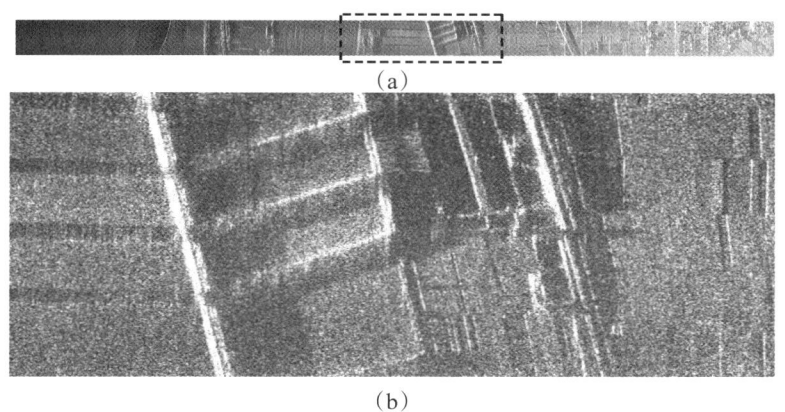

图7.44 普查条带模式下获取的SAR图像〔图(b)为整幅图局部〕

2. 详查条带模式

与普查条带相似，详查条带也将输出带状探测区域，较普查3m的分辨率要高，可达1m，可检测出如桥梁、车队、装甲车辆等多数战术单元。但该模式下的测绘带宽度较窄，仅为2km，因此可不考虑探测距离与工作高度的关系；但由于工作时相对普查的探测距离要近，且测绘带宽较窄，因此在探测距离设置时应考虑斜地因素，即将航线与目标的距离综合考虑飞行高度，以视线方向的斜距作为探测距离，规划时以14km～24km为宜。如图7.45所示为详查条带模式下获取的SAR图像。

图7.45 详查条带模式下获取的SAR图像

3. 聚束模式

聚束模式可对重点区域进行持续探测，进而获取同一区域的多幅高分辨率（0.5m）的图像，所探测的区域范围一般不小于800m×800m。

聚束模式下只需装入目标区域中心的经纬度即可，也可直接从导航界面点击设置目标参数，和其他条带成像模式一样，聚束模式也要求目标在航线的一侧，有效工作视角为90°±15°左右，在正侧视时的成像效果最好，规划时航线与目标间的垂向距离在14km～20km为宜。如图7.46所示为聚束模式下获取的SAR图像。

图7.46　聚束模式下获取的SAR图像

4. GMTI模式（扫描模式）

GMTI为"地面运动目标指示"模式，因为天线处于扫描状态，因此也称之为"扫描模式"，该模式与成像模式的工作机理存在较大差距，其参数的设计自然也存在不同。

由于作战任务不同，因此航线确定之后，参数也相应确定。当待探测区域不存在危险时，飞机可飞行于目标区域的上方，扫描中心角为当前航迹角（或航向角），扫描范围设为120°，扫描速度为12°/s；当针对特定区域或存在一定危险的区域进行探测时，雷达需根据航线距目标的远近设计，一般R_c可在22km～24km左右，实际设置中还应考虑高度因素，扫描范围取60°，扫描速度为12°/s或6°/s。扫描速度一般为12°/s，当考虑提升对较小或慢速目标的检测能力时，可设置为6°/s。

六、相关术语介绍

某型雷达相关术语介绍如表7.7所示。

表7.7 3847A—R雷达相关术语解释表

序号	术 语	解 释
1	天线方位角度	天线相对正北的夹角
2	天线俯仰角度	天线在地理系中的下俯角度
3	普查条带模式	雷达的一种条带成像模式，信号带宽70MHz，时宽40μs
4	详查条带模式	雷达的一种条带成像模式，信号带宽210MHz，时宽40μs
5	聚束模式	雷达的一种成像模式，信号带宽420MHz，时宽40μs
6	GMTI模式	对地动目标检测模式，信号带宽32MHz，时宽16μs
7	侧视方式	天线方位垂直航迹的指向方式，分为左侧视和右侧视
8	工作阶段	信号处理所处的工作状态，分为待机阶段、处理阶段
9	图像亮度	代表实时图像明暗的一个参数
10	CFAR门限	雷达所要求目标强度和背景强度的比值门限
11	探测距离	雷达探测的中心距离
12	波束宽度	天线波束3dB宽度，有俯仰向波束宽度和方位向波束宽度，系统方位波束宽度为5°，俯仰波束宽度为7.3°
13	测绘带宽/观测区域	在条带模式下和GMTI模式下距离向图像所能覆盖的范围，聚束模式下距离向和方位向图像所能覆盖的范围
14	距离分辨率	对于单个点目标，雷达处理中距离向冲击响应函数在能量上下降一半的宽度，以此来验证雷达在距离向区分两个目标的能力
15	几何校正	通过图像场景中心的俯视角、斜视角以及当前飞行平台速度的变化，通过方位和距离两维插值实现SAR图像在两维的一致性，输出两维像素恒定的图像，类似于正射投影图
16	目标定位	根据载机经度、纬度、探测距离得到的图像上不同像素的经度和纬度的过程
17	图像距离峰值旁瓣比	图像某区域距离向最大值，和其附近局部最大值的比值
18	图像方位峰值旁瓣比	图像某区域方位向最大值，和其附近局部最大值的比值
19	距离积分旁瓣比	在距离向以目标主瓣峰值点为中心，±1个分辨单元窗口内计算主瓣的能量，再以主瓣峰值为中心±10个分辨率单元的窗口内计算总能量，将其减去主瓣能量之后即旁瓣能量，主瓣能量和旁瓣能量之比
20	SAR图像动态范围	图像像素最大值灰度和最小灰度值的比值
21	最小可检测速度	GMTI模式下最小可以检测到的动目标速度
22	像素尺寸	也称像素分辨率，普查像素尺寸为1.5m×1.5m，详查像素尺寸为0.75m×0.75m，聚束0.375m×0.375m
23	扫描中心角	GMTI模式下天线扫描时候的天线方位角的中心角度，同样是相对于正北的夹角
24	扫描范围	GMTI模式下天线扫描时方位角相对正北所能达到的最大和最小角度的差
25	扫描速度	GMTI模式下天线扫描时天线方位向转动速度
26	PIN开关	大功率限幅器，在发射机发射期间对接收机进行保护
27	TWTA	行波管放大器
28	DBS	多普勒波束锐化

7.4.2 国外典型无人机载SAR系统介绍

20世纪70年代，无人机开始配备机载雷达，主要用于测向和测高，直到20世纪80年代初，极个别无人机才开始搭载用于目标探测的无人机载雷达。20世纪90年代初，一些新体制雷达（诸如机载动目标显示、合成孔径雷达等）逐步安装到无人机上，并将小型合成孔径雷达作为综合传感器组件的重要组成部分来加以研制和开发，如以色列的"搜索者"（Seacher）II和美国的"全球鹰"（GlobalHawk）及"暗星"（Darkstar）无人机等均配备了雷达设备。

目前，国外研制的无人机载雷达主要集中在毫米波、Ku波段和X波段等三个波段上，无人机载SAR雷达的关键技术有：①SAR精密成像技术；②宽带高线性度信号产生技术；③慢速目标成像和检测技术；④无人机运动和姿态参数精确测量技术；⑤轻型宽带高效天线技术；⑥超小型低功耗收发技术；⑦小型化高速数据采集和数传技术；⑧小型化实时SAR成像处理技术；⑨高精度运动补偿技术。

一、TESAR（AN/ZPQ-1）雷达

TESAR（AN/ZPQ-1）合成孔径雷达系统由美海军已取消的A-12攻击机计划研制的雷达发展而来，设计作为"捕食者"（Predator）中空长航时（TierII）的任务载荷。该系统是一种工作在Ku波段的高性能、轻型监视雷达，并带有相应的地面站。它设计用于各种地形和不利的天气条件下，为"捕食者"无人机的40h任务提供连续图像。在条带工作时，雷达可平行于飞行航线或沿一条特殊的地面路线绘制地图，其分辨率为（0.3~1）m。在距离和扫描宽度上均可改变。其中，作用距离可达25km，地面成像条带宽度为（2~6）km。每小时可覆盖336km^{2}的区域；对目标进行聚束成像时，作用距离为18km，圆周误差概率为（23~28）m。TESAR雷达还将增加移动目标指示工作模式，可将目标报告叠加在电子地图上。该雷达的矩形平板天线具有较宽的（±135º）监视范围，在方位上采用电子控制扫描技术，利用双轴机械万向支架进行俯仰扫描，扇面扫描可在±22.5º、45º、60º和135º之间进行选择。

另外，已开发出一种缩比尺寸的TESAR雷达，用于"先驱者"（Outrider）无人机，其质量为30.8kg，功耗为500W；另有一种用于"暗星"（Darkstar）无人机的系统，其孔径较大，重约300kg，功率10倍于TESAR雷达。

二、EL/M-2055 SAR/MTI雷达

EL/M-2055 SAR/MTI雷达由以色列埃尔塔电子有限公司研制，采用模块化结构，集成度很高，是一个由计算机软件控制的设备，用于安装在战术、实时战场监视无人机上。该雷达重40kg，可同时跟踪32个目标。主要特点是：①探测距离远（可探测到12km范围内的小舰船），分辨率高；②可与现有各型数据链衔接；③具有一体化发展潜能（包括升级为海上监视和成像设备）；④采用平台分集；⑤可与光电传感器、数字化地基合成孔径处理设备相结合。此外。该雷达还具备灵活的任务规划、管理和任务

再分配及先进的图像利用和有效的图像信息录取和上报功能。主要工作模式有：条带（大范围搜索和目标探测）；聚束（分辨率）及动目标显示和多普勒波束锐化（大范围搜索）。

埃尔塔公司在制造EL/M-2055雷达的同时也制造用于海上监视的EL/M-2022U雷达。EL/M-2022U雷达装置装备了嵌入式的合成孔径雷达和能够采集在公海上的船舶的轮廓影像的逆合成孔径雷达模式装置。EL/M-2055雷达装置现在有多种型号，EL/M-2055D型质量为38kg，主要用于战术无人机；稍大一些的EL/M-2055DX型的天线大小为中等，主要用于战术无人机或者中空长航时无人机；EL/M-2055DL型质量为60kg，用于较大的飞机；EL/M-2055M型质量为100kg，用于高空长航时无人机和高空侦察机。EL/M-2055雷达装置已经装备在埃尔比特系统公司的"赫耳墨斯900"中空长航时无人机上。EL/M-2022U雷达装置质量达114kg（现在也有一款质量为60kg），是为海上巡逻设计的，已经装备在以色列航空和航天工业公司的"苍鹭"无人机和"苍鹭-TP"无人机上。

三、AN/APY-8 "山猫"（Lynx）合成孔经雷达

AN/APY-8 "山猫"（Lynx）合成孔经雷达由通用原子能公司开发，用于装备"捕食者"（Predator）、"蚊蚋"（Gnat）等无人机上，工作波段为Ku波段，重52kg，具有合成孔径和实时移动目标指示两种工作方式。前一种方式提供的图像在55km远的防区外距离时，分辨率为0.3m。在（25～40）km范围内，根据天气条件，其分辨率可达到0.1m，雷达采用相干变化探测技术，可以通过对两幅在同一位置但不同时间获取的图像的内容进行比较来提取有用信息，探测过程中，可同时自动精确地记录这两张图像。

该公司还研制了2种形式的"山猫"合成孔径雷达和地面运动目标指示器组合：Block 20 "山猫"组合装备在英国皇家空军和美国空军所使用的MQ-9 "死神"无人机上，而Block30 "山猫"组合装备在意大利空军所使用的MQ-9 "死神"无人机上。Block 20和Block30 "山猫"在距离为50km时的分辨率为30cm左右，而在斜距为20km时，分辨率则提高到10cm左右，其地面运动目标指示器具有在23km的距离发现小型车辆的能力。Block 20和Block 30 "山猫"的差别在于后者质量比较轻，并且能够在比较严酷的环境条件下工作。

四、Minisar

Minisar是由洛克韦尔·柯林斯公司研制的微型合成孔径雷达，质量只有12kg，其雷达天线安装在一个万向架上，它已经在洛克希德·马丁公司的"天空幽灵"（Sky Spirit）战术无人机上进行了飞行试验。在10km距离上，Minisar雷达图像的分辨率为5cm；而在23km距离上，其分辨率大约为1m。现在的Minisar雷达工作在Ku波段（12GHz～18GHz），其工作波段也可以选择扩展至X波段（8GHz～12GHz）和K波段（26.5GHz～40GHz）。

五、Picosar

意大利塞莱克斯·伽利略公司的X波段Picosar雷达质量只有不到10kg，其在10km距离上的分辨率可达1m，其最大工作距离为20km。Picosar雷达既能够以高分辨率点状模式工作来得到特定目标的详细图像，也能够以条幅模式工作以覆盖较大的范围。该雷达已经装备到英国航空航天系统公司的"赫蒂-1B"无人机上，也在意大利伽利略航空公司的"法拉寇"无人机以及西贝尔公司（Schiebel）的S-100无人直升机上进行过试验。

Picosar雷达已经发展成为Picostar监视、目标定位和侦察雷达系统。该系统通过采用主动电子扫描阵列（AESA）技术提供合成雷达功能和地面运动目标指示器功能。此外，通过进一步与光电装置结合，操作人员可以用雷达找到感兴趣的目标，然后用光电装置进行更为细致的观察。新的Picostar雷达仍工作在X波段，最大作用距离为20km，最高分辨率低于6cm，能够以点状模式和条幅模式工作，也能够提供运动目标指示，整个系统质量不到25kg。其他的欧洲合成孔径雷达还有Cassidian公司（原名EAPS）的微型合成孔径雷达Misar，专为有效载荷空间和电源有限的小型无人机设计。Misar雷达在K波段（20GHz～40GHz）工作，具有全天候能力，总体质量4kg。

六、Nanosar

美国的Imsar公司开发了一系列的微型合成孔径雷达Nanosar，拥有各种配置，其中的Nanosar-A雷达质量为907g，在1km的距离上的分辨率为1m。Nanosar-A雷达装在波音公司和Insitu公司开发的"扫描鹰"无人机上，其引人注目的特点之一是能够实时地在无人机上将雷达图像转换成条幅形式。Nanosar-B雷达用于诺斯罗普格鲁曼公司的低空"蝙蝠"无人机上，虽然质量比Nanosar-A雷达要稍微大一点，但是也只有1.5kg。Nanosar-B雷达工作在X波段，在距离为1km～4km时分辨率为0.55～2.2m，其提供图像可以是点目标特写也可以是条幅形式。Imsar公司的最新产品是"莱昂纳多"雷达，在Ku波段工作，性能特征与Nanosar-B雷达类似。

七、AN/APS-144

美国ITT公司生产了能够探测到时速在220km以下的慢速空中目标和徒步行进的士兵的Ku波段AN/APS-144（10～20 GHz）脉冲多普勒合成孔径雷达和地面运动目标指示器。一个光电系统可以插入其中，并可以转向感兴趣的目标以提供更多的视频细节。AN/APS-144雷达的分辨率在点状模式工作时可以达到5.5cm，而在条幅方式工作时可以达到1m，系统组合的质量为34kg。

八、"毒蛇"雷达

英国陆军装备的泰利斯公司的WK-450"守望者"无人机（Watchkeeper）和大型无人机一样都配备了该公司的"毒蛇"（Viper）雷达，能够在大约20km的距离探测到士兵和车辆的运动。"毒蛇"雷达与光电装置"电光罗盘"（EI-Op Compass）组合使用，"电光罗盘"系统装在无人机前部，用于大范围监视并起到激光指示器的作用。

未来雷达侦察技术发展的趋势是:首先就是安装发现变动的软件,能够识别两幅看似相同的图像之间所存在的差别。这种能力非常有用,能够发现路边或者垃圾堆的某些地方被翻动过,可能存在路边炸弹。接着,地面运动目标指示器系统可能变得益发先进。当今的地面运动目标指示器系统能够探测出运动目标,但不能在屏幕上提供更多信息。未来的地面运动目标指示器系统的分辨率可能比现在的高40倍,不仅能够表明目标在运动,还能够显示目标是什么。合成孔径雷达和光电成像结合起来产生地面的更为详细的画面,这已经成了数字地图绘制领域的旗帜。这种技术已经得到应用,Imsar合成孔径雷达公司就已经开发了将其微型合成孔径雷达Nanosar和Leonardo系统采集的图像输入"谷歌地球"(Google Earth)之类的程序。

第8章 目标跟踪与定位技术

8.1 引言

现代战争是全方位、大纵深、立体化的高技术战争。随着世界各国数字化部队的建立和发展，机动能力大幅度提高，武器装备的整体作战性能以及部队作战能力都得到了极大的提高。在数字化战场上，各种高性能的机动装备、通信装备以及武器平台的广泛应用，使得兵力、兵器的机动时间大大缩短，传统的"侦察分队发现目标报告指挥员—定下决心—计划火力—指挥攻击"的火力反应模式已不能满足现代高技术战争对火力反应速度的要求。从另一个方面来看，各种射击指挥自动化系统以及各种高性能的武器平台也为提高火力反应速度提供了物质基础。"时间就是胜利，速度就是力量。"这已经成为军事专家对未来战场的共识。各国纷纷进行侦察、识别、攻击一体化的研究，并付诸实战。如苏联的MIG-29战斗机机载雷达锁定目标后，导弹系统就可自行攻击；美军的"小牛"导弹，导引头可根据微小的温差，能在较远的距离上发现、跟踪目标，并用机械扫描系统在座舱显示器上产生图像，当对准并锁定目标时导弹即可发射，导引头自动引导攻击，并可自动追踪活动目标。

目标跟踪与定位技术在战场侦察监视上的应用日趋广泛。跟踪，即严密注视目标的动静，并对目标进行连续不断的监视。对于已发现并已识别的特定目标特别是运动目标应进行连续不断的跟踪、定位，即按照一定的精度探测确定出目标的位置。对于需要用直瞄武器或间瞄武器予以摧毁的目标，特别需要精确跟踪和定位。

8.2 目标跟踪技术

8.2.1 概述

目标跟踪按跟踪方式，可以分为空中对地面目标的跟踪、地面对空中目标的跟踪、地面对地面目标的跟踪；从跟踪采用的传感器类型，可以分为可见光侦察目标跟踪、红外侦察目标跟踪、雷达目标跟踪等；从跟踪手段，可以分为自动跟踪和手动跟踪；从对目标探测，可以分为点探测跟踪和成像探测跟踪。点探测能提供点的辐射能量、点位置及其变量；成像探测跟踪能提供目标的辐射亮度及其分布，据此可以进一步感知目标的形状特征及其矩描绘特征，进而确定目标的位置及其变量，易于实现目标的自动跟踪。

成像跟踪就是利用景物的图像特征来实现对目标的跟踪。跟踪装置通常是由探测系统和伺服机构组成。探测系统测量目标信息，伺服机构完成对目标的跟踪。跟踪系统的总体性能主要包括跟踪速度、跟踪空间范围、跟踪频率范围等，这些总体跟踪性能很大程度上依赖于探测系统的灵敏度和精度这两个主要性能。

成像跟踪方式具有以下优点：

（1）在自然干扰及人工干扰的情况下，成像跟踪可以根据其丰富的信息量抑制干扰的影响，以提高探测跟踪精度；

（2）能提供比点跟踪更丰富的信息量；

（3）具有图像识别功能，可以用来从复杂背景中辨认出目标及其类型；

（4）具有较高的跟踪精度。

对于成像系统来说，通常采用成像或采用扫描方式对物空间进行分割按序采样，然后复合成像，许多点探测系统采用扫描方式成像以提高探测系统的工作性能。

采用成像传感器的探测系统在对目标进行探测时，在目标距离较远的情况下，所探测到的只是目标的像点，当目标距离变近后，便逐渐呈现出目标像来。

8.2.2 成像跟踪系统的组成

成像跟踪系统由摄像头、图像监视器、图像信号处理电路、伺服机构等部分组成。通常在成像跟踪系统中还含有图像识别部分。成像跟踪系统的结构如图8.1所示。

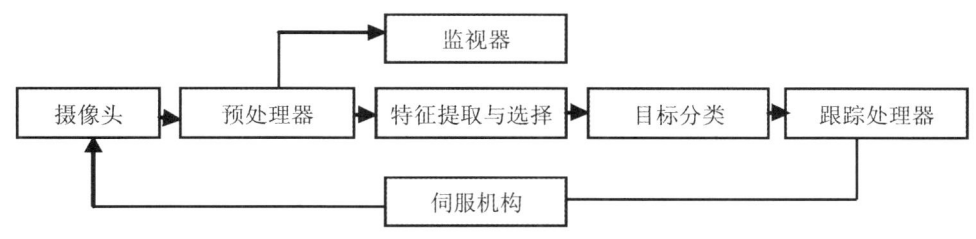

图8.1 成像跟踪系统结构图

（1）摄像头

摄像头是对景物摄像的装置。根据辐射源的不同，分为毫米波摄像头、红外摄像头、可见光摄像头、激光摄像头等类型。

其功能是为跟踪系统提供有关目标状态的信息。与观察系统要求不尽相同，成像跟踪系统对景物的纹理信息要求不高。

（2）图像监视器

图像监视器是用来显示景物图像以供观察用。它采用模拟信号处理方式成像。

提供跟踪和识别的信号均采用数字信号处理方式，因此，需要通过 A/D 转换器将由摄像头摄取的时序模拟信号转换成数字信号后再加工处理，A/D 转换器的容量和速度由摄像机的每帧总像素数、总灰度数及帧速决定。

（3）预处理器

预处理器的功能是对图像信号进行预处理来改善图像质量和减少运算量。图像预处理内容如下：

1）去噪处理。可以采用空间域的邻域平均、中值滤波、匹配滤波、卡尔曼滤波、梯度加权平均及频率域的低通滤波等。

2）图像校正。有图像的几何校正、图像信号量化的归一化等。

3）数据压缩。有分层搜索、灰度压缩、图像投影、幅度排序、霍夫曼编码、变换编码等，邻域平均和滤波也是数据压缩的一种手段。

4）图像增强及补偿。有图像整体增强、高频补偿、直方图均衡化、对数变换等。对具体系统来说，采取哪些预处理步骤要视摄取的图像信号质量及系统工作要求而定。

（4）特征提取及特征选择

从景物的原始灰度图像中提取图像的描绘特征是图像处理的重要步骤，描绘特征的提取称为特征提取。从特征描绘的方法考虑，有线特征描绘和区域特征描绘两类。从这些描绘特征中可以得到目标的形状特征和目标的矩特征。形状特征主要有面积、周长、长宽比、圆度、密度等；矩特征有形心、高阶矩和不变矩。

上述特征可以在图像处理过程中同时得到，然后根据图像识别及跟踪的需要，按照特征选择的原则在上述特征中选择一些有用的特征进行进一步的运算，来达到压缩维数、简化运算的目的。

（5）目标分类

经过特征选择的目标特征，按照一定的分类准则对目标进行分类以识别目标。这些准则主要有最小距离法、最小平均损失法、树分类法等。

对于成像跟踪系统来说，通常是根据形状来判定目标，而不必了解有关景物图像中更多的细节。

（6）跟踪处理器

这是有关成像跟踪的关键部分。有关跟踪模式、跟踪状态估计以及滤波预测等运算都是跟踪处理器所包含的内容。

跟踪处理器输出的信号量为跟踪系统相对于目标状态的误差信号量。

（7）伺服机构

由跟踪处理器送来的目标误差信号，先经伺服机构的控制处理器，以便得出所要求的控制信号去控制、调节整个跟踪系统的工作状态，并驱动跟踪机构跟踪目标。

8.2.3 实时相关跟踪的模型和算法

实时相关跟踪是目前热成像系统和电视成像系统中对运动目标进行跟踪应用最为广泛的跟踪方法。它可以根据实时测得的目标位置，实施对运动目标的快速跟踪。

本部分内容将对相关跟踪系统进行分析和研究，建立相关跟踪模型，并对相关跟踪的一些计算机算法进行初步探讨。

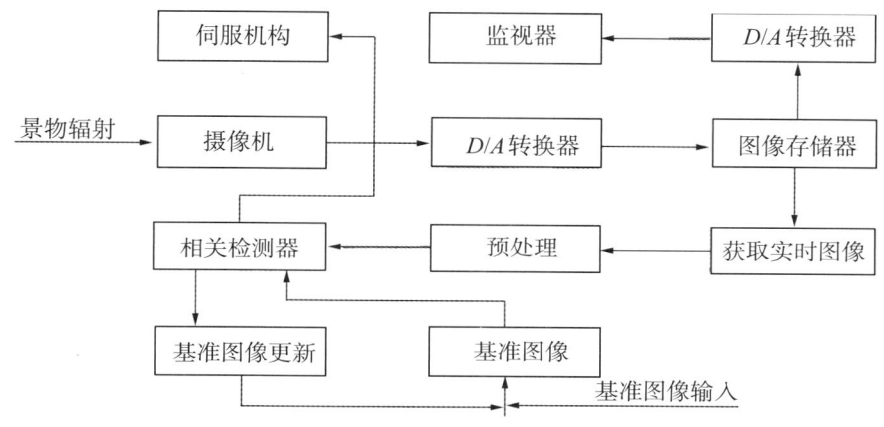

图 8.2　实时图像相关跟踪系统的组成和原理图

一、实时图像相关跟踪系统的组成和原理

（1）组成和原理

如图 8.2 所示，景物信号由摄像机转换为视频信号，A/D 转换器对视频信号进行量化处理，所得的数字图像存放在图像存储器中，D/A 转换器将图像存储器中存储的图像转换为对应模拟视频信号，供监视器显示。进行相关检测之前，跟踪系统中必须存在一幅被跟踪目标的基准图像，基准图像一般是系统在进行跟踪之前由人工干预实时获取的。为了适应跟踪系统与目标距离变化和时间推延引起的目标亮度、几何尺寸、相对位置关系等特征的变化，系统中必须设有基准图像更新项。预处理器的功能是对从图像存储器中获取的实时图像进行预处理，使之更加逼真，更适应相关检测器进行检测处理。

（2）跟踪过程

系统进入跟踪状态后，从图像存储器中获取实时图像。预处理器对实时图像进行预处理。相关检测器对基准图像和预处理后的实时图像进行相关处理，找出目标在实时图中的位置，并将此位置信息送至伺服机构。由伺服机构保证摄像机朝向目标方向转动，即让目标处于监视器屏幕中心；同时，根据相关处理结果和基准图像更新准则决定下一次相关检测的基准图像。重复以上过程，就实现了对目标的实时跟踪。

二、相关跟踪模型

相关检测器将系统的基准图像在实时图像上以不同偏置值进行位移，然后根据一定的相关相似性度量准则对每一偏置值下重叠的两幅图像进行相关处理，得到的处理结果构成"相关数组"，该数组中各数据的坐标就是与基准图像相关的实时图中子图的偏置值，根据相关处理结果和判决准则，判断目标在实时图中的位置。

设成像系统在观察区域 G 的范围内摄取景物的实时图像为 $g(u,v)$，对同一景物预先摄取的基准图像为 $t(u,v)$，为了减少数据量同时考虑获取足够的信息量，图像的亮度通常采用 7 个灰度来表示（一般实时图像大小大于基准图像的大小）。实时图像与基准图像的关系如图 8.3 所示。

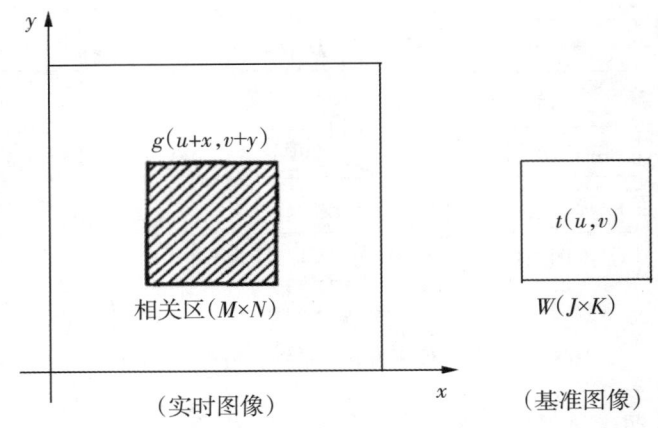

图 8.3 实时图像与基准图像的关系示意图

相似性度量准则如下：

相关函数

$$C(x, y) = \iint t(u, v) g(u+x, v+y) \, du dv \tag{8.1}$$

离散形式为

$$C(x, y) = \sum \sum t(u, v) g(u+x, v+y) \tag{8.2}$$

实际中相关度矩阵 $C(x,y)$ 呈峰状分布，且有一最大的峰值，如图 8.4 所示（图中仅仅画出了矩阵的 1/4）

从图 8.4 中可以看出，相关度矩阵具有一个主峰，可以根据主峰值找出两幅图像的配准点。同时要注意，图中还有若干个次峰，这可能出现虚假的配准点；而且相关函数的最大值相应的点不一定是配准点，这主要是由于预存的图像与实时图像可能不是同一预摄装置摄取的,摄取时的条件也不相同,以及实时视场大于基准图像视场等原因造成的。改进的方式是对其进行归一化,即采用相关系数判决。

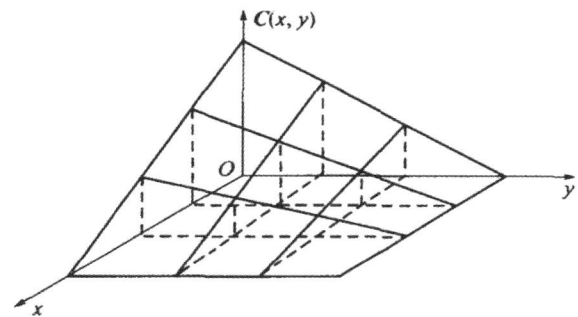

图 8.4　相关度矩阵示意图

相关系数为

$$C(x,y) = \frac{\iint t(u,v)g(u+x,v+y)\mathrm{d}u\mathrm{d}v}{\left\{\iint [t(u,v)]^2 \mathrm{d}u\mathrm{d}v \iint [g(u+x,v+y)]^2 \mathrm{d}u\mathrm{d}v\right\}^{1/2}} \quad (8.3)$$

离散形式为

$$C(x,y) = \frac{\sum\sum t(u,v)g(u+x,v+y)}{\sqrt{\sum\sum [t(u,v)]^2 \sum\sum [g(u+x,v+y)]^2}} \quad (8.4)$$

如果两幅图像配准,则该点与配准点的距离可从该点的相关函数值在相关度矩阵中的位置计算出来。配准距离值决定相关跟踪输出误差信号的大小,误差信号驱动伺服机构使实时摄像机的轴朝向预存图像中心靠拢,以实现匹配,从而实现对运动目标的跟踪。

采用相关函数作为相关测度的匹配方法的缺点是:

1) 计算量大;

2) 受图像几何失真的影响大。

相关算法总的运算量为窗口内的相关运算量乘以窗口位置数。

8.2.3.3　实用匹配算法

(1) 变灰度级相关算法

假设基准图像为 $t(j,k)$,总灰度级为 $L=2^P$,即每个像素的灰度级由 P 位二进制数表示。该算法的步骤如下:

1) 产生 P 个二值图形式的参考图像序列 $t_i(i=1,2,\ldots,P)$,将 $t(j,k)$ 中每个像素的灰度值表示为 P 位的二进制数,由各像素中最高位的二进制数码构成二值图 $t_1(j,k)$,以此类推,直到最低位的二进制数码构成 $t_P(j,k)$。

2）进行逐级相关运算。先用 $t_i(j,k)$ 同输入图像作相关运算，即

$$\Phi_1(x,y) = \sum_{j=1}^{J}\sum_{k=1}^{K} t_1(j,k) g(j+x, k+y) = \sum_j \sum_k g(j+x, k+y) \quad (8.5)$$

$\Phi_1(x,y)$ 为基本相关面，它反映了最粗糙的参考图同输入实时图像的相似度量，设定阈值为 T_1，若 $\Phi_1(x,y) < T_1$，则舍弃该窗口位置 (x,y)。

若 $\Phi_1(x,y) > T_1$，用 $T_2(j,k)$ 同输入实时图像作进一步的相关运算，即

$$\Phi_2(x,y) = \Phi_1(x,y) + (1/2)\sum_j \sum_k g(j+x, k+y) \quad (8.6)$$

设定阈值 T_2，若 $\Phi_2(x,y) < T_2$，则舍弃 (x,y)。
由此逐级计算，直至：

$$\Phi_P(x,y) = \Phi_{P-1}(x,y) + (1/2^{P-1})\sum_j \sum_k g(j+x, k+y) \quad (8.7)$$

最大值对应的 (x^*, y^*) 即为匹配位置。
其中各阈值有如下关系：

$$T_{P-1} > T_{P-2} > \cdots > T_2 > T_1 \quad (8.8)$$

逐级相关运算减少了总的运算量，从而提高匹配速度。

（2）序贯相似性检测法

序贯相似性检测法（SSDA）是一种有效的快速算法，运算速度可以大大提高。基本原理如下。

在 $t_1(x,y)$ 与 $t_2(x,y)$ 进行匹配的窗口内，按像素逐个累加误差，即

$$\varepsilon(x,y) = \sum_j \sum_k |t_1(j,k) - t_2(j+x, k+y)| \quad (8.9)$$

窗口内全部点被检验完之前该误差很快就达到预定的阈值，便认为该窗口位置不是匹配点，无须检验窗口内的剩余点，而转向计算下一窗口位置，从而节省大量的在非匹配位置处的无用运算量；如果在窗口内误差累积值上升很慢，便记录累加的总点数。当检验完毕，取最大累加点的窗口位置为匹配点。

相似性检测算法的要点如下：

1）定义绝对误差值，即

$$\varepsilon(i,j,m_k,n_k) = |S^{ij}(m_k,n_k) - S(i,j) - T(m_k,n_k) + T| \quad (8.10)$$

2）取一不变阈值 T_K。

3）在实时图像中随机选取像点，计算它同基准图像中对应点的误差值，然后将这差值同其他点对的差值累加起来，当累加 r 次误差超过阈值，则停止累加，并记下次数 r。

定义 SSDA 的检测曲面为

$$I(i,j) = \left\{ r \left| \max \left[\sum_{k=1}^{r} \varepsilon(i,j,m_k,n_k) \geq T_k \right] \right. \right\} 1 \leq r \leq m^2 \qquad (8.11)$$

4) 把 $I(i,j)$ 值大的 (i,j) 点作为匹配点

(3) 变分辨力相关算法

在变灰度级的相关算法中,相关运算是按灰度级的分层由粗到细进行的。与此类推,所谓变分辨力相关算法就是将相关运算从粗的空间分辨力到细的空间分辨力逐步进行的,具体做法如下。

1) 产生变分辨力的图像塔形结构。塔形结构可以采用 2×2 区域进行平均,也可以采用 3×3 区域进行平均,逐步对得到图像进行处理,从而得到一个塔形图像序列,对基准图和实时图均作上述处理。

2) 逐层进行相关运算。从塔形结构的最高层开始,将基准图像和实时输入图像进行相关运算,因为此时图像的像素很少,运算量很小。在此层作粗分辨力相关时,可排除明显的不匹配位置,得到一定数量的候选匹配点,逐层进行相关运算,最终找到最佳匹配点位置。

变分辨力相关算法是通过减少每个窗口的相关运算量来提高匹配速度的。

(4) FFT 相关算法

以上方法是在空间域上的处理,通过数学可以知道两个函数在空域中的卷积对应于频率域中的乘积,而相关可看作是卷积的一种特殊形式。在频率域中可以使用 FFT,因而可以得到比空域中更快的运算速度。

$t_1(j,k)$ 与 $t_2(j,k)$ 的相关可表示为

$$R(x,y) = t_1(x,y) * t_2(-x,-y) \qquad (8.12)$$

采用 FFT 相关算法,即

$$t_1(x,y) \xrightarrow{FFT} F_1(q,s) \qquad (8.13)$$

$$t_2(x,y) \xrightarrow{FFT} F_2(q,s) \qquad (8.14)$$

则有

$$R_1(x,y) \xrightarrow{IFFT} F_1(q,s) F_2^*(q,s) \qquad (8.15)$$

四、抑制几何失真影响的相关算法

图像的几何失真对相关性能影响很大。解决该问题有若干种实用算法,下面介绍两种常用而且有效的算法。

(1) 不变矩相关算法

一幅图像的七个不变矩对于平移、旋转及比例变化是不变的,即不受几何失真的影响,两幅图像的相似性可用七个不变矩的相似程度来度量。

设图像 $f(x,y)$ 的 $p+q$ 阶矩定义为

$$m_{pq} = \sum_x \sum_y x^p y^q f(x,y) \tag{8.16}$$

图像 $f(x,y)$ 的 $p+q$ 阶中心矩定义为

$$\mu_{pq} = \sum_x \sum_y (x-\bar{x})^p (y-\bar{y})^q f(x,y) \tag{8.17}$$

其中：$\bar{x} = m_{10}/m_{00}$

$\bar{y} = m_{01}/m_{00}$

$f(x,y)$ 归一化的中心矩定义为

$$\eta_{pq} = \frac{\mu_{pq}}{\mu_{00}^\gamma} \tag{8.18}$$

其中：$\gamma = \dfrac{p+q}{2} + 1$

七个不变矩定义为

$\phi_1 = \eta_{20} + \eta_{02}$

$\phi_2 = (\eta_{20} - \eta_{02})^2 + 4\eta_{11}^2$

$\phi_3 = (\eta_{30} - 3\eta_{12})^2 + (3\eta_{21} - \eta_{03})$

$\phi_4 = (\eta_{30} - \eta_{12})^2 + (\eta_{21} - \eta_{03})$

$\phi_5 = (\eta_{30} - 3\eta_{12})(\eta_{30} + \eta_{12})\left[(\eta_{30} + \eta_{12})^2 - 3(\eta_{21} + \eta_{03})^2\right]$
$\quad + (3\eta_{21} - \eta_{03})(\eta_{21} + \eta_{03})\left[3(\eta_{30} + \eta_{12})^2 - (\eta_{21} + \eta_{03})^2\right]$

$\phi_6 = (\eta_{20} - \eta_{02})\left[(\eta_{30} + \eta_{12})^2 - (\eta_{21} + \eta_{03})^2\right]$
$\quad + 4\eta_{11}(\eta_{30} + \eta_{12})(\eta_{21} + \eta_{03})$

$\phi_7 = (3\eta_{21} - \eta_{03})(\eta_{30} + \eta_{12})\left[(\eta_{30} + \eta_{12})^2 - 3(\eta_{21} + \eta_{03})^2\right]$
$\quad + (3\eta_{21} - \eta_{30})(\eta_{21} + \eta_{03})\left[3(\eta_{30} + \eta_{12})^2 - (\eta_{21} + \eta_{03})^2\right]$

两幅图像之间的相似度用下式来度量：

$$R(x,y) = \frac{\sum_{i=1}^{7} M_i N_i(x,y)}{\sqrt{\sum_{i=1}^{7} M_i^2 \sum_{i=1}^{7} N_i^2(x,y)}} \tag{8.19}$$

其中，M_i 为基准图像七个不变矩，$M_i(x,y)$ 为实时图像 (x,y) 位置的七个不变矩。

该算法运算量比较大，在实际的使用中，可以采用变分辨力搜索方法，确定候选匹配位置，而在低层中的候选匹配窗口内计算七个不变矩，以减少总的运算量。

(2) 点模式匹配算法

在图像匹配技术中，一幅图像经特征提取之后，可以用由有限个点模式构成的集合来表示，每个点模式具有位置信息和特征描述量。

点模式匹配的主要步骤是：

1) 模式基元的获取。对于不同的图像类型及用途，有不同的获取模式基元的做法。可以取各区域的矩心位置和特征描述（区域的灰度均值、圆度、长宽比等）作为模式基元；也可以取图像中的特征点（轮廓线的转角位置及其角度）。模式基元选取的基本考虑：

① 模式基元应有较好的稳定性，受噪声影响较小，尽可能减少基元总数；

② 模式基元本身易于提取。

2) 模式基元的匹配。基于两幅图像中各模式基元之间的空间结构关系与特征量，寻找两幅图像的最佳吻合位置。经常使用的做法是迭代算法（松弛算法），即逐步修正两幅图像之间各模式基元的相似性度量，待收敛后，取具有最大相似性度量的匹配位置为匹配点。点模式匹配的优点是，在图像发生变化情况下能够实现两幅图像的匹配。

8.2.4 成像跟踪模式与图像匹配

成像跟踪技术有两个重要的研究方面，即序列图像的运动分析和成像系统的结构设计。序列图像的运动分析是成像跟踪的基础。成像跟踪系统的结构设计涉及成像探测及跟踪两个方面。跟踪系统研究的基本点是跟踪精度、智能化及图像识别功能三个方面。

跟踪系统在工作时需要从目标的图像中提取目标的位置信息，进而形成跟踪误差信号去驱动伺服机构对目标进行跟踪。

目标图像的尺寸、形状、灰度及其分布，以及图像系统的分辨力等各因素随成像探测系统的结构、成像跟踪系统对目标所处的工作状态、环境条件等不同而有较大的差异，且具有时变性质。跟踪系统对目标所采取的跟踪模式应随上述诸图像参量而相应变化以得到最佳跟踪性能。

从目标的图像中提取目标位置的方法有波门跟踪模式及图像匹配模式。

一、波门跟踪

(1) 跟踪波门

在一定的观察视场中对目标进行检测时，通常只需对目标所在的局部区域进行检测而摒除观察视场中的其余区域，即围绕目标设置波门，如图8.5所示。

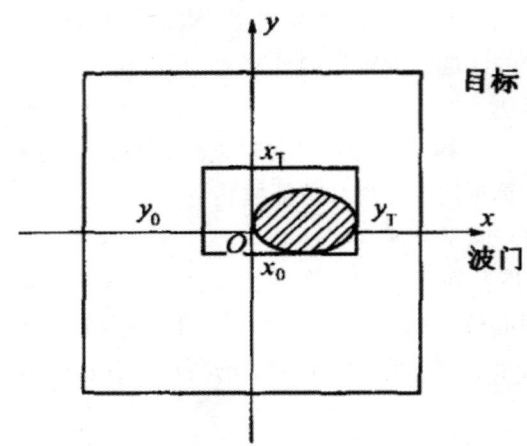

图8.5 视场中目标和波门图

检测时,对波门内的信号当作感兴趣的信号予以检出而排除波门外的其他信号,也可以针对视场中出现的多个目标设置几个波门,分别检出各个波门中的信号,利用波门选通技术对目标进行有选择的跟踪。

设置波门的优点是:

1) 有效地排除背景干扰;

2) 可以大大减少计算量以提高计算速度。

波门跟踪过程为:

1) 在跟踪上目标时,波门的中心 $G(x_G,y_G)$ 通常和目标中心 $T(x_T,y_T)$ 重合。

2) 若目标在运动,则波门中心位置和目标中心位置之间存在偏移量,即

$$(\Delta x_{TG}, \Delta y_{TG}) = (x_T, y_T) - (x_G, y_G) \tag{8.20}$$

3) 伺服机构(控制机构)控制波门形成电路,使波门中心向目标中心方向移动,使 $(\Delta x_{TG}, \Delta y_{TG})$ 趋向于0。

波门的产生还应和扫描机构同步,波门跟踪的原理图如图8.6所示。

波门的大小固定不变的称为固定波门;波门的大小可以随目标图像的大小而自动变化,这种波门称为自适应波门。当目标跟踪较远时,目标像点较小,这时通常采用固定波门;当目标离得较近时,必须采用自适应波门。

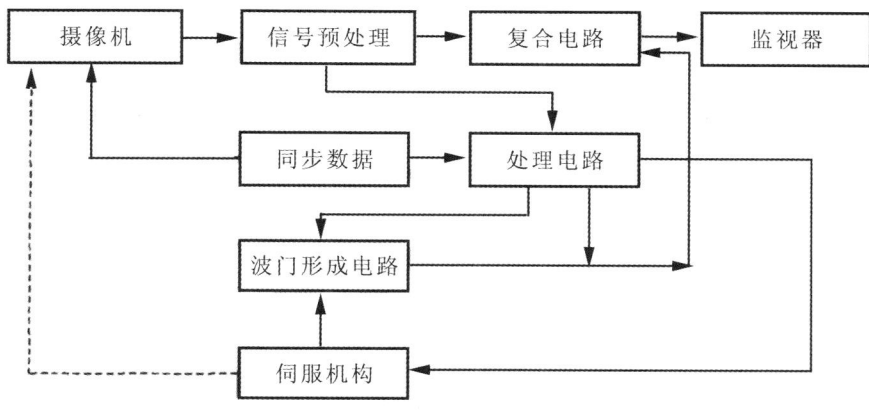

图 8.6 波门跟踪原理结构图

（2）自适应波门

波门是在视场中有目标出现时才设置的。波门中心及波门尺寸的大小均由目标的图像中心及目标图像尺寸大小所控制。

在实际的使用过程中，常常设置内外两重波门。

如图 8.7 所示，图（a）中内门紧紧套住目标，外门的设置是为了在靠近目标图像的地方采集背景灰度值，内外门之间区域称为背景采样区；图（b）是专门为采集图像而设置的波门，目标区的中央外门又分为两个小区域，即背景区和尾焰区。图（c）则用外门紧套目标，内门作为计算时考虑目标图像边缘部分的亮度值而设置的计算门。

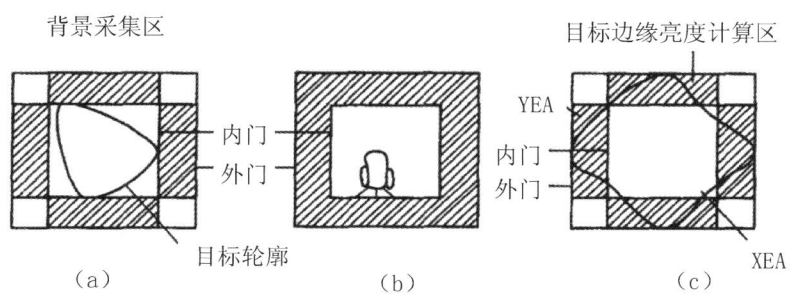

图 8.7 跟踪波门的设置形式

波门中心及波门尺寸应该根据目标图像中心及图像尺寸进行预测决定。从而波门中心及波门尺寸的确定实际上是预测器的设计问题。目标的运动轨迹可以用线性函数、平方函数近似描述；目标图像的尺寸常用平方函数描述。

（3）确定目标位置的算法

1）边角跟踪算法。利用目标图像的某一边缘或角所产生的信号进行粗略的目标定位。当检测到目标的边缘部分时，视频信号会出现起伏，根据峰值前沿或后沿确定目标位置，也可以根据目标灰度信号值的起伏直接读出目标位置。

当目标图像很小或对定位精度要求不高时，可采用此算法，这种方法易受噪声的影响。

2）双边缘跟踪算法。同时利用目标的左、右边缘或上、下边缘信息，按目标图像的左、右边缘或上、下边缘的中点进行目标定位。这种定位方法可以比较准确地反映目标的中心位置，但同样易受噪声的影响。

3）区域平衡算法。按左右两侧的目标积分信号值的差来确定目标左右偏移量，按上、下两侧目标积分信号值的差来确定目标的上、下偏移量，以此确定目标位置。

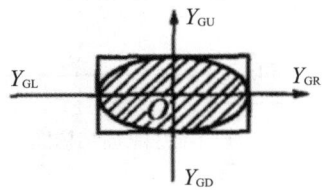

图8.8 视场中的目标及其波门

如图8.8所示，设图像已经二值化，则有下式成立：

$$\varepsilon_{tx} = C_x^{-1} \int_{X_{GD}}^{X_{GU}} dy \left[\int_{X_{GL}}^{X_{GO}} DV(x,y)dx - \int_{X_{GO}}^{X_{GR}} DV(x,y)dx \right] \tag{8.21}$$

$$\varepsilon_{ty} = C_y^{-1} \int_{Y_{GL}}^{Y_{GR}} dy \left[\int_{Y_{GL}}^{X_{GO}} DV(x,y)dx - \int_{X_{GO}}^{X_{GU}} DV(x,y)dx \right] \tag{8.22}$$

区域平衡算法考虑了目标图像的区域对称性，因此较双边缘算法更为合理。区域平衡算法受目标图像大小及形状的影响较大，且波门中心位置在不断移动，以此作为基准去计算目标位置则会带来一定的误差。

4）形心算法。设目标图像的面积为A，位于坐标点(x,y)处的像素的微面积为$dA=dxdy$，在这像素内的光能量密度为$\delta(x,y)$，则整个目标区内的能量为

$$M = \int_A \delta(x,y)dA \tag{8.23}$$

相对于x轴的能量矩可表示为

$$M_x = \int_A y\delta(x,y)dA \tag{8.24}$$

对于y轴的能量矩可表示为

$$M_y = \int_A x\delta(x,y)dA \tag{8.25}$$

因此，目标形心坐标为：

$$x_c = \frac{M_y}{M} = \frac{\int_A x\delta(x,y)dA}{\int_A \delta(x,y)dA} \tag{8.26}$$

$$y_c = \frac{M_x}{M} = \frac{\int_A y\delta(x,y)\mathrm{d}A}{\int_A \delta(x,y)\mathrm{d}A} \tag{8.27}$$

计算目标形心的方法可以充分反映目标的能量分布状况。由于形心值是相对于目标面积归一化后的值，因此形心值不受目标面积及形状的限制。形心算法简便，应用较普遍。

二、图像匹配

图像匹配是指在两幅（或多幅）图像之间识别同名点，它是计算机视觉的核心问题。图像匹配可用于对单个活动目标的定位，也可以用于对较大景物区域的探测、分类和定位。从跟踪角度看，正确截获概率和定位精度是图像匹配的主要性能指标；从系统结构方面考虑，图像匹配系统的实时运算则是关键，它取决于专用图像处理硬件。

（1）正确截获概率和定位精度

在图像中存在噪声等其他误差的情况下，所求取的相关函数可能会出现若干个随机起伏的峰值或谷值。这些随机的峰或谷可能会影响图像的正确匹配。正确匹配的概率越大，则表明搜索截获过程的可靠性越高，即正确截获率越大。

在噪声和其他误差作用下所求得的匹配点和真正匹配点之间也会存在着误差。匹配误差的方差用来描述匹配定位系统的定位精度。

（2）各种误差对匹配性能影响

实时摄取的景物图像与参考图像相比，往往由于图像摄取时的几何条件及辐射条件的差异等原因而存在着各种误差。

几何失真。属于此类的误差主要有图像旋转、图像比例变化、透视方向变化等。这些误差均使两图像不匹配的重叠区域增大，从而使匹配概率减小，定位精度下降。

选择较小的实时图尺寸（或相关窗口）对减小此类误差的影响是必要的。

灰度畸变。引起灰度畸变的原因有摄取实时图时辐照条件及景物自身反射率或幅射率的变化；实时图和参考图的摄像机类型及灵敏度的差异，环境条件的变化。

（3）匹配算法

匹配算法种类很多，需同时顾及匹配的速度和匹配定位精度，通常使用普通相关算法、特征匹配算法、混合算法，这里仅对其作以简单介绍，具体读者可以参考相关资料。

1）普通相关算法。以整个图像的总体特征为基础，并且预处理也是整体完成的。通过实时图和参考图之间相关函数的计算，由最佳匹配得到实时图像相对于参考图像的偏移量。

优点：在较小的图像信噪比情况下进行运算，具有抑制固有噪声的作用，在仅有局部误差的场合，这种算法效果较好。

缺点：当相关窗口内图像有大面积的、细节很少的均匀区域时，相关函数值可能较平缓，难以探测到峰值。实时图与参考图之间的比例大小、几何畸变、图像旋转和辐射亮度的差异也会在匹配时发生困难。

2) 特征匹配法。该方法是先对参考图和实时图进行特征提取，在特征匹配算法中，这类特征通常为图形边缘、边界线段及其顶点，也有进而求取其符号及结构描述特征的方法，然后对两幅图像的特征进行匹配运算。

通常的做法是：求取各相应特征量之间的欧几里得距离，以此作为失配误差测度，然后建立特征量距离测度矩阵。将实时图相对参考图作移动，以求取最佳匹配的测度矩阵值，最后按最佳匹配进行定位。

优点：当图像中仅有区域误差时，对特征的提取不会产生显著影响，因此采用特征匹配算法比较适合，将整幅图像分割成若干同质区然后进行特征匹配的算法可以使相关明显地变陡，因而可以提高定位精度。

缺点：由于图像分割和特征提取需要有一定的信噪比，因而特征匹配算法只有在较大信噪比的情况下才能使用。

3) 混合算法。一种混合算法是只将参考图分割成若干同质区，然后按参考图的各同质区对每个图像偏移位置处的实时图进行分割，求取各同质区内两图像的区域相关值，最后将各区域相关值相加得到总的相关值；另一种混合算法是针对所观察的景物辐射量情况、摄像机特性及误差性质而综合运用相关算法及特征匹配算法。

8.3 目标定位技术

8.3.1 概述

无论是在战场预先侦察还是实时侦察，快速处理并给出目标精确位置坐标是保障火力精确打击的首要因素，这使得目标定位更为重要，对其要求也更加严格。完成目标定位的手段多种多样，在这些手段中以航空及航天侦察获取的影像进行目标定位最为普遍。

航空航天侦察自从出现就得到了广泛的使用，据国外资料统计，依靠地面侦察只能发现战场目标的10%～18%，依靠航空航天侦察获取的影像分析能够发现战场目标的70%～80%。随着科学技术的发展，航空航天侦察工具不断完善，侦察领域不断拓宽，其重要地位越来越突出，使得利用航空航天侦察影像进行目标定位尤为重要。

8.3.2 电视图像目标定位技术

一、定位方程

电视图像目标定位是目前无人机侦察目标定位中广泛使用的一种定位方式。该种定位方式主要依据飞机的位置来解算目标位置坐标，同时还可完成校正火炮射击等任务。本小节以该种电视侦察典型目标定位校射的系统组成、工作原理以及工作过程来具体阐述电视图像目标定位技术。

目标的定位方程如下式所示：

$$\left.\begin{aligned} X &= X_S + H\frac{a_1 X - a_2 f + a_3 Z}{b_1 X - b_2 f + b_3 Z} K \\ Z &= Z_S + H\frac{c_1 X - c_2 f + c_3 Z}{b_1 X - b_2 f + b_3 Z} K \end{aligned}\right\} \tag{8.28}$$

式中：X_S、Z_S 为飞机的大地坐标；X、Z 为目标在屏幕上的坐标；K 为摄像机图像画面与屏幕上图像画面的比例系数；a_1、a_2、a_3、b_1、b_2、b_3、c_1、c_2、c_3 为飞机姿态角的函数；H 为飞机的飞行高度；f 为摄像机焦距。

从式（8.28）中可以看出飞机的位置坐标是目标定位的基础，同时飞机定位精度直接影响着目标定位精度，飞机的位置坐标可以通过无线电测距测角的方式来确定，也可以通过 GPS 和 GLONASS 定位系统提供位置坐标。

二、校射方程

依据电视图像定位方程，易推导出电视图像校射方程如式（8.29）所示。从式中可以看出，校射实际上归属于电视图像目标定位，仅仅是校射使用提出特殊的要求。

$$\left.\begin{aligned} \Delta X &= H\frac{a_1 X - a_2 f + a_3 Z}{b_1 X - b_2 f + b_3 Z} - \frac{a_1 X - a_2 f + a_3 Z}{b_1 X - b_2 f + b_3 Z} K \\ \Delta Z &= H\frac{c_1 X - c_2 f + c_3 Z}{b_1 X - b_2 f + b_3 Z} - \frac{c_1 X - c_2 f + c_3 Z}{b_1 X - b_2 f + b_3 Z} K \\ \Delta L &= \sqrt{\Delta X^2 + \Delta Z^2} \end{aligned}\right\} \tag{8.29}$$

式中，X_P、Z_P 为炸点的坐标，ΔX、ΔZ 为投射偏差坐标。

对定位校射系统，要求控制光轴稳定平台使摄像机的光轴指向要侦察的目标，并能实时地计算出目标的大地坐标，在校正射击时要能同时给出目标和炸点的大地坐标。

三、系统组成

定位校射系统的组成方框图如图8.9所示。

定位校射系统是在飞行器系统的基础上，由装有面阵 CCD 电视摄像机的光轴稳定平台、电视图像跟踪器、激光测高仪和定位校射计算机等分系统组成。定位校射机柜由电视跟踪系统和定位校射计算机及一台录像机组成，而装有面阵 CCD 电视摄像机的光轴稳定平台和激光测高仪安装在飞机上。

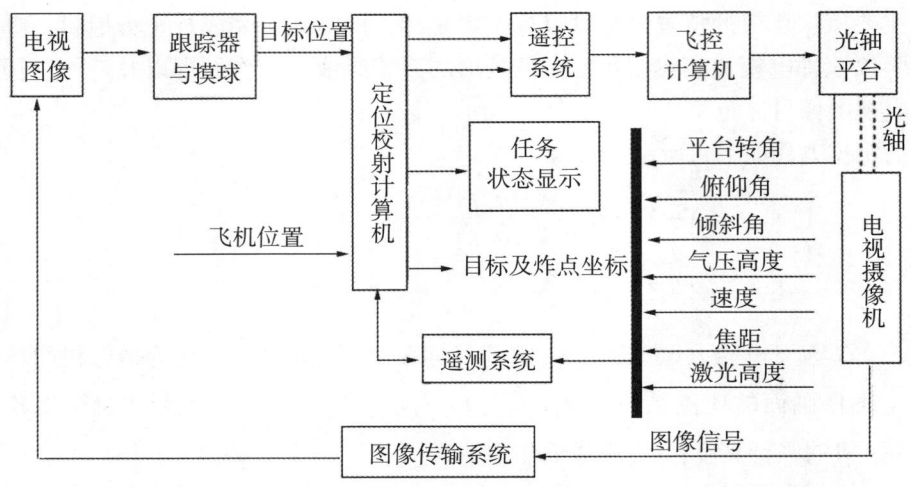

图 8.9　定位较射系统方框图

四、系统工作原理

（1）平台控制的三种状态

① 角度控制。通过指令控制平台可以从现行状态转到指令要求的角度位置，可以对两个轴同时控制，也可以单独控制。

② 自扫描控制。通过指令控制平台高低轴，以所给的角速度转到某角度后又以相反的角速度转到相反的某角度，如此反复运动，直到收到其他运动指令为止。

③ 跟踪态。平台运动的角速度与指令所给的角速度相对应，此状态主要用在对目标的定位校射状态。

（2）控制平台指令码的格式

平台的控制信号来自定位校射计算机，定位校射计算机把要求的指令用串行码传给遥控操纵器，经编码后由测控系统送至飞机。

（3）平台控制方程

在定位校射时，要使目标处于屏幕中心，但由于飞机的运动，如果不控制平台，目标在屏幕上不可能处于中心，且随时都可能移出屏幕。为此必须依据目标在屏幕上的位置坐标（由跟踪器送来）、遥测送来的平台角度、摄像机焦距等信号，计算出对平台的控制信号，此信号再由无线电遥控送至飞机上，由机上飞控计算机解算，平台在此信号的控制下，可不断调整目标在屏幕上的位置，使目标始终向屏幕中心移动。平台的控制信号如式（8.30）所示：

$$\left.\begin{aligned}\xi_0 &= \arctan\left(\frac{\sqrt{Z^2+(XS_\xi-fC_\xi)^2}}{XS_\xi-fC_\xi}\right)\mathrm{sign}(XS_\xi-fC_\xi)\\ \Delta\xi &= \xi_0-\xi\\ \Delta\eta &= -\arctan^{-1}\left(\frac{|XS_\xi-fC_\xi|}{\sqrt{Z^2+(XS_\xi-fC_\xi)^2}}\right)\mathrm{sign}(XS_\xi-fC_\xi)\mathrm{sign}(X)\end{aligned}\right\} \quad (8.30)$$

式中：$\Delta\xi$、$\Delta\eta$ 为平台的控制信号；X、Z 为跟踪器送来的目标在屏幕上的坐标；f 为焦距；$C\xi=\cos\xi$，$S\xi=\sin\xi$。

五、定位校射简要过程

装在光轴稳定平台上的电视摄像机侦察摄取的地物图像，显示在地面控制站的电视显示器上，当感兴趣的目标出现在屏幕上时，用跟踪器产生的标志符套住目标，跟踪器即输出目标在屏幕上的坐标给定位校射计算机；计算机根据目标的位置以及遥测送来的有关参数，计算出控制光轴稳定平台转动的信号，此信号经过遥控系统发至飞机上，由飞机上飞控计算机处理后送至光轴稳定平台，光轴稳定平台在此信号的作用下转动，使目标向屏幕中心移动，目标移动后控制信号也随之改变；当目标移至屏幕中心附近，调整摄像机焦距（长焦），放大地面景物的图像，以便定位或校射时能更准确地确定目标的中心位置，计算出目标的地理坐标并实时送给火力单元；试射时，将摄像机焦距调整为短焦，以增大电视摄像机的收容面积，当试射炸点在屏幕上出现时，迅速调整摄像机的焦距，放大目标区图像，然后用摸球游标套住炸点，即可给出炸点的屏幕坐标送至校射计算机，由校射计算机计算出炸点的大地坐标，同目标坐标一同送至火力单元。

为了有利于校射任务的完成，目标与飞机的位置、焦距、高度、飞机的姿态角等也实时地在屏幕上显示出来。

8.3.3 航空像片目标定位技术

一、解析法航空像片目标定位

解析法航空像片目标定位基于航空摄影测量理论，通过内定向、相对定向、绝对定向三个过程的解算，依据侦察区域的地面控制点，恢复航空像片的空间位置姿态，从而实现对航空像片上的任一目标的三维定位任务。

（1）内定向

内定向过程就是根据航空像片的内方位元素（包括主点坐标和焦距），采用一定的数学模型，将航空像片的坐标仪量测坐标转化成为像片本身坐标的过程。同时在这个过程中实现对航空像片的变形改正。

如果在仪器上框标构象的直角坐标 (x, y)，并已知它们的理论坐标为 (x', y')，则可在解析内定向过程中，一方面将仪器量测坐标归算到所规定的像片坐标系，另一方面也部分地改正了底片变形误差。

为此，通常采用多项式变换公式，用矩阵表示的一般公式为

$$x' = x + At \tag{8.31}$$

式中，x 为量测的像点坐标，x' 为变换后的像点坐标，A 为变换矩阵，t 为变换参数。常用的数学模型有线性正形变换、仿射变换等。

1) 线性正形变换

$$\left.\begin{array}{l}x'=x+a_0+a_1x-a_2y\\y'=y+b_0+a_2x-a_1y\end{array}\right\} \quad (8.32)$$

2) 仿射变换

$$\left.\begin{array}{l}x'=x+a_1+a_2x-a_3y\\y'=y+b_1+b_2x-b_3y\end{array}\right\} \quad (8.33)$$

3) 双线性变换

$$\left.\begin{array}{l}x'=x+a_1+a_2x-a_3y+a_4xy\\y'=y+b_1+b_2x-b_3y+b_4xy\end{array}\right\} \quad (8.34)$$

4) 投影变换

$$\left.\begin{array}{l}x'=\dfrac{a_1x+a_2y+a_3}{c_1x+c_2y+1}\\y'=\dfrac{b_1x+b_2y+b_3}{c_1x+c_2y+1}\end{array}\right\} \quad (8.35)$$

在实施中，若仅用三个框标，则采用式（8.32）；若有四个框标，则用仿射变换；只有八个框标时，才宜用式（8.34）和式（8.35）进行内定向。

严格改正底片变形的方法是利用格网摄影机，即在承影面位置上装上带有精密方形格网的玻璃板。量测了全部格网点的坐标后，用高次正形变换或三次多项式来测定所有格网点处的像点变形误差。但是由于此方法量测工作量明显成倍增加，且格网的构象会妨碍立体观测，所以，目前格网摄影机的应用并不广泛，而是直接采用内定向解算过程进行变形纠正的策略。

（2）相对定向

由于利用单张像片不能唯一确定被摄物体的空间位置，在单张像片的内外方位元素已知的条件下，它也只能确定被摄物体点的摄影方向线。要确定被摄物体点的空间位置，必须利用具有一定重叠的两张像片，构成立体模型来确定被摄物体的空间位置。利用立体像对中摄影时存在的同名光线相交的几何关系，通过量测的像点坐标，以数学计算的方法，求解两像片的相对方位元素值的过程，称为相对定向。确定相邻两像片的相对位置和姿态的要素，称为相对定向元素。相对定向的目的是建立一个与被摄物体相似的几何模型，以确定模型点的三维坐标。

1) 共面条件方程。从两个不同摄站对同一地面摄取的一个立体像对，当保持两摄站的相对位置不变（只要恢复两像片的相对方位之后），整体地移动像片对时，则所构成的立体模型不会改变形状。因此，在完成了相对定向之后，就能建立起立体模型，如图 8.10 所示。此时两同名光线 S_1m_1M 与 S_2m_2M 应位于同一核面上，即由两同名光线和摄影基线组成的平面上，用数学方法描述，则三向量（B，S_1m_1M，S_2m_2M）共面。只要满足了共面条件，就能达到同名光线 S_1m_1M 与 S_2m_2M 似对应相交。

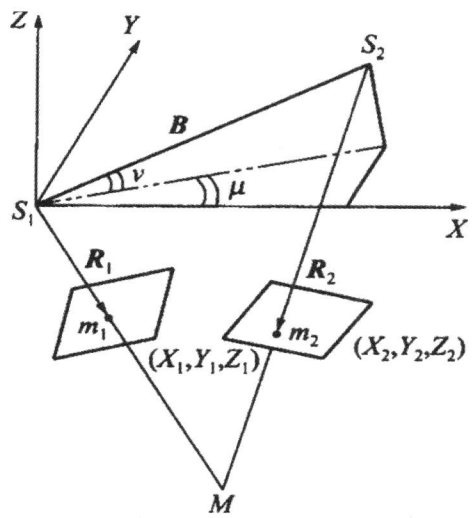

图 8.10 像对立体模型示意图

由向量代数可知,三向量共面的条件为三向量的混合积为零,即

$$B \cdot (R_1 \times R_2) = 0 \tag{8.36}$$

改用坐标形式表示时,即为一个三阶行列式等于零,即

$$F = \begin{vmatrix} B_x & B_y & B_z \\ X_1 & Y_1 & Z_1 \\ X_2 & Y_2 & Z_2 \end{vmatrix} \tag{8.37}$$

式(8.37)便是相对定向的共面条件方程式。

其中:

$$\begin{bmatrix} X_1 \\ Y_1 \\ Z_1 \end{bmatrix} = R_{\text{左}} \begin{bmatrix} x_1 \\ y_1 \\ -f \end{bmatrix}, \quad \begin{bmatrix} X_2 \\ Y_2 \\ Z_2 \end{bmatrix} = R_{\text{右}} \begin{bmatrix} x_2 \\ y_2 \\ -f \end{bmatrix}$$

是像空间辅助坐标系坐标。

2) 连续像对相对定向。连续像对相对定向通常假定左方像片是水平的或已知它的方位元素,可把式(8.37)中的 X_1、Y_1、Z_1 视为已知值。$X_Y \approx B_X \cdot \mu$, $B_Z \approx B_X \cdot \nu$。连续像对的相对定向元素为右片的三个角元素 φ、ω、κ 和与基线分量有关的两个元素 μ、ν。因为式(8.37)是一个非线性函数,按多元函数泰勒公式展开的办法将式(8.37)展开至小值一次项,即

$$F = F_0 + \frac{\partial F}{\partial \varphi} d\varphi + \frac{\partial F}{\partial \omega} d\omega + \frac{\partial F}{\partial \kappa} d\kappa + \frac{\partial F}{\partial \mu} d\mu + \frac{\partial F}{\partial \nu} d\nu = 0 \tag{8.38}$$

式中，F_0 为用相对定向元素的近似值求得的 F 值。

要求出式（8.38）中偏导数 $\frac{\partial F}{\partial \varphi}, \frac{\partial F}{\partial \omega}, \cdots$ 必须先求得偏导数 $\frac{\partial X_2}{\partial \varphi}, \frac{\partial X_2}{\partial \omega}, \cdots, \frac{\partial Z_2}{\partial \kappa}$。因推导过程中仅考虑到小值一次项的情况，所以坐标变换关系式可以引用微小旋转矩阵（8.39），即

$$\begin{bmatrix} X_1 \\ Y_1 \\ Z_1 \end{bmatrix} = \begin{bmatrix} 1 & -\kappa & -\varphi \\ \varphi & 1 & -\omega \\ \kappa & \omega & 1 \end{bmatrix} \begin{bmatrix} x_1 \\ y_1 \\ -f \end{bmatrix} \tag{8.39}$$

由式（8.39）可以求得式（8.38）中五个偏导数为

$$\frac{\partial F}{\partial \varphi} = \begin{vmatrix} B_X & B_Y & B_Z \\ X_1 & Y_1 & Z_1 \\ \frac{\partial X_2}{\partial \varphi} & \frac{\partial Y_2}{\partial \varphi} & \frac{\partial Z_2}{\partial \varphi} \end{vmatrix} = \begin{vmatrix} B_X & B_Y & B_Z \\ X_1 & Y_1 & Z_1 \\ f & 0 & x_2 \end{vmatrix} \tag{8.40}$$

$$\frac{\partial F}{\partial \omega} = \begin{vmatrix} B_X & B_Y & B_Z \\ X_1 & Y_1 & Z_1 \\ \frac{\partial X_2}{\partial \omega} & \frac{\partial Y_2}{\partial \omega} & \frac{\partial Z_2}{\partial \omega} \end{vmatrix} = \begin{vmatrix} B_X & B_Y & B_Z \\ X_1 & Y_1 & Z_1 \\ 0 & f & y_2 \end{vmatrix} \tag{8.41}$$

$$\frac{\partial F}{\partial \kappa} = \begin{vmatrix} B_X & B_Y & B_Z \\ X_1 & Y_1 & Z_1 \\ \frac{\partial X_2}{\partial \kappa} & \frac{\partial Y_2}{\partial \kappa} & \frac{\partial Z_2}{\partial \kappa} \end{vmatrix} = \begin{vmatrix} B_X & B_Y & B_Z \\ X_1 & Y_1 & Z_1 \\ -y_2 & x_2 & 0 \end{vmatrix} \tag{8.42}$$

$$\frac{\partial F}{\partial \mu} = B_X \begin{vmatrix} Z_1 & X_1 \\ Z_2 & X_2 \end{vmatrix} \tag{8.43}$$

$$\frac{\partial F}{\partial \upsilon} = B_X \begin{vmatrix} X_1 & Y_1 \\ X_2 & Y_2 \end{vmatrix} \tag{8.44}$$

将式（8.40）～式（8.44）代入式（8.38）中，得

$$\begin{vmatrix} B_X & B_Y & B_Z \\ X_1 & Y_1 & Z_1 \\ f & 0 & x_2 \end{vmatrix} \mathrm{d}\varphi + \begin{vmatrix} B_X & B_Y & B_Z \\ X_1 & Y_1 & Z_1 \\ 0 & f & y_2 \end{vmatrix} \mathrm{d}\varphi + \begin{vmatrix} B_X & B_Y & B_Z \\ X_1 & Y_1 & Z_1 \\ -y_2 & x_2 & 0 \end{vmatrix} \mathrm{d}\varphi$$

$$+ B_X \begin{vmatrix} Z_1 & X_1 \\ Z_2 & X_2 \end{vmatrix} \mathrm{d}\upsilon + B_X \begin{vmatrix} X_1 & Y_1 \\ X_2 & Y_2 \end{vmatrix} \mathrm{d}\upsilon + F_0 \tag{8.45}$$

把式（8.45）展开以后，除以 B_x，并略去含有 $\dfrac{B_Y}{B_X}d\varphi, \dfrac{B_Z}{B_X}d\varphi, \cdots$ 等二次以上的小值项，经整理后，得

$$Y_1 x_2 d\varphi + (Y_1 y_2 - Z_1 f)d\omega - x_2 Z_1 d\kappa + (Z_1 X_2 - X_1 Z_2)d\mu + (X_1 Y_2 - X_2 Y_1)dv + \dfrac{F_0}{B_X} = 0 \quad (8.46)$$

在仅考虑到小值一次项的情况下，式（8.46）中 x_2、y_2 可用像空间辅助坐标 X_2、Y_2 取代，并且近似地认为：

$$\left.\begin{array}{l} Y_1 = Y_2 \\ Z_1 = Z_2 \\ X_1 = X_2 + \dfrac{B_x}{N'} \end{array}\right\} \quad (8.47)$$

式中，N' 是将右方像点 m_2 变换为模型中 M 点时的投影系数，不同的像点具有不同的 N' 值，因为 B_x 是模型基线，B_x / N' 视为某点在模型上的左右视差。

根据式（8.47）中的关系，则式（8.46）中的 $Z_1 X_2 - X_1 Z_2$ 和 $X_1 Y_2 - X_2 Y_1$ 有以下关系式：

$$\left.\begin{array}{l} Z_1 X_2 - X_1 Z_2 = -\dfrac{B_x}{N'} Z_1 \\ X_1 Y_2 - X_2 Y_1 = -\dfrac{B_x}{N'} Y_2 \end{array}\right\} \quad (8.48)$$

将式（8.48）代入式（8.46）中，并给全式乘以 $\dfrac{N'B_x}{Z_1}$，得到

$$Q = -\dfrac{X_2 Y_2}{Z_2} N' d\varphi - \left(Z_2 + \dfrac{Y_2^2}{Z_2}\right) N' d\omega + X_2 N' d\kappa + B_x d\mu - \dfrac{Y_2^2}{Z_2} B_x dv \quad (8.49)$$

式（8.49）便是相对定向的数学模型公式。立体像对中每一个点可以列出一个方程，在计算中往往把它视为观测值，那么式（8.49）就是观测方程式，如果令 v_Q 为 Q 的改正数，由式（8.49）可以列出误差方程式为

$$v_Q = -\dfrac{X_2 Y_2}{Z_2} N' d\varphi - \left(Z_2 + \dfrac{Y_2^2}{Z_2}\right) N' d\omega + X_2 N' d\kappa + B_x d\mu - \dfrac{Y_2^2}{Z_2} B_x dv - Q \quad (8.50)$$

其中

$$Q = -\dfrac{\begin{vmatrix} B_X & B_Y & B_Z \\ X_1 & Y_1 & Z_1 \\ X_2 & Y_2 & Z_2 \end{vmatrix}}{Z_1 X_2 - X_1 Z_2} = \dfrac{B_X Z_2 - B_Z Z_2}{X_1 Z_2 - X_2 Z_1} Y_1 - \dfrac{B_X Z_1 - B_Z X_1}{X_1 Z_2 - X_2 Z_1} Y_2 B_Y \quad (8.51)$$

（3）绝对定向

相对定向建立起的立体模型，是相对于选取的某个坐标系，这个坐标系在地面坐标系中的方位是未知的，比例尺也是任意的。要确定立体模型在地面坐标系中的方位和大小，则需要把模型坐标转换为地面坐标，这种坐标系的转换称为模型的绝对定向。其目的是将建立的模型坐标纳入地面坐标系中，并归化为规定的比例尺。为了

计算方便，通常要求地面坐标系的轴系方向与模型的摄测坐标系的轴系方向大致相同。一般情况模型坐标是属右手空间直角的摄测坐标系，而地面坐标为左手空间直角坐标系。因此，在进行模型的绝对定向之前，需要作空间直角坐标系的转换。关于地面测量坐标系与地面摄测坐标系转换只涉及作平面的变换，保持Z坐标轴方向不变，采用仿射变换即可完成两坐标系之间的转换。

一个立体像对有12个外方位元素，通过相对定向求得了五个定向元素，要恢复像对的绝对位置和方位，还要解求七个绝对定向元素，包括旋转、平移和缩放，也就是立体模型需要进行空间相似变换。这种坐标变换，数学上为一不同原点的三维空间相似变换，其公式为

$$\begin{bmatrix} X_{tp} \\ Y_{tp} \\ Z_{tp} \end{bmatrix} = \lambda \cdot \begin{bmatrix} a_1 & a_2 & a_3 \\ b_1 & b_2 & b_3 \\ c_1 & c_2 & c_3 \end{bmatrix} \begin{bmatrix} X_p \\ Y_p \\ Z_p \end{bmatrix} + \begin{bmatrix} \Delta X \\ \Delta Y \\ \Delta Z \end{bmatrix} \tag{8.52}$$

式中：X_{tp}、Y_{tp}、Z_{tp} 为地面控制点的地面摄测坐标；X_p、Y_p、Z_p 为模型点的摄测坐标；λ 为比例因子；a_i、b_i、c_i 为模型的三个角元素 Φ、Ω、K 组成的旋转矩阵；ΔX、ΔY、ΔZ 为模型坐标原点在地摄坐标系中的三个平移量。

1) 绝对定向的基本公式。求解绝对定向的七个参数（绝对定向元素），通常是提供一定数量的地面控制点来进行，即式（8.52）中，X_{tp}、Y_{tp}、Z_{tp} 和 X_p、Y_p、Z_p 为已知，求解七个未知量 λ、Φ、Ω、K 和 ΔX、ΔY、ΔZ。此时式（8.52）为一非线性函数，为了适于用平差方法计算，公式要进行线性化。按多元函数泰勒级数展开，并取一次小项，得

$$F = F_0 + \frac{\partial F}{\partial \lambda} d\lambda + \frac{\partial F}{\partial \Phi} d\Phi + \frac{\partial F}{\partial \Omega} d\Omega + \frac{\partial F}{\partial K} dK + \frac{\partial F}{\partial \Delta X} d\Delta X + \frac{\partial F}{\partial \Delta Y} d\Delta Y + \frac{\partial F}{\partial \Delta Z} d\Delta Z \tag{8.53}$$

考虑到三个角度都为小值，取一次项，则式（8.52）的一次项形式为

$$\begin{bmatrix} X_{tp} \\ Y_{tp} \\ Z_{tp} \end{bmatrix} = \lambda \begin{bmatrix} 1 & -K & -\Phi \\ K & 1 & -\Omega \\ \Phi & \Omega & 1 \end{bmatrix} \begin{bmatrix} X_p \\ Y_p \\ Z_p \end{bmatrix} + \begin{bmatrix} \Delta X \\ \Delta Y \\ \Delta Z \end{bmatrix} \tag{8.54}$$

对矩阵微分，求得按泰勒级数展开的一次项公式为

$$\begin{bmatrix} X_{tp} \\ Y_{tp} \\ Z_{tp} \end{bmatrix} = \lambda_0 R_0 \begin{bmatrix} X_P \\ Y_P \\ Z_P \end{bmatrix} + \begin{bmatrix} \Delta X_0 \\ \Delta Y_0 \\ \Delta Z_0 \end{bmatrix} + d\lambda \begin{bmatrix} 1 & -K & -\Phi \\ K & 1 & -\Omega \\ \Phi & \Omega & 1 \end{bmatrix} \begin{bmatrix} X_p \\ Y_p \\ Z_p \end{bmatrix} + \lambda \begin{bmatrix} 0 & 0 & -1 \\ 0 & 0 & 0 \\ 1 & 0 & 0 \end{bmatrix} \begin{bmatrix} X_P \\ Y_P \\ Z_P \end{bmatrix} d\Phi +$$

$$\lambda \begin{bmatrix} 0 & -1 & 0 \\ 0 & 0 & 0 \\ 1 & 0 & 0 \end{bmatrix} \begin{bmatrix} X_P \\ Y_P \\ Z_P \end{bmatrix} dK + \lambda \begin{bmatrix} 0 & 0 & 0 \\ 0 & 0 & -1 \\ 0 & 1 & 0 \end{bmatrix} \begin{bmatrix} X_P \\ Y_P \\ Z_P \end{bmatrix} d\Omega + \begin{bmatrix} 1 & 0 & 0 \\ 0 & 1 & 0 \\ 0 & 0 & 1 \end{bmatrix} \begin{bmatrix} d\Delta X \\ d\Delta Y \\ d\Delta Z \end{bmatrix} \tag{8.55}$$

式中：λ_0、R_0、ΔX_0、ΔY_0、ΔZ_0 分别为 λ、R、ΔX、ΔY、ΔZ 的近似值。保持一次小项，令 $d\Delta\lambda = \dfrac{d\lambda}{\lambda_0}$ 为比例因子变化率，则 $d\lambda$ 可用 $\lambda_0 \cdot d\Delta\lambda$ 代替，式（8.55）经整理得线性化的绝对定向的基本公式为

$$\begin{bmatrix} X_{tp} \\ Y_{tp} \\ Z_{tp} \end{bmatrix} = +\lambda_0 R_0 \begin{bmatrix} X_P \\ Y_P \\ Z_P \end{bmatrix} + \begin{bmatrix} d\Delta X_0 \\ d\Delta Y_0 \\ d\Delta Z_0 \end{bmatrix} + \lambda_0 \begin{bmatrix} d\Delta\lambda & -dK & -d\Phi \\ dK & d\Delta\lambda & -d\Omega \\ d\Phi & d\Omega & d\Delta\lambda \end{bmatrix} \begin{bmatrix} X_p \\ Y_p \\ Z_p \end{bmatrix} + \begin{bmatrix} d\Delta X \\ d\Delta Y \\ d\Delta Z \end{bmatrix} \quad (8.56)$$

2）绝对定向元素的求解。按式（8.56）求解绝对定向元素，其中有七个未知数，至少需要列七个方程式。一个地面控制点可提供三个坐标，列出三个方程。因此，最少需要提供两个平面控制点和一个高程控制点，或是两个平面控制点和三个高程控制点，且三个高程控制点不能在一直线上。在实际的目标定位解算过程中，一般是在模型的四角布设四个点。因此，求解有多余条件，需按最小二乘法原理平差，所以要将式（8.56）变为误差方程式。把模型点的摄测坐标 X_p、Y_p、Z_p 视为观测值，则误差方程式为

$$-\begin{bmatrix} V_X \\ V_Y \\ V_Z \end{bmatrix} = \begin{bmatrix} d\Delta\lambda & -dK & -d\Phi \\ dK & d\Delta\lambda & -d\Omega \\ d\Phi & d\Omega & d\Delta\lambda \end{bmatrix} \begin{bmatrix} X_p \\ Y_p \\ Z_p \end{bmatrix} + \begin{bmatrix} d\Delta X \\ d\Delta Y \\ d\Delta Z \end{bmatrix} - \begin{bmatrix} l_X \\ l_Y \\ l_Z \end{bmatrix} \quad (8.57)$$

其中

$$\begin{bmatrix} l_X \\ l_Y \\ l_Z \end{bmatrix} = \begin{bmatrix} X_{tp} \\ Y_{tp} \\ Z_{tp} \end{bmatrix} - \lambda_0 R_0 \begin{bmatrix} X_p \\ Y_p \\ Z_p \end{bmatrix} - \begin{bmatrix} \Delta X_0 \\ \Delta Y_0 \\ \Delta Z_0 \end{bmatrix}$$

为了计算方便，常把式（8.57）写为如下形式：

$$-\begin{bmatrix} V_X \\ V_Y \\ V_Z \end{bmatrix} = \begin{bmatrix} 1 & 1 & 0 & X_p & -Z_p & 0 & -Y_p \\ 0 & 1 & 0 & Y_p & 0 & -Z_p & X_p \\ 0 & 0 & 1 & Z_p & X_p & Y_p & 0 \end{bmatrix} \begin{bmatrix} d\Delta X \\ d\Delta Y \\ d\Delta Z \\ d\Delta\lambda \\ d\Phi \\ d\Omega \\ dK \end{bmatrix} - \begin{bmatrix} l_X \\ l_Y \\ l_Z \end{bmatrix} \quad (8.58)$$

式（8.58）称为绝对定向的实用公式。由于它是一次项公式，因此解算过程要用迭代趋近，使改正值小于某一限差为止。在迭代趋近计算中常数项是变值，这样，每一次迭代求解出新的绝对定向元素后，需要将前一次的摄测坐标旋转、缩放和平移的空间相似变换计算，即按式（8.52）作坐标变换，直到新值与正确值的差小于某一限差，使误差方程式中的常数项结果趋近于零，或小于限差。

二、全数字化航空像片目标定位

解析法航空像片目标定位解决了航空像片的三维定位问题，具有较高的定位精度，但是解析法定位的内定向、相对定向、绝对定向的解算过程中所需要的定位基准点的选取均是在光学仪器上完成的，操作复杂，定位解算周期长，缺少信息存储功能，需要再次对已操作过的航空像片进行定位处理，需要重复同样的操作，总体来说，解析法定位采取的是模拟光学定位方式。为了适应现代信息化战争的需求，就必须尽快实现航空像片目标定位从模拟到数字的转化。

所谓全数字化航空像片目标定位就是基于模式识别技术、数字图像处理技术、摄影测量技术、计算机技术实现航空像片的数字化、定位基准点的全自动匹配、定向参数解算并最终完成目标坐标的高精度提取。

全数字化航空像片目标定位主要包括框标的全自动提取、影像匹配、数字影像内定向、数字影像相对定向、数字影像绝对定向、核线影像生成等过程。

8.3.4 GPS和GLONASS技术

在天基测控系统中，卫星全球定位系统是现代电子信息技术与空间技术相结合的杰出成果，被称为当代第三大航天工程，是对传统的定位技术的重大突破和变革。

卫星导航系统是以人造卫星作为导航台的星基无线电导航系统，能为全球陆、海、空、天的各类军民载体，全天候、24小时连续提供高精度的三维位置、速度和精密时间信息。当今，备受世人瞩目的是美国的GPS系统和俄罗斯的GLONSS系统，其中，尤以GPS为最。两个系统同时并存又互相竞争，出于军事对抗的需要，美国对GPS采取了降低SPS（标准定位服务）服务精度的人为措施；而俄罗斯则宣布不受限制地为民用用户提供服务，以扩大其影响。为克服GPS采取SA措施带来的精度影响，人们研究并着力发展了差分GPS（DGPS）、局域DGPS增强系统（LAAS）和广域DGPS增强系统（WAAS）技术，并开发自适应调零天线、GPS/GLONASS兼容机，发展GPS/INS组合技术，以获得精度更高、完善性和可靠性更好、抗干扰能力更强的导航定位服务。随着微电子技术、计算机软/硬件技术、通信网络技术和数字地图技术的发展，作为用户设备的GPS接收机，正在向微小型化、数字化、硬件软化、多功能组合化方向迅猛发展，各公司正加速在GPS专用（前端MMIC（单片微波集成电路）和基带ASIC（专用集成电路）芯片、核心部件（OEM板）、各类接收机和应用系统以及开发工具方面展开激烈的市场竞争，新兴的GPS产业已经形成。GPS在导弹制导、情报搜集、战场指挥、军事测绘、车船（舰）导航、时间同步、陆海空交通管理等方面的应用正方兴未艾。

本节简要介绍这两种系统的特点及其工作原理。

一、GPS卫星导航与定位系统

（1）GPS系统简介

卫星导航定位技术是现代新技术革命中电子技术与空间技术相结合的杰出成果，是对传统的导航定位技术的重大突破和变革。GPS是由美国军方开发的最先进的卫星导航定位系统。由于该系统具有很多独特的优点，受到世界各国用户的青睐。它主要满足军事需求，用于地球表面及近地空间用户的精确定位、测速和作为一种公共时间基准的全天候星基无线电导航定位系统。

GPS提供两种服务，即精密定位服务（PPS）和标准定位服务（SPS）。PPS向美国及其盟国军方用户提供服务，观测的水平和垂直误差分别约12m（98%）和18m（98%），它是保密的；SPS向一般民间用户提供服务，由于美国受其本国利益驱使，有意加入人为的误差使定位精度下降，这称为选择适用性状态（SA）措施，其水平精度降为100m（98%），垂直精度为186m（98%）。2000年8月，美国宣布暂停使用SA政策，战时或紧急状态是否重启SA，仍是一个不确定事件。取消SA后，其水平定位精度大幅提高，可达10m左右。

GPS应用于飞行器测控和导弹飞行试验中，国内外都经过了多次试验测定，试验研究表明，GPS用于靶场外测比现有靶场外测设备成本低、技术先进。GPS系统的特点为：

1）具有精确的三维（经度、纬度和高度）定位、测速和授时能力。三维定位精度：P码优于8m，C/A码（标准码）优于28m，C/A码SA状态（二维、经度和纬度）优于100m，无SA可达10m左右。

测速精度：0.1m/s。

授时精度：10ns。

2）全球、全天候连续定位能力。无论在地球上什么地点，全天24h都可以连续精确定位。

3）定位速度快。在连续定位的情况下，1s甚至更短的时间内就能得到一组位置和速率数据。

4）被动式定位。定位接收机不发射任何信号，只接收来自GPS的信号，隐蔽性好，受气候的影响很小，增大了该系统的适用范围。

但由于GPS的主动权为美国所掌握，用于军事目的会存在风险，应用它时必须经常注意美国GPS政策及其变化，采取相应的技术方针及措施，例如可采用多种定轨手段互为备份。

（2）GPS系统的构成

GPS系统由三部分组成，广播信号的卫星组成的空间部分、控制整个系统运行的控制部分和各种类型的GPS接收机组成的用户部分。

1) 空间部分。

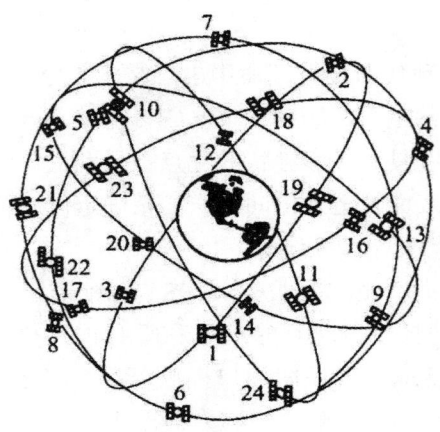

图8.16　GPS卫星星座示意图

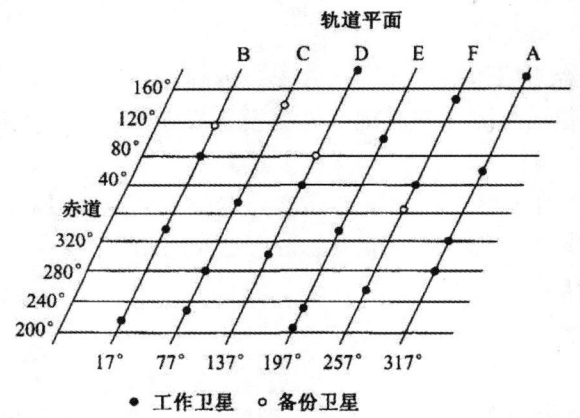

图8.17　GPS的卫星分布示意图

①星座。空间部分包括由多颗卫星组成的星座。在空间星座布满卫星以后，可在全天任何时间为全球任何地方提供4~8颗仰角在18°以上的同时可观测卫星。如果将遮蔽仰角降到10°，有时则最多可观测到10颗卫星。若将遮蔽仰角进一步下降到8°，那么，最多可同时见到12颗卫星。这是由卫星运行在地球表面以上约20230km的近圆轨道和约12h的运行周期来保证的。目前的星座和所用的卫星数目是从早期的相对赤道面倾角为63°的3个轨道平面上的24颗卫星星座演变而来的。后来曾计划将空间部分星座卫星数目减少为18颗，轨道平面随之改为6个，每一个轨道面上运行3颗卫星，但这个方案最终被否决了，因为它确实不能提供满意的24小时全球覆盖。大约在1986年，计划的卫星数目增加到21颗，即在原来18颗卫星星座基础上增加了3颗"有源"在轨备用卫星。按设计，这些备用卫星将替代故障卫星。实际上，该星座由24颗工作

卫星组成，均匀分布在6个倾角为88°的轨道面上，每个轨道有4颗卫星。此外，还有4颗有源备份卫星在轨运行。其卫星分布如图8.16和图8.17所示。

②卫星。GPS卫星为无线电收/发信机、原子钟、计算机及系统工作的各种辅助装置提供了一个平台。24颗卫星的电子设备支持用户测量该卫星的伪距离（PR），而每颗卫星广播的信号则可使用户测定该卫星在任何时刻的空间位置，据此用户便能确定自己的位置。每颗卫星的辅助设备包括两块$7m^2$太阳能电源帆板和用于轨道调整与稳定性控制的推进系统。

所有卫星均有各种识别系统：发射序号、分配的伪码编号（PRN）、轨道位置编号、NASA（美国国家航空航天管理局）产品编号和国际命名等。为避免混乱，并保持与卫星导航电文的一致性，主要使用PRN这种识别形式。

GPS卫星有五种类型，它们是Block Ⅰ、Block Ⅱ、Block ⅡA、Block ⅡR和Block ⅡF型。

2）控制部分。控制部分由一个主控站、五个全球监测站和三个地面控制站组成，主要任务是跟踪所有的卫星以进行轨道和时钟测定，预测修正模型参数，卫星时间同步和为卫星加载数据电文等。选择可用性（SA）的大小也由控制部分控制。通常，SA总是处于接通状态，但其影响却可以降低到零，所以，美方可以控制GPS用户的定位精度。

①主控站。主控站早期位于加利佛尼亚州范登堡空军基地，现在早已迁到空间联合工作中心（CSOC）。该中心位于科罗拉多州，科罗拉多斯普林斯，福尔肯（Falcon）空军基地。CSOC从各监测站收集跟踪数据，计算卫星的轨道和时钟参数，然后，将这些结果送到三个地面控制站中，以便最终向卫星加载数据。此外，卫星控制和系统工作也是主控站的责任。

②监测站。五个监测站分别设在夏威夷、科罗拉多斯普林斯、阿森松岛（南大西洋）、迭戈加西亚岛（印度洋）和夸贾林环礁（北太平洋马绍尔）群岛。监测站均配装有精密的铯钟和能够连续测量到所有可见卫星伪距的接收机。所测伪距每1.8s更新一次，利用电离层和气象数据，每18min进行一次数据平滑，然后发送给主控站。

上述的跟踪网是为确定广播星历和星钟校正模型的系统。对精密星历，要用另外五个地点的数据。然而，私营网也是存在的，这些私营网只用来确定卫星星历而不参与系统管理。1983年起，Macrometer厂就建立了这样的一个私营跟踪网。另一个更通用的定向跟踪网是国际协调GPS网（CIGNET），该网由NGS管理。

③地面控制站。地面控制站有时也称作地面天线（GA），它们分别与设在阿森松、迭戈加西亚和夸贾林的监测站共置。地面控制站与卫星之间有通信链路，主要由地面天线组成。由主控站传来的卫星星历和时钟参数以S波段射频链上行注入各个卫星。以前，上行注入是每天三次，现在，则每天一次或两次。如果某地面站发生故障，那么，在各卫星中预存的导航信息还可用一段时间，但导航精度却会逐渐降低。

3) 用户部分。用户部分主要是各种类型的 GPS 接收机，其功能是接收 GPS 卫星发送的导航信号，恢复载波信号频率和卫星钟，解调出卫星星历、卫星钟校正参数等数据；通过测量本地时钟与恢复的卫星钟之间的时延来测量接收天线至卫星的距离（伪距）；通过测量恢复的载波频率变化（多普勒频率）来测量伪距变化率；根据获得的这些数据，计算出用户所在的地理经度、纬度、高度、速度、准确的时间等导航信息，并将这些结果显示在显示屏幕上或通过输出端口输出。

GPS 接收机按其用途分类，可分为授时型、精密大地测量型、导航型 GPS 接收机；按其性能分类，分 X 型（高动态）、Y 型（中动态）、Z 型（低动态或静态）接收机；按所接收的卫星信号（L_1、L_2 / A 码、P 码、Y 码）和观测量（码伪距、L_1 相位、L_2 相位）可分为如下几种：

Ⅰ L_1、C/A 码伪距接收机；

Ⅱ L_1 载波相位、C/A 码接收机；

Ⅲ L_1/L_2 载波相位、C/A 码、P 码接收机；

Ⅳ L_1/L_2 载波相位、C/A 码、P 码接收机。

其中Ⅰ、Ⅱ两类用于标准定位服务，Ⅲ、Ⅳ两类用于精密定位服务，只有美国军方和特许的非军方用户才能享受精密定位服务。而我国应用的主要是前两类 GPS 标准定位服务接收机。

(3) GPS 系统的工作原理

为了弄清 GPS 的定位工作原理，首先要了解导航卫星信号的结构和特点。21 颗工作卫星部署完成以后，在地面的任何地点都可以同时观测到 4 颗以上卫星，最多可达 12 颗卫星。即定位接收机可以同时收到至少 4 颗卫星发出的信号。卫星发的信号有两个频率，即 L_1 和 L_2，f_{L_1} = 1575.24MHz，f_{L_2} = 1227.60MHz。调制信号有两种码：P 码为精密定位服务码，码速率为 10.23Mb/s；C/A 码为标准定位码，码速率为 1.023Mb/s 频率 L_1 受 P 码和 C/A 码共同调制，频率 L_2 只受 P 码调制。P 码与 C/A 码均为伪随机码，其性质与噪声相近，所以又称为噪声码或 PN 码。P 码和 C/A 码是系统内预先设计的，所以仍然有规律可循。定位接收机运用相关解调技术，既可以区分 P 码和 C/A 码，也可以识别该信号是由哪颗卫星发射出来的。P 码是加密的，且周期很长，只供美军方使用；C/A 码是公开的，且周期很短，对外开放，可供各类用户使用。

卫星发射的无线电信号传递丰富的信息，包括卫星星历、系统时间、卫星钟性能、电离层延迟修正参数、遥测码等，这些内容统称为导航电文。该电文提供给用户接收机定位所需要的全部信息。

卫星星历是指卫星运行轨迹与时间的关系，根据星历可以计算出卫星在任意时刻所处的空间位置，通常以一组参数表示。

系统时间是该系统的统一时间标准，以铯原子钟作为振荡源，稳定度极高，它是定位计算的基础。

卫星钟性能是卫星工作状况的重要指标，以此可以了解卫星的健康情况。

电离层的密度和高度随时间的推移会不断地发生变化，这将影响电磁波的传播，引起定位计算误差，电离层延迟改正参数即可供定位时修正误差使用。

GPS是一个高技术的复杂设备，有了上述基本知识，就可以讨论定位接收机的定位过程了。

假定接收机是首次使用或已经放置较长时间重新开机使用，开机后接收机便搜索卫星，接收导航电文。首先，由于此时接收机内没有记下（存储）导航电文的内容，没有星历，所以对空中卫星的分布与运行情况毫无所知，只能按事先规定的程序对卫星信号进行搜索，带有很大的盲目性，最终捕获并准确地、完整地采集到导航电文所花时间较长。其次，开始测量定位接收机至卫星之间的距离，计算接收点的坐标，即接收点定位。根据导航电文中的星历，随时都可以计算出卫星的位置和分布情况。电磁波是以光速进行传播的，只要测出卫星信号从卫星到达接收机所花的时间，便可知道接收机与卫星之间的距离，即

$$S = \Delta T \times c \tag{8.59}$$

式中：S为接收机至卫星的距离；ΔT为电磁信号传播时间；c为光速。

这样计算出来的S称作伪距。因为定位接收机的时钟不够准确，给ΔT的测量带来较大的误差，S便不可能很精确。要确定某点的位置，包括经度、纬度和高度三维坐标，只要有3颗卫星信号就足够了。但是由于要校正接收机时钟误差，还要有另外一颗卫星的信号，即要有4颗卫星信号才能进行准确的三维定位。同样道理，如果进行二维定位也要3颗卫星才行。三维或二维定位的结果，可以在显示器显示出来或以电信号方式输出，如图8.18所示。

整个捕获信号、采集信息、数值计算的过程都是在接收机内计算机控制下完成的。在连续开机定位的情况下，大约1s就可以得到一组新的定位数据。从接收机加电到给出第一组定位数据所花时间称为响应时间。首次开机的响应时间需要8～18min，以后每次开机的响应时间需要1～2min。

C/A码（标准码）是公开使用的定位码，其定位精度可达到28m。产生定位误差的因素主要有时钟的准确性，电离层、大气层对电磁波传播影响等。以上均属于非人为因素。美国军方为了限制他人的应用，有意在C/A码中加进人为的误差，将C/A码的定位精度降为100m，称为S/A状态或选择适用性状态。当前GPS C/A码均运行在S/A状态。实测结果表明定位接收机S/A状态的定位误差值，随时间不同有所波动，但绝大多数情况下在100m以内。这种误差属于人为误差，误差的大小受美军方控制。

除上述因素引起误差外，卫星所处的相对位置不同，也会对定位精度产生影响。前面已经介绍，使用C/A定位，在S/A状态下，定位接收机只能得到100m以内的精度，在很多场合，不能满足使用要求。为此人们设计出多种提高定位精度的方法，其中差分定位是应用最普遍的一种方法。该方法可将定位精度由100m提高到10m以

内，定位精度接近P码定位的精度。图8.19是差分定位的示意图。

定位接收机A设在坐标已知点A，定位接收机B设在被测点（未知点）B。A、B两点间的距离不大，通常在数百公里的范围内。这时两台接收机利用相同的卫星组合，两台接收机的定位误差也基本相同，从被测点B的结果中，扣除已知点A所测得的误差值，便可得到被测点的精确位置。A点是固定位置，B点可以是移动的。已知点A和被测点B以无线电台相沟通，以便传递修正值信息。

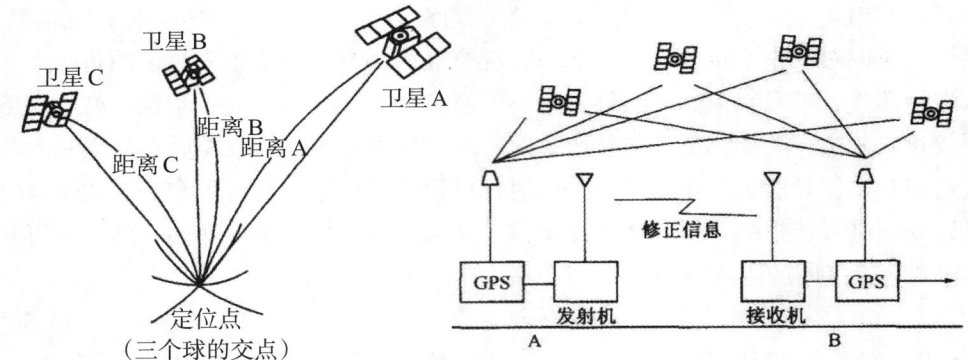

图8.18　全球定位系统定位原理图　　　　图8.19　差分定位示意图

二、GLONASS卫星导航与定位系统

（1）GLONASS系统简介

GLONASS是由苏联开始研制后由俄罗斯继续完善的全球卫星导航系统。1998年12月14日，俄罗斯成功地发射了一箭三星，标志着GLONASS星座的在轨卫星已经布满，经过数据加载、调整和检验，1996年1月18日，24颗工作卫星正常发射信号，健康有效地工作。至此GLONASS正式建成并投入运行。表8.1给出了GPS和GLONASS系统参数的比较。

GLONASS比GPS起步晚9年，全星座正常运行比GPS晚近3年时间。从苏联1982年10月12日发射第一颗GLONASS卫星以来，历经13年，始终没有终止或中断GLOASS卫星的发射，仍维持每年发射3.9颗卫星的势头，总共发射了73颗卫星。除两次发射的6颗卫星失败外，曾在轨有效工作过的卫星先后共67颗，其中包括两颗测地卫星样品。但早期卫星的使用寿命较短，先后有40颗卫星退出了服务。

1998年初只有16颗GLONASS卫星在轨工作，加上1998年三次成功发射的9颗卫星，已完成24颗工作卫星+1颗备用卫星的布局，和GPS相当。俄罗斯计划今后发展并维持24颗工作卫星+3颗备用卫星的优化布局。

GLONASS星座的建成，打破了长期以来美国GPS一统天下的局面，为形成一个多系统兼容共用的局面奠定了基础，这是所有非卫星导航系统拥有国和许多国际民间组织所期望的好事。

表8.1 系统参数比较表

参数	GLONASS	GPS
全部部署好的系统的卫星数	24+3	24+3
轨道平面数	3	6
轨道倾角	64.8°	55°
轨道高度/km	19100	20180
运转周期	11h15min	约12h
星历数据表示法	卫星在地心正交旋转坐标系中运动的9个参数	卫星轨道的开普勒元素
大地坐标系	PE.90	WGS.84
测距信号锁相	至GLONASS系统的同频器	至GPS系统的同频器
相对于协调世界时的系统时校正	世界时标准(苏)	世界时标准(美国海军天文台)
历书含量	120bit	152bit
历数发射持续时间/min	2.5	12.5
卫星信号分隔法	频分	码分
频段/MHz	(1602.4625～1615.5)±0.5	1575.42
L2波段的频率/MHz	1246.4375～1256.5	1227.6
码元数	511	1023
码频率/MHz	0.511	1.023
两个相邻通道中的交扰/dB	48	21.6
同步码重复周期/s	2	6
同步码的比特数/bit	30	8
信息字符可用性的双二进制编码	是	否
所用测距码的类型	最大长度序列	戈尔德码

1)卫星和星座。由俄罗斯空间部队在Baikonur空间发射场将GLONASS卫星发射送入空间,一个"质子"重型火箭每次能携带3颗卫星发射升空。GLONASS卫星载荷包括导航组合、控制组合、高度控制系统、修正系统等。

早期(1986年以前)的GLONASS卫星每颗重1400kg,约3m高,太阳能帆板展出宽度为7m以上,功率1600W,为三轴稳定型,设计寿命1年。经改进后平均工作寿命14～17月,1987年以后的12颗GLONASS卫星设计寿命为两年,其中6颗发射失败。1980年以后的43颗GLONASS卫星提高了抗辐射能力,设计寿命提高到3年。

每颗GLONASS卫星上装有铯原子钟以产生卫星上的高稳定时标,并向所有星载设备提供高稳定的同步信号。星载计算机将从地面控制段接收到的专用信息进行处理,并生成导航电文向用户广播。导航电文作为导航信号的一部分,它包括:①星历参数；②卫星钟相对 GLONASS UTC 时（SU）的偏移值；③时间标记；④GLONASS 历书。

星历是卫星精确坐标（x,y,z）及其一次和二次导数及时间，它们都以地心固联（E.CEF）的基准坐标系统（PE.90）为基准。历书包括全部卫星的信息，即轨道的开普勒元素，各卫星上的星钟相对于 GLONASS 时的粗偏移，以及各卫星的健康/不健康标志。俄罗斯的理论和实验研究表明，PE.90 和 WGS.84 坐标近似，两者之间的参数变换关系正在由两个系统的所有国进行联合实验研究。

新的 GLONASS.M 型卫星从 1990 年开始研制，卫星重 1480kg，它将改善星载原子钟，提高频率稳定度和时间精度，设计寿命 8 年以上。GLONASS.M 从各方面提高了性能，因而将使全系统提高可靠性和精度。此外，俄罗斯也考虑了下一代 GLONASS.MⅡ型卫星，将在 MⅡ型卫星上发射民用第二频率，采用星间数据通信能力以实现长达 66 天的自治运行，因而重量也将增加到 2000kg。

GLONASS 星座的轨道为三个等间隔近圆轨道，每个轨道面上均匀分布 8 颗卫星。三个轨道面升交点经度之差为 120°，按地球自转方向将其编号为 1、2、3；同一轨道面上的卫星编号按卫星运动方向的反方向递增，第 1 轨道面上的卫星为 1~8，第 2 个轨道面上为 9~16，第 3 轨道面上为 17~24；同一轨道面上相邻卫星纬度幅角相差 48°，相邻轨道面上相邻卫星纬度幅角相差 18°，在 1993 年 1 月 1 日零时，其标称轨道满足

$$\Omega = 215°15'00'' + 120°(i.1)$$
$$\mu = 145°26'37'' + 15°(27.3j + 25k)$$

其中

$i = 1,2,3$ 为轨道平面号

$j = 1,2,\cdots,24$ 为卫星编号；$k = (j.1)/8$ 的整数部分

GLONASS 卫星轨道高度为 18840km~19940km，轨道倾角标称值为 64.8°，正负偏差小于 0.3°；轨道偏心率不大于 0.01。

2）信号组成。GLONASS 导航信息是下述三种二进制信号的模二相加和。

① 数据序列，发送速率为 80b/s；

② 方波振荡，发送速率为 100b/s；

③ 伪随机测距码，有军用码和民用 m 序列两种码，发送速率分别为 8.11MHz/s 和 0.811MHz/s。

GLONASS 卫星将上述二进制序列调制到 L 波段的载波上向用户发射，发射频率有 L_1、L_2 两种，L_1 上载有上述全部信息，L_2 上没有 m 序列码。而军用码只有持许可证的用户才能使用，因此，一般用户使用的是 L_2 上的信号。

（2）GLONASS 系统的空间信号和改频计划

GLONASS 卫星向空间辐射两种载波信号，L_2 载频工作在 1.6GHz，调制军用码和 m 码，L_2 载频工作在 1.2GHz，调制军用码。信号格式为伪随机噪声扩频信号，测距码用最长序列码，811 个码元。同步码重复周期 2s，同步码比特数为 30bit，并有 100Hz 方波振荡的二进制码信息调制。各卫星之间的识别方法采用频分多址（FDMA），L_1 频道间隔是 0.8628MHz，L_2 频道间隔是 0.4378MHz，$f_{L_1}:f_{L_2}$ 为 77:60。FDMA 占用频段较宽，24 颗卫星的 L_1 频道占用 14MHz。

$$f_{L_1} = 1602\text{MHz} + N \times 0.5625\text{MHz} \tag{8.60}$$

式中，N 为频道号，且 $N=1,2,3,\cdots$。

GLONASS 系统民码原计划用 1～24 频道，在 1602MHz～1618.2MHz 占用了大于 13MHz 的频段。这样将造成对航空卫星移动通信（AMSS）的威胁和干扰，此外也和射电天文用的频率以及低高度地球运行轨道（LEO）移动通信用的频率重叠。根据国际无线电咨询委员会建议应缩减频率和让出高端频率。

1993 年 9 月，俄罗斯做出响应，采用轨道上相隔 180°（被地球隔开而背对背的）两颗 GLONASS 卫星共用相同频率，因而可让出 13～24 频道压缩成 0～12 频道的 1602MHz～1608.78MHz，占据将近 7MHz 的频段，并决定分三步实现。1993—1998 年，先避让对射电天文造成干扰的 18～20 频道（1610.4378MHz～1613.28MHz）；在 2008 年以前丢掉高端 21～24 频道，让给 LEO 移动通信用，使整个频段向低端移；最后到 2008 年进一步完成改频计划，规定 0.7～+6 为额定频道，其中主用 0.7～+4 频道（1898.0628MHz～1604.28MHz），备用+8 和+6 频道，只用于卫星入轨阶段或其他特殊阶段。

（3）GLONASS 系统的地面控制系统

GLONASS 星座由地面控制站组（GCS）运作，此站组包括一个系统控制中心（在莫斯科区的 Golitsyno.2），一个指令跟踪站（CTS）网络分布于整个俄罗斯境内。CTS 跟踪着 GLONASS 可视卫星，它遥测所有卫星，进行测距数据的采集和处理，并向各卫星发送控制指令导航信息。

在 GCS 内有一些量子光学跟踪站利用激光测距数据作周期修正，为此所有 GLONASS 卫星上都装有激光反射镜。

GLONASS 系统的精确功能，对所有处理之间的同步是非常重要的。GCS 中有一个中央同步器，它具有一台高精度氢原子钟以满足此要求，由它形成 GLONASS 系统时间标准。中央同步器使 GLONASS 系统时间和俄罗斯国家时间 UTC 样本（SU）同步。

（4）GLONASS 系统的用户设备

GLONASS 接收机接收至少 4 颗 GLONASS 卫星发射的导航信号，并测量其伪距和伪距变化率，同时从卫星信号中提取并处理导航电文，接收机中处理器对上述数据进行处理并计算出接收机天线所在的三维位置、三维速度和精密时间信息。

GLONASS用户设备在俄罗斯发展缓慢，①由于俄罗斯才建立起市场经济体制，仍然主要依靠国营力量研制、生产GLONASS接收机；②由于GLONASS系统投入运行较晚，且系统运行不可靠；③GLONASS采用频分体制，用户设备较复杂，加之苏联对其技术保密，直到1990年才陆续公布GLONASS技术参数，致使用户设备只在极少数几个工厂研制生产。结果造成品种少、功耗大、体积大且笨重、可靠性差、市场占有率低的被动局面。

GLONASS用户设备要进入普遍装备应用阶段，必须加速发展用户设备产业，拓宽应用领域。

(5) GLONASS系统主要业务

GLONASS是由俄军方控制，初始发展供军用和民用。早在1991年俄罗斯就宣称GLONASS可供国际民间使用，不带任何限制，也不计划对用户收费。该系统在完全布满星座后遵照已公布的性能运行至少18年。GLONASS有两种无线电导航业务，一是军用的高精度业务；另一是民用的标准精度业务。1994年公布的民用精度为：水平精度80～70m，垂直精度78m，并声明不引入选择可用性（SA），测速精度0.018m/s（99.7%概率），授时精度1μs（99.7%概率）。

(6) GLONASS系统的差分和增强应用

1) 差分应用。GLONASS计划用三种办法提高精度，即广域差分系统（WADS）、区域差分系统（RADS）和本地差分系统（LADS）。WADS计划用俄罗斯空间控制系统的地面设施3～8个WADS站，可以在各个站的半径1800～2000km以内提供8～10m位置精度。RADS可在离台800km以内提供3～10m位置精度，将用于航空、地面、海上和铁路运输系统以及测量应用。LADS用于科学、国防和精密定位。如果载波相位测量加在LADS伪距修正上，可以在离台40km以内获得0.1～1m位置精度。俄罗斯在2000年组建成了统一的国家差分系统（UDS），为整个独联体提供精密导航定位服务。

2) 增强应用。俄罗斯空中交通服务现代化计划中的卫星导航系统GNSS将作为主要的导航和着陆设施，准备从多方面进一步发展空间资源（GPS/GLONASS组合）去符合民航要求，包括航路、终端和进近着陆的要求。并将发展GPS/GLONASS组合接收机，发展本地差分系统或本地增强系统（LAAS），同时满足国家和国际要求。

参 考 文 献

[1] 樊邦奎，段连飞，赵炳爱，等. 无人机侦察目标定位技术[M]. 北京：国防工业出版社，2014.

[2] 樊邦奎. 现代战场侦察技术[M]. 北京：国防工业出版社，2008.

[3] 都基炎. 无人机兵器原理[M]. 北京：解放军出版社，2007.

[4] 查宇飞，毕笃源，杨源，等. 视频目标跟踪方法[M]. 北京：国防工业出版社，2015.

[5] 赵忠明，孟瑜，汪承义，等. 遥感图像处理[M]. 北京：科学出版社，2014.

[6] 韦玉春. 遥感数字图像处理教程[M]. 北京：科学出版社，2007.

[7] Wang Zhizhuo. Principles of Photogrammetry[M]. Wuhan：Wuhan Technical University，1990.

[8] 曾华锋，夏洪流，周刚，等. 现代侦察监视技术[M]. 北京：国防工业出版社，1999.

[9] 刘锋. 武器与战争[M]. 北京：国防科技大学出版社，1992.

[10] 胡文龙，查金路，傅占河，等. 现代军兵种战术[M]. 北京：军事科学出版社，1991.

[11] 张震，苏庆谊. 高技术与现代空军[M]. 北京：军事科学出版社，1993.

[12] 褚恭信，许创杰，刘连勋，等. 信息武器与信息战争[M]. 北京：长城出版社，1997.

[13] 许忠敬. 左权颠现代军事技术知识手册[M]. 北京：军事科学出版社，1990.

[14] 军事学院军事科技教研室. 现代军事科技基础知识[M]. 北京：解放军出版社，1986.

[15] 石书济. 飞行器测控系统——看不见的领航员[M]. 北京：国防工业出版社，1999.

[16] 于国强. 导航与定位——现代战争的北斗星[M]. 北京：国防工业出版社，2000.

[17] 汪卫华. 任务设备原理[M]. 北京：海潮出版社，2001.

[18] 陈鹰. 遥感影像的数字摄影测量[M]. 上海：同济大学出版社，2003.

[19] 张河. 探测与识别技术[M]. 北京：北京理工大学出版社，2008.

[20] 李弼程. 智能图像处理技术[M]. 北京：电子工业出版社，2004.

[21] 张祖勋. 数字摄影测量学[M]. 武汉：武汉测绘科技大学出版社，1997.

[22] 良正. 数字图像处理[M]. 南京：东南大学出版社，1999.

[23] 李德仁. 解析摄影测量学[M]. 北京：测绘出版社，1990.